JN417894

영남대학교 인문학 육성총서 14

조선 대구일반

조선 대구일반

초판 발행 2016년 4월 30일

지은이 미와 조테츠(三輪如鐵)
옮긴이 최범순
펴낸이 노석균
펴낸곳 영남대학교출판부

출판등록 1975년 9월 5일 경산 제16-1호
주소 경북 경산시 대학로 280
전화 053) 810-1801~3
FAX 053) 810-4722
홈페이지 book.yu.ac.kr

ISBN 978-89-7581-524-9 93910

영남대학교 인문학 육성총서 14

조선 대구 일반

미와 조테츠(三輪如鐵) 지음
최범순 옮김

영남대학교출판부

三輪如鐵著

朝鮮大邱一斑

東京
大阪
杉本梁江堂發行

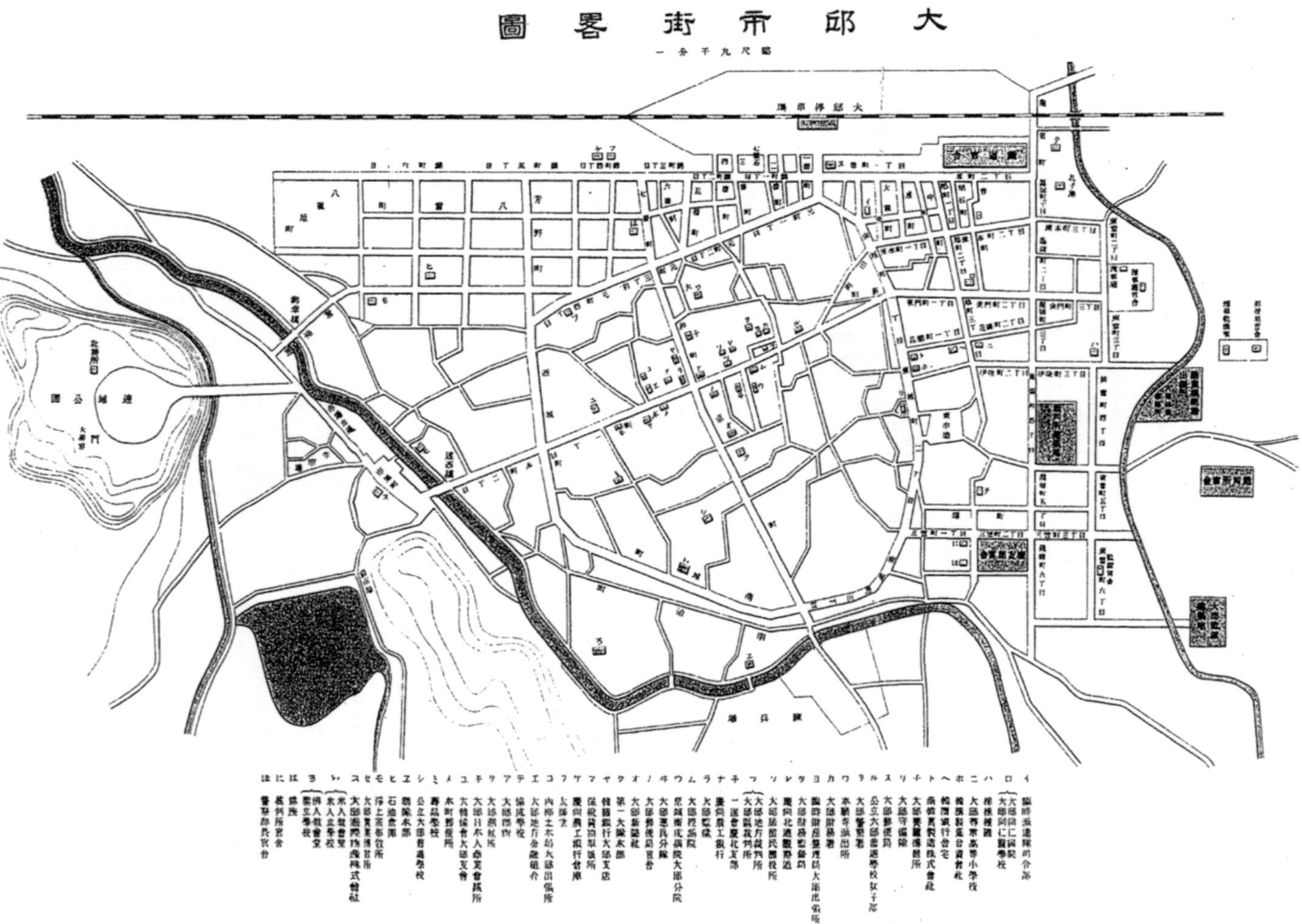
大邱市街略圖
縮尺九千分一
大邱停車場
達城公園
練兵場
ヌ 大邱郵便局
リ 大邱守備隊
ル 公立大邱尋常學校女子部
ヲ 大邱警察署
カ 大邱財務署
ラ 大邱監獄
ム 大邱控訴院
ヰ 大邱憲兵分隊
オ 大邱新聞社
ク 第一大隊本部
フ 大邱驛
ア 大邱府衙
テ 協成學校
メ 本町郵便所
ミ 壽昌學校

✿ 지도 하단 건물명 ✿

イ 임시파견대 사령부	オ 대구신문사
ロ 대구동인의원, 대구동인의학교	ク 제1대대 본부
ハ 면채종원棉採種園	ヤ 한국은행 대구지점
ニ 대구심상고등소학교	マ 보세화물 취급소
ホ 한국제연합자회사	ケ 경상농공은행 창고
ヘ 한국은행 사택	フ 태양당
ト 남**제조주식회사(판독불가)	コ 내부토목국 대구출장소
チ 대구양잠전습소	エ 대구지방금융조합
リ 대구수비대	テ 협성학교
ヌ 대구우편국	ア 대구군아
ル 공립대구보통학교 여자부	サ 대구측후소
ヲ 대구경찰서	キ 대구일본인상업회의소
ワ 본원사 출장소	ユ 대한협회 대구지회
カ 대구재무서	メ 혼마치 우편소
ヨ 임시재산정리국 대구출장소	ミ 수창학교
タ 대구재무감독국	シ 공립대구보통학교
レ 경상북도 관찰도	ヱ 연대본부
ソ 대구거류민단 사무소	ヒ 석유창고
ツ 대구지방재판소, 대구구재판소	モ 정토정 포교소
ネ 일진회 경북지부	セ 대구실업전습소
ナ 경상농공은행	ス 대구해륙물산주식회사
ラ 대구감옥	い 미국인 교회당, 미국인 설립 학교
ム 대구공소원	ろ 프랑스인 교회당, 성립학교
ウ 경성위수병원 대구분원	は 니시키 좌錦座
ヰ 대구헌병분대	に 재판소 관사
ノ 대구우편국 관사	ほ 경찰부장 관사

대구일반 발행 이유

나는 1891년에 조선정부의 양잠교사로 초빙되어 그 해 4월 3일에 경성에 도착한 후 한 달을 머물렀는데 관리와 충돌하면서 인천으로 돌아와 하야시 겐스케林健助 영사와 고난 데츠오江南哲夫 제일은행第一銀行 지점장과 협의한 후 귀국했다. 그 다음에는 1903년 5월에 만주에서 불온한 분위기가 이는 것을 보고 조선 내륙 시찰이 필요하다고 판단해 양잠업을 접은 후 같은 해 6월말에 요코하마 시橫浜市 시부사와 상점渋澤商店 가키아게 준시로書上順四郎 지배인의 원조를 얻어 처자식은 처가에 맡긴 채 7월 13일에 부산에 왔다. 기타무라 게스케北村敬介 58은행五十八銀行 지점장에게 신세를 지면서 부산에서 3개월 정도 머물다가 9월말에 대구에 왔다.

일본 각지에 있는 지인들은 내가 조선을 잘 안다고 오해해 조선 사정을 묻는 편지를 매달 끊이지 않고 보내왔다. 올해 1910년 1월 이후에는 그 양이 더 늘어나 답장하는 데에 큰 곤란을 겪었다. 이것을 계기로 지인과 대구 소개 책자의 필요성을 이야기하던 중 도쿄 류분칸隆文館의 출장원 사카타 겐타로坂田健太郎 씨가 찾아왔을 때 대구 안내서 발행을 상담하자 그 자리에서 쾌락했다. 내가 책의 골격을 짜고 사카타 겐타로 씨가 살을 붙여 2천부를 인쇄하며 제본 완성과 동시에 제본 비용 전부를 지불하기로 약속을 정했다. 1910년 2월 22일부터 사카타 겐타로 씨와 함께 이사청理事廳을 찾아가 감독국監督局과 관찰도觀察道를 차례로 방문해 원조를 요청하자 노세 다츠고로能勢辰五郎 이사관, 가와카미 쓰네오川上常朗

국장, 박중양朴重陽 관찰사 모두가 깊이 공감하면서 참고 서적을 보내주고 가와카미 쓰네오 국장이 지도를 기증해 주는 등 마치 자신의 일처럼 도와주었다. 이어서 대구에서 지명도 있는 지인들을 방문하자 저마다 상당한 응원을 약속했다. 이에 용기백배해 3월 중순부터 방에 들어앉아 책의 뼈대를 짜기 시작했고 4월 초순에는 8할 정도를 완성했다. 그런데 이 때 사카타 겐타로 씨 앞으로 '처와 딸 위독, 돌아올 것'이라는 긴급 전보가 날아오고 그 다음 날에는 '어제 저녁 사망'이라는 연락이 와서 그는 후쿠오카福岡의 고향 마을로 돌아갔다. 내가 급하게 짠 책 뼈대에 살도 붙이지 못한 상황에서 걸칠 옷은 기대할 수도 없었다.

4월이 되어 과수 묘목을 심을 시기가 임박했지만 꼭 있어야 할 사카타 겐타로 씨는 돌아오지 않았다. 어쩔 수 없이 책 뼈대만 짠 채 두 달 동안 방치했다. 6월에 접어들어 생각하니 가와카미 쓰네오 국장이 기증한 지도와 여러 곳에서 받은 참고서적 등 많은 사람들의 도움을 받은 채 그대로 내던질 수는 없었다. 그래서 무모하기는 하지만 스스로가 무학문맹이라는 것도 고려하지 않고 마음 속에 있는 대로 적었다. 멋대로 꿰어 맞춘 말과 글은 독자의 판단에 맡기기로 하고 서둘러 짰던 책 뼈대를 해체해 6월 12일 무렵부터 원고를 새로 쓰기 시작했다. 그런데 6월 20일 무렵부터 두 아이가 동시에 병에 걸려 밤낮으로 얼음을 얹어가며 열을 식혀야 해서 약 20일 동안 전혀 붓을 들 수 없었다.

다시 집필하기 시작한 것은 7월 15일이다. 대구에 있으면 찾아오는 손님이 많아 집필에 전념할 수 없어서 가암동駕岩洞 농장에 숨어서 원고를 썼다. 그런데 7월 18일에는 아들이 발병해 19일 저녁에 어쩔 수 없이 대구로 돌아와 하룻밤을 간호했지만 다음 날 세상을 떠났다. 22일 장례식 당일에 이번에는 장녀가 발병해 나도 모르게 정신이 혼란해졌고 이후 거의 50일 동안 불면증으로 잠을 제대로 자지 못했다. 엎친 데 덮친 격으로 아내도 몸이 안좋아져서 가사를 돌볼 수 없게 되었다. 지금도 앓아누운채 겨우 죽 정도로 생명을 이어가고 있다. 그렇다고 하녀를 고용할만한 여유도 없어서 어쩔 수 없이 내가 가사부터 아이 뒷바라지와 아내 간호까지 맡아 했는데 정신이 몽롱해 엽서 한 장도 쓸 수 없었다. 9월 중순에 머리가 다소 맑아지기 시작해 그 이후에 매듭을 지은 것이 바로 『대구일반』이다. 배운 것도 없는 내가 위와 같은 상황에서 쓴 글이라 독자들이 읽기에 어려울 것이다. 그러나 사실에 관한 한 틀린 것이 없다고 확신한다. 도호쿠東北 지방 시골에서 농가 할머니의 실제 경험담을 듣는다는 기분으로 일독해 주시길 바란다.

이 책은 대한제국 시대에 쓰기 시작해 총독부 시대에 집필을 마친 관계로 중간에 국명 등이 바뀌었지만 전환기 용어라는 점에서 수정하지 않고 그대로 인쇄했다.

집필 순서는 제4장까지 쓴 뒤 제5장을 남겨둔 채 제7장에서 제10장까지를 먼저 썼다. 제5장, 즉 '현재의 대구'부분을 마지막에 집필했다. 1910년 10월 1일에 이사청, 관찰도, 감독국이 폐지되었음에도 불구하고 수정하지 않았지만 제5장 내용이 현재의 대구 상황임을 알아주시기 바란다.

이 책에는 광고가 30여 개 실려 있다. 각 광고에는 관련 소개문이 붙어 있다. 광고를 실은 30여 명은 대구에서 지명도 있는 신사이자 대상인紳商들로 내가 이 책을 출판하면서 찬조를 부탁한 사람들이다. 『대구일반』 간행을 돕겠다는 마음으로 광고를 내었다는 점에서 결코 평범한 상인들이 아니다. 대구를 알고자 하는 사람은 대구의 인물을 알 필요가 있다. 광고에 덧붙인 소개문은 해당 인물의 품행을 솔직하게 평한 것으로 결코 과찬이 아니다. 반드시 일독하기를 권한다. 이 책을 발간하는데 자료를 제공해 주고 참고서적을 보내주면서 도와준 사람들은 다음과 같다. 특히 가와카미 쓰네오 전 재무감독국장과 후쿠다 가쿠헤福田覚平 측후소장은 많은 도움을 주었다.

가와카미 쓰네오川上常朗, 박중양朴重陽, 노세 다츠고로能勢辰五郎, 고레사와 신이치是澤真一, 후쿠다 가쿠헤福田覚平, 기요미야 센노스케清宮仙之助, 히자츠키 마스키치膝付益吉, 모리나가 슈이치守永宗一, 이와세 시즈카岩瀬静, 하타모토 기헤畑本儀平, 마치다 사다오町田佐太夫, 시노하라 이마조篠原今藏, 다케카와 세지武川盛次, 야스카와 와사부로安川和三郎, 이토 구마사부로伊藤熊三郎,

이나모토 신민稲本新民, 이케다 가키치池田嘉吉, 시오카와 고키치鹽川孝吉, 후카와 히로테츠布川宏哲, 고미야 히코지小宮彦次 문장을 수정하고 다듬어서 출판하는 것이 좋다는 주문도 있었지만 배운 것이 없고 문장에 소질이 없는 사람의 글을 말이 되도록 수정하는 것은 하루 이틀로 될 일이 아니다. 문장을 수정하는 것보다 새롭게 쓰는 것이 오히려 빠를 것이다. 의미만 통한다면 그것으로 족하다. 훗날 제대로 된 문사가 정확한 안내서를 발행할 때까지 임시 대구안내서로 제공하고자 하는 것이다. 앞서 소개한 후원자들이 나에게 훌륭한 문장을 바란 것도 아니고 또 그렇게 말하지도 않았다. 알고 있는 사실을 그대로 쓰라고 주문했다. 그래서 서툰 문장을 크게 문제 삼지는 않을 것이라고 생각한다.

이 책에 유명 인사의 서문과 표제 글씨를 주선하겠다는 사람이 있었지만 겉은 그럴듯하면서 속은 변변치 않은 부류들을 따르기 보다는 오히려 조선식으로 있는 그대로 보여주기로 결심했다. 그래서 서예가 와타나베 우조渡邊烏城 씨와 같은 분이 표제 글씨를 보내주셨지만 쓰지 않았다.

이 책의 핵심은 제6장에 담겨 있다. 과거와 현재는 대구의 작은 역사일 뿐이며 제7장 이후는 제6장의 근거에 해당한다. 제 6장에서 대구의 전도유망함을 소개한 것은 독자들이 사업을 펼치기를 촉구하는 데 목적이 있다. 양잠과 제사는 내가 일본에서 본업으로 삼았던 것이고, 과수재배는 조선에서 7년 간 실험한 것이다. 농업과 그 밖에 새로운 사업이 많겠지만 내 성격 상 직접 경험하지 않은 것은 못쓴다. 따라서 내가 아는 것에만 한정했다.

독자 여러분들은 위 내용을 염두에 두면서 일독하고 숙고하시기를 바란다. 비록 문장이 서툴기는 하지만 이 책에 관한 모든 것은 필자가 책임질 것을 맹세한다.

1910년 10월 5일

일본의 신영토 조선 대구부大邱府에서

미와 조테츠 경백敬白

차 례

제5장 현재의 대구

제6장 장래의 대구

제7장 대구의 기후

제8장 새로운 이주자를 위한 충고

제9장 대구 인근 지역 소개

제10장 도 정세 비교표 및 참고표

일러두기

1. 인명이나 지명은 외래어 표기법에 준하여 표기했다.
2. 원문 문장에는 복문이 많다. 원문 문장 단위를 최대한 존중했지만, 일부 문맥을 해치지 않는 범위에서 단문 내지 중문으로 나누어 옮겼다.
3. 일본인 인명은 성만 제시된 경우 확인 가능한 범위에서 조사해 이름까지 명기했다. 일본인 인명은 인물 확정의 편리를 고려해 반복되더라도 성과 이름을 모두 표기했다. 인명 한자가 틀린 경우는 바로잡아 옮겼다.
4. 지명, 기관명, 직명은 한국어로 일본어 원음을 표기한 후 초출에 한해 한자를 병기했다.
5. 일제강점기라는 상황에서 비롯된 표현이 있지만 1차 자료라는 점에서 그대로 옮겼다.
6. 일본의 거리 단위 '리'는 한국과 다르기 때문에 ㎞로 환산해 옮겼다. 기타 다양한 단위 관련 용어는 현재 사용하는 단위를 확인해서 병기했다.

제1장

대구의 지세

대구는 조선 남부 유일의 대도시로 경상남북도의 중앙에 있다. 동경 28도, 북위 35도 50분에 위치해 있다. 조선의 수도 경성에서 240여km, 철도로는 317km 떨어져 있다. 예전에 동경東京으로 불렸던 경주까지는 70여km이다. 조선의 주요 항구로 이름이 알려진 부산까지는 110km, 철도로는 124km이다. 오후 3시 55분 급행열차를 타면 다음날 아침 8시 반에 시모노세키下關에 상륙할 수 있고, 오후 1시 19분에 기차를 타면 밤 8시에는 경성에 도착할 수 있으므로 조선의 도시 가운데 교통이 편리하고 물산이 풍부한 점에서 대구를 앞서는 곳은 아마도 없을 것이다. 대구는 삼한시대부터 정치와 경제의 요지로 중시되었고 군주나 정치 체제가 바뀌어도 변함없이 국가 안위를 지키는 요충지 역할을 했다. 북쪽에 솟아오른 팔공산 산맥은 북방의 찬바람을 막아 기후를 온화하게 만들고, 서쪽으로 12km 떨어진 곳에는 꿈틀거리는 긴 뱀처럼 영남 평야를 감싸며 운수와 관개에 크게 공헌하는 낙동강의 주요 나루터 사문沙門이 있다. 예부터 경상, 충청, 전라의 삼남 지역은 수 십리에 걸친 기름진 들판에서 많은 쌀과 콩을 생산해 내는 국가의 보고로서 나라 안팎에 알려졌는데 대구는 실로 그 수도에 해당한다.

조선의 총면적 14,123방리方里에서 경상북도는 1,147방리를 차지하며, 조선의 총인구 12,484,621명 가운데 경상북도 인구는 1,528,830명이다. 조선 전체 조세수입 10,340,604원에서 경상북도의 조세수입은 1,344,324원을 차지한다.

인구와 그 밖의 조사는 이제 막 시작해서 정확하지 않지만 경상북도가 납세액에서 수위를 차지하면서 국가 재원을 제공하는 지역이라는 사실은 영구불변하다. 대구는 삼남 지역의 수도이자 삼남 지역 유일의 대도회지라고 할 수 있다. 참고로 대구재무감독국에 있는 『대구읍지大邱邑誌』 내용을 발췌해 인용한다.

『대구읍지』는 이 지역의 역사를 적은 책이다. 문장이 매우 번잡해 내용을 오해할 수 있기 때문에 항목을 나누어 기술한다.

✿ 연혁 : 본 군은 신라시대에 달구현에 속해 있다가 신라 경덕왕 시대에 이르러 수창군의 영현이 되면서 이름을 대구현大丘縣으로 바꾸었다. 고려 현종 때는 경산부에 속했고 현령이 통치했다. 500여 년 전인 조선 세종 때에 '대구군'으로 바꾸면서 판관을 두었고 세조 때에 진鎭을 설치해 도호부로 삼으면서 감사를 파견했다. 감사는 지금의 관찰사에 해당한다. 경상도 72개 군의 중앙에 위치해 각 군을 지휘-감독하는 데 편리하고 남쪽으로는 부산해와 가까워 유사시에 나라의 가장 중요한 요충지 역할을 했다. 따라서 세종 병신년에 별도로 유영을 설치하고 영장, 중군, 비장, 병졸 950여명을 배치해 전쟁에 대비하는 임무를 맡겼다. 1895년에 판관을 폐지하고 군수로 개칭했으며 1896년에는 감사 한 명으로 직무를 수행하기에는 관할 구역이 너무 넓다는 이유로 72개 군을 4도로 나누고 대구, 안동, 진주, 동래 네 곳에 부府를 설치하면서 감사를 폐지하고 각 부에 관찰사를 두어 행정을 맡겼다. 그런데 안동부와 동래부의 지위가 부적절해 폐지하고 대구와 진주 두 부를 중심으로 북부 41개 군을 경상북도, 남부 31개 군을 경상남도로 칭하면서 오늘날에 이르렀다.

✿ 자연산천 : 팔공산은 대구부 북쪽 16*km* 위치에 있으며 거대한 봉우리와 높은 고개는 지역에서 으뜸이다. 신라시대에는 '부악'이라고 불렀고 정상에 사천대司天臺를 설치해 일명 기우소祈雨所라고 불렀다. 산의 사방에 대구를 비롯해 하양, 신녕新寧, 의흥, 인동, 칠곡 등의 군이 둘러 앉아 있다. 봉우리에는 '삼동석三動石'이 있는데 신기한 바위로 세상에 알려져 있다. 산중턱에 있는 동화사와 파계사라는 큰 사찰에는 승려가 각각 수 십 명씩 상주한다.

비슬산은 대구의 남쪽 16*km* 지점에 있으며 계곡의 경치가 뛰어나고 풍경이 아름답다. 산 좌우에 용연사와 용천사가 있다. 두 곳 모두 신라

시대에 지어진 고찰이다.

비슬강은 대구 북쪽 40*km* 지점에서 시작해 북부 지역을 크게 휘감아 흐르면서 서쪽 12*km* 지점에서 낙동강과 합류한다. 비슬강의 수원은 두 곳이다. 하나는 신녕의 보현산에서 시작하고 다른 하나는 경주 모자산에서 시작하는데 영천에서 합쳐진다. 비슬강은 물이 맑고 은어와 잉어 등 어족이 풍부해 조선인과 일본인 가운데 어업으로 생계를 꾸려가는 사람이 많다. 여름과 가을에 낚시를 드리우거나 그물을 친 채 청유하는 취사묵객들이 아주 많고 강기슭에 경승지가 있지만 조선인은 풍류가 없어서 나무를 베고 바위를 깨는 등 조금도 돌보지 않는다.

천연의 장성長城이 만든 장관

성벽은 적을 막는 데에 목적이 있다. 그런데 적은 반드시 사람만 있는 것도 아니고 맹수만 있는 것도 아니다. 나쁜 질병도 우리의 적이고, 안좋은 기후도 우리의 적이며, 작물을 해치는 폭풍도 우리의 적이다. 북쪽에 솟은 팔공산의 긴 산마루와 멀리 서쪽을 둘러싼 조령산은 겨울철의 찬 북서풍을 막으면서 기후를 누그러뜨려 넓은 경상 평원의 작물, 사람, 가축을 보호한다. 대구 서북쪽을 둘러싼 산봉우리들이 그 이북 지역과 전혀 다른 기후를 만들어내면서 조선 남부 지역은 그야말로 한반도의 부원으로 자리 잡게 되었다. 일본에서 산인山陰 지역과 산요山陽 지역이 인접해 있으면서도 기후가 전혀 다른 것은 두 지역 경계에 있는 산들 때문이다. 간토関東 지역 평야가 고신甲信 지역 및 호쿠에츠北越 지역과 달리 춥지 않은 것은 해당 지역을 경계 짓는 봉우리들 때문이다. 대구 서북쪽을 둘러싸고 있는 조령과 팔공의 봉우리들은 실로 천연의 장성인 것이다.

대구 동쪽에 있는 팔조령과 남쪽을 감싸는 비슬산은 해마다 여름과 가을에 부산 근해를 덮치는 폭풍이 근접하지 못하게 한다. 대구에서 벌써 8년을 지냈는데 그 동안 부산은 산 같은 파도가 덮치는 폭풍 피해를 몇 차례나 겪었다. 부산 사람들이 폭풍 때문에 치르는 비용은 결코 적지 않고, 초량도 부산 못지않은 피해를 입는다. 앞으로도 폭풍이 덮치는 것을 피할 수 없을 것이다. 그러나 대구는 팔조령과 비슬산이라는 두 개의 큰 성벽이 있기 때문에 바람이 결코 뚫고 지나갈 수 없다. 농부들한테서 9월 초순에 찾아오는 태풍에 대한 공포심을 전혀 찾아 볼 수 없다. 대구의 사방을 둘러싼 천혜의 성벽은 제아무리 천마 연합군이라도 귀퉁이조차 깰 수 없는 견고한 성을 이루었다.

천연의 운하

대구 북부를 돌아 흐르는 금호강은 수심이 얕아서 배를 띄울 수는 없지만 특산품인 메기, 잉어, 장어는 대구 사람들의 밥상을 풍성하게 만든다. 이런 물고기를 잡아 살아가는 조선인과 일본인이 적지 않다. 대구 동쪽을 흐르는 신천은 어족이 적지만, 대구 외곽의 많은 논은 신천 덕분에 가뭄 걱정 없이 안심하고 경작할 수 있다. 고래의 유일한 교통기관으로서 경상도의 남북을 관통하면서 물자를 운송하던 낙동강에는 지금도 수백 척의 배가 아래위로 물산을 실어 나르고 있다. 낙동강이 신라시대부터 오늘에 이르기까지 대구의 지위를 유지시켜준 것이다. 삼남 지역이 아무리 많은 곡물을 생산해도 이것을 반출할 하천이 없으면 지역의 부로 이어지지 않는다. 조선 남부의 토지가 넓고 쌀과 콩 생산량이 많다고 하지만 만약 낙동강과 금강이라는 두 강이 없었다면 삼남 지역은 조선의 부원이 아니라 산간벽지에 머물렀을 것이다. 낙동강은 본류와 지류를 합치면 백 수십 리에 이르고, 그 가운데 배가 오갈 수 있는 구역은 약 260㎞인데 일본에는 이에 견줄만한 강이 없다. 기타

야마北山, 모가미最上, 후지富士, 시나노信濃 지역의 강들은 모두 절반에도 미치지 못한다. 낙동강을 오가는 배는 약 5백 척인데 큰 배는 한 척에 다섯 두斗 가마니 600여 개를 싣고 적은 배라도 200개 이상은 싣는다. 300년 넘게 부산을 부유하게 만든 것도 낙동강이다. 실로 하늘이 내려준 운하이다. 설령 철도가 거미줄처럼 부설되더라도 낙동강이 불필요해지는 일은 없을 것이다.

무궁무진한 식량

의식주는 인간에게 없어서는 안되는 세 가지인데 그 중에서도 '식'이 제일 중요하다. 이씨 조선 500여년 악정 동안 관리는 민중의 고혈을 짜내는 것 이외에 다른 능력이 없었고 민중은 관리의 주구에 지쳐 저축할 마음을 잃은 채 밤낮으로 비애의 아리랑을 부르며 하루하루가 무사하기만을 빌었다. 숲과 산은 벌채만 한 채 나무를 심지 않았고, 논밭은 만들기만 한 채 비료를 뿌리지 않았다. 하루 벌면 하루 논다. 풍년에 남겨둔 것이 없으니 흉년에 먹을 것이 없다. 산은 헐벗고 비옥한 밭은 황무지로 변했다. 그러나 정치의 방향이 정해지고 민중에게 저축할 마음이 일어나면서 농민들은 '부지런히 모으는 것을 따라잡을 수 있는 가난 신貧乏神이 없다'는 사실을 깨달았다. 그들은 황무지를 개간해서 콩을 심고 수로를 개선해 물길을 내며 날이 밝기 전에 일어나 해가 진 뒤에 귀가한다. 이러한 근면함은 도저히 일본 농민들이 미치지 못하는 부분이다. 조선의 일본인이 나날이 늘어나 쌀 수요가 증가하고 철도가 놓이면서 쌀과 콩 수출이 급증했음에도 불구하고 조선의 쌀과 대두 가격이 등귀하지 않고 오히려 가격이 하락하는 것은 경제학자의 이론에 반하는 현상이지만 경상도 지역을 보면 이해가 된다. 일본 정부의 보호로 민중이 저축할 수 있는 자유를 얻었다. 내가 소년이었을 때 사람들은 '나에게 자유를 달라, 그렇지 않다면 죽음을 달라'고 요구했다. 그런데 현재 조선 민중의 요구는 다르다. 그들은 '나에게 저축의 자유를 달라, 그렇다면 나는 일할 것이다'라고 요구한다. 이것은 500년 동안 이어진 조선 팔도의 외침이었는데 일본의 천황 폐하가 그 요구를 수락했다. 조선 민중도 인류이다. 처를 생각하고 자식을 사랑하며 미래의 안녕을 꾀하려는 마음은 다른 나라 민중과 다르지 않다. 이제야 삼남 지역 민중은 열심히 일하고자 결심했다. 500년 동안 관리 때문에 황폐해진 전답은 가까운 장래에 틀림없이 회복될 것이다. 일본인이 아무리 증가하고 수출이 아무리 활발해져도 경상도 평원에서 쌀과 곡식의 부족을 걱정할 필요는 없다. 먹고 입는 것이 족해야 예절을 안다는 것은 세상의 상식이다. 장래에 유능한 인사들은 아마도 삼남 지역 평원에서 나올 것이다.

두려워 할 적이 없는 대구

대구의 일본인 가운데 '경원철도 개통이 대구에 불리하지 않을까, 호남철도가 대구의 번영을 빼앗지 않을까'라고 걱정하는 사람들이 있다. 이것은 불필요한 기우이자 지극히 어리석은 주장이다. 다른 사람이 잘되는 것을 걱정하는 것은 질투이다. 나는 원산지방의 교통이 빨리 개선되어 왕래가 빈번해지기를 기대하며 안전한 경부철도가 파도와 바람이 거친 동해를 대신해 일본과 북한을 이어주는 통로가 되기를 바란다. 대전에서 전주와 광주를 거쳐 목포에 이르는 철도가 생긴다면 그 다음에 전주-대구 간, 목포-진주 간, 진주-마산 간 철도부설 운동이 일어날 것이고 국가경제 차원의 필요성 때문에 틀림없이 부설될 것이다. 일본 정부의 식민정책 차원에서도 삼남 지역의 재원을 도외시하는 일은 없을 것이다. 당국자가 이것을 도외시한다면 중의원에 호소하고 귀족원에 시정을 요구해야 한다. 정정당당하게 정확한 조사를 한다면 목적은 반드시 이룰 수 있다. 다른 이의 번영을 선망할 필요가 없다. 대구는 경상도의 큰 부원이자 중심이다. 다른 사람들 것을 이용하는 항만 지역과 달리 스스로 제조하고 생산한 것을 판매하는 생산지이다. 나는 철도를 따라 옮겨 다니려 하지 말고 철도를 끌어와야 한다고 항상 주장한다. 결심이 약하면 경상도라는 큰 부원에 살면서도 굶어죽지 않는다는 보장은 없다. 의지와 행동력이 약하고 자신감이 없는 거류민은 대구에서 금물이다.

대구는 승객의 많고 적음을 걱정하는 항만의 뜨내기 식민지와는 다르다. 다른 지역이 번영하는 것을 골치 아파할 필요 없이 자신 있게 실행하고 질서 있게 나아간다면 아무 걱정도 필요 없다. 대구가 굳이 걱정할 것이라면 가끔 이탈리아 반도를 덮치는 대지진과 핼리혜성 정도인데, 이전에 삼남 지역이 지진피해를 입었다는 기록은 없고 혜성이 지구와 충돌해 모든 것이 산산이 부서져 먼지가 되는 날로 여기던 지난 5월 20일은 다행인지 불행인지 전 영국황제 에드워드 폐하의 장례식이었기 때문에 핼리 혜성 선생이 조심스러워하며 지구를 피해갔다. 핼리혜성은 살아 있는 동안에는 다시 오지 않는다고 한다. 대구에서 서쪽으로 30㎞ 떨어진 지역의 한 선교사가 설교 중에 "5월 19일인가 20일에는 핼리라고 하는 큰 별이 세계를 파괴해 인간은 모두 죽게 되므로 그 별이 오기 전에 서둘러 잘못을 회개하고 천국에 갈 준비를 하자"고 말했다. 선교사는 청중들이 크게 놀랄 것이라고 예상했지만 뜻 밖으로 남녀 모두가 "어쩔 수 없지. 우리만 죽는 것은 싫지만 일본인, 서양인, 국왕, 양반도 모두 죽는다면 실로 다행스러운 일"이라며 희색만면하면서 태연한 것을 보고 "천명을 아는 점에서는 서양인들도 조선인에 미치지 못한다. 그들은 틀림없이 천국에서 다시 태어날 것"이라며 기뻐했다고 한다. 신도와 비신도 모두 선교사의 설교를 조금도 의심하지 않고 믿은 결과 "일가가 전멸한다면 무엇 하나 남길 필요가 없다. 밭도 바보 같은 일본인에게 팔고 집도 욕심 많은 양반에게 넘기라"며 모르는 사람들한테까지 이야기를 퍼트려 '5월 20일에 세상이 끝난다'라는 한바탕 소동에 재산을 모두 탕진한 사람이 있다는 실화도 있다. 다행히 일본인은 예부터 '돈이 있으면 지옥에서 열리는 재판에서도 유리하다'는 금언에 따라 화장할 때 돈을 넣어 줄 만큼 사려가 깊다. 화산이 없는 한반도에서 지진이 일어날 위험이 없고 핼리혜성도 오지 않는다면 대구는 아무것도 두려워 할 것이 없다.

대구의 식수

사람은 밥만 먹고 살 수 없다. 공기가 있어야 하고, 불이 있어야 하고, 바람도 반드시 있어야 한다. 이에 더해 하루도 없어서는 안되는 것이 물이다. 위생을 해치지 않는 청정한 물이 필요하다. 그런데 조선의 도시 가운데 식수 문제로 어려움을 겪지 않는 곳이 없다. 경성, 부산, 인천, 원산 모두 마찬가지이다. 평양도 물 때문에 고생하고 목포도 상황이 같다. 군산과 마산 또한 그러하다. 모두 국고 보조를 받아 수도를 부설했다. 그 금액은 수십만 원씩인데도 수도가 완비되고 식수 부족이 해소되기까지는 여전히 요원하다. 그런데 대구에서는 가는 곳마다 맑은 물이 샘솟는다. 종래의 조선인 가옥에는 집집마다 반드시 우물이 있고 깊이가 깊은 것은 15~6척, 얕은 것은 5~6척에 이른다. 우물을 파는 비용은 5~20원이다. 3월 하순 시점에 수심이 20척인 우물은 단언컨대 물이 마를 위험이 없고 5~60원을 투자하면 소화용 우물로도 이용할 수 있다. 대구 시가지를 중심으로 사방 10㎞에는 맑은 물이 솟지 않는 곳이 없어 우물을 팔 때 수맥 등을 고려할 필요가 없다. 조선의 도시 가운데 대구와 수원만 수질이 좋다고 한다.

○ 대구와 주요 지역 간 육상 및 해상 거리

대구-부산 간 철도 124.8㎞

대구-경성 간 철도 317㎞

대구-인천 간 철도 340㎞

대구-대전 간 철도 148㎞

대구-조치원 간 철도 187㎞

부산-시모노세키 간 해상 201㎞

대구-시모노세키 간 육상과 해상 합산 326㎞

대구-도쿄 간 육상과 해상 합산 1,460㎞

대구-오사카 간 육상과 해상 합산 856㎞

광 고

한국은행 대구지점

- 총재

  이치하라 모리히로市原盛宏

- 대구지점장

  이케다 가키치池田嘉吉

한국은행

- 지점 및 출장소
- 전화 : 11번 은행

  137번 지점장 사택

- 환어음 거래처
- 본 은행은 국고사무 이외에 보통은행 업무도 확실하고 친절하게 취급합니다.

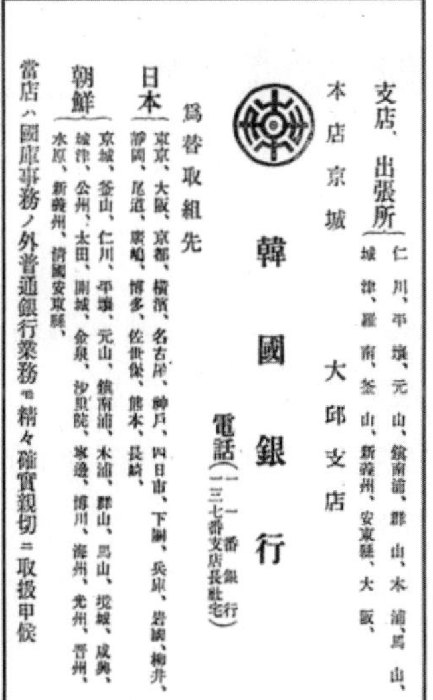

주식회사 경상농공은행

- 본 점 : 대구
- 지 점 : 진주지점, 김천지점, 마산지점
- 출장소 : 초량출장소, 상주출장소
- 전 화 : 은행 20번, 지배인 사택 150번, 부지배인 사택 72번
- 환어음 거래처 : 조선 전체, 일본 주요지역
- 업무 : 농공은행, 보통은행 및 창고업

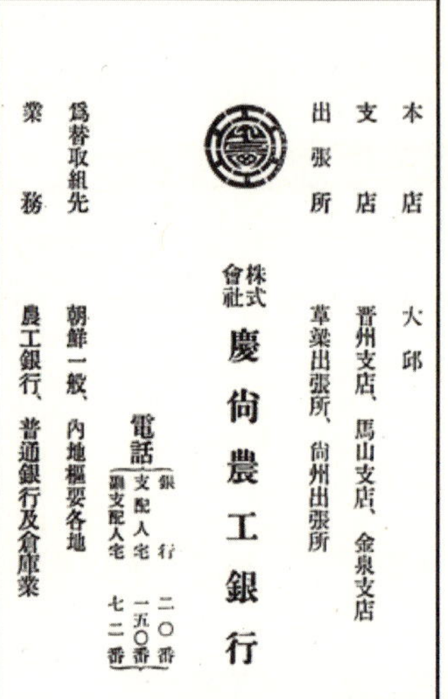

本店 大邱
支店 晋州支店、馬山支店、金泉支店
出張所 草梁出張所、尙州出張所
株式會社 慶尙農工銀行
電話 銀行 二〇番 支配人宅 一五〇番 副支配人宅 七二番
爲替取組先 朝鮮一般、內地樞要各地
業務 農工銀行、普通銀行及倉庫業

주식회사 경상농공은행

- 경상농공은행의 주요인사

은행장 이석진李錫珍, 지배인 야스카와 야스사부로安川安三郎, 부지배인 이리야 호코노스케入谷鉾之助, 기사 다케치 쇼지로武智正次郎, 진주지점 지배인 모리모토 이치로森本市郎, 마사지점 지배인 하라 신타로原信太郎, 김천지점 지배인 도츠 마나부戶津學, 초량출장소 주임사무 나카오카 스케오中岡祐雄, 상주지점주임 아키요시 에조秋吉英三

店本行銀工農尙慶

慶尙農銀現在首腦者左の如し
銀行長 李錫珍
支配人 安川安三郎
副支配人 入谷鉾之助
技師 武智正次郞
晋州支店支配人 森本市郞
馬山支店支配人 原信太郞
金泉支店支配人 戶津學
草梁出張所主任事務取扱 副支配人 中岡祐雄
尙州支店主任 秋吉英三

제2장

과거의 대구

대구의 연혁은 앞 장에서 대략 서술했다. 본 장에서 이야기할 '과거의 대구'는 오랜 과거를 의미하는 것이 아니라 10년 전을 가리킨다. 과거 10년, 이 10년이 독자들에게 참고가 될 만한 시기이다. 조선 경영에 뜻이 있는 사람은 일본의 보호국이 되기 전에 조선민중이 어떤 상태에 있었는지를 파악한 후 현재 상황을 바라볼 필요가 있다. 특히 조선의 대변혁은 내가 가까이서 실제로 지켜본 드라마이다. 전해들은 것을 아름다운 문장으로 소개하려는 것이 아니다. 문장이 좋지 않고 체제가 잡혀 있지 않지만 침소봉대해서 쓰지는 않았다. 만일 의미가 안통하더라도 독자들이 스스로 판독해 주시길 바란다.

관찰부觀察府의 관할 구역

조선이 팔도였을 때 대구의 관할 구역은 매우 넓어서 부산, 마산, 진주까지 모두 관할했다. 조선 제4대 세종대왕 때에 대구에 육군을 두어 나라를 지키게 하고 진해만 서쪽 끝에 해군 수사를 설치해 근해를 지키게 했는데 통영이 바로 그곳이다. 당시 수사의 병력은 39,000명이었다. 대구의 병력이 950여명이었던 것과 비교하면 수사를 얼마나 중시했는지 명확히 확인할 수 있다. 도요토미 히데요시豊臣秀吉가 수군 때문에 고생한 것도 이러한 방비 때문이었다. 육군은 근세에 대대사령부를 대구에 설치하고 경주와 진주에 분영을 두었지만 1907년 8월에 모두 해산되었다. 500년 동안 깊은 인연을 맺어 온 군대가 해산되는 데도 많은 조선 민중들이 불평은 커녕 오히려 해산을 기뻐한 것은 무엇 때문일까.

대구 관찰부는 단지 관할 구역만 넓었던 것이 아니라 육해군의 병권을 장악하고 있었기 때문에 그 권세는 대단했다. 1896년에 경상남북도로 분할되었지만 그것은 단지 행정구역 축소였을 뿐으로 관찰부는 여전히 대구에 그 중심을 두었다. 국무대신을 거친 사람이 관찰사로 부임한 곳은 대구뿐이었다. 경성 정청에서 국왕의 사랑을 받은 이완용이 그러했고, 일본을 배척한 인물을 꼽는 것은 내키지 않지만 이용익이 그러했다. 두 사람 모두 육군참장으로서 육군대신을 지냈다. 8도를 13도로 나눈 것은 관리 숫자를 늘려 매관매직을 노린 것에 지나지 않았다. 대구 관찰부는 13명의 관찰사 가운데 그 권세가 으뜸이었다.

엄한 관아

일본 절과 흡사한 모양으로 읍성 안 중앙에 자리 잡고 있는 큰 건축물이 관찰사 정청이고 그 정면에 있는 것이 선화당이며, 그 뒤에 있는 것이 징청각이다. 관찰사가 집무를 보면서 머문 곳은 징청각으로 머리 위 큰 액자에는 '爾俸爾祿民膏民脂下民易虐上天難欺'라고 적혀 있었다. 기존에 관찰사는 그 액자 밑에 앉아 양민의 엉덩이를 채찍질하면서 뇌물을 탐해 왔다. 관찰부 정전 전후좌우에 있는 큰 건물들 가운데 뒤쪽에 있는 것은 대부분 관찰사 가족의 주택이고 앞쪽은 모두 각 부서 관청이었다. 작년 말 세키노關野 공학박사 일행이 조사한 바에 따르면 대구는 경성을 제외하고 관아 배치와 구조가 유일하게 완비되어 있다고 한다.

관찰부 정문 앞에 넓은 서향 건물이 있다. 이것은 옛날 군영이고 장교 주택은 따로 몇 개 있다. 군영을 제외하면 나머지는 모두 관찰부 관청인데 대지가 8,000여 평이고 건평은 적어도 대지의 1/3은 된다. 지금은 선화당과 징청각을 관찰부 관청으로 쓰고 있고, 재무감독국은 내방측 부인이 거주하던 주택을 부수고 신축한 것이다. 토지조사국 출장소도 이전의 내방 한 편에 있다. 대구공소원, 대구지방재판소, 감옥, 경성위수병원 대구분원, 헌병대 및 임시파견대 일부는 모두 관찰부 관청을 임시로 사용하고 있다. 이 밖에 군아郡衙 소속 건축물도 많지만 최근 사용하지 않는 건물과 함께 민간에 불하해 현존하는 것은 1/3도 안된다.

대구에는 시내를 둘러싼 석조 성벽이 있었다. 높이는 12~3척에서 15~6척에 이르렀다. 3백 년 전에 축조한 것인데 모두 돌을 잘라 쌓은 것이라 매우 견고한 구조였다. 성벽 두께는 20~27척이고 상부에는 시멘트와 비슷한 흙벽이 있었다. 흙벽 높이는 3~4척이고 2척 정도의 간격으로 총구멍이 있었다. 총구멍은 아래를 향한 것과 정면을 향한 것 두 종류로 뚫었고 대총용과 소총용을 구분했다. 성벽 사방에는 대문이 있었는데 정문에 해당하는 남문이 가장 크고 나머지는 동-서-북문 순이었다. 남문 누상에 큰 액자가 있는데 '영남제일관嶺南第一關'이라고 적혀 있다. '영남'이란 경상도 서북단 경계에 있는 조령산 남부 전체를 가리키는 말이다. 이른바 경상도의 다른 이름이다. 동문은 진동문, 서문은 달서문, 북문은 공북문이라는 이름이었고 동남쪽 중간에는 동소문이 있었으며 서북쪽 중간에는 서소문이 있었다. 그리고 각 문의 중간, 즉 성벽 네 귀퉁이에 '동장대, 남장대, 북장대'라고 이름붙인 망루가 있었는데 서북쪽 중간에 위치해 경성 방면을 바라보던 망루에만 '망경루'라는 액자가 있었다. 이것은 왕궁을 향해 활시위를 당기지 않는다는 의미일 것이다. 네 대문과 두 소문의 배치는 경성의 배치를 따른 것이 분명하다. 이를 통해서도 대구가 중시되었다는 것을 알 수 있다. 성 안에서 관아가 없는 곳은 전부 민가이고 성 밖 동서남북도 모두 민가인데, 서부에 제일 많고 남부가 그 다음으로 많으며 동북부에는 민가가 적고 밭이 많다. 부산에서 경성으로 향하는 국도는 남문 밖에서 서문 밖을 지나 칠곡군으로 이어지고 낙동, 상주, 문경을 통과해 충청도 연풍을 거친 후 충주를 지나 경성에 다다른다. 국도와 철도는 대구 서북쪽에서 노선이 완전히 달라진다.

『대구읍지』에 따르면 세종대왕 때에 시내가 좁아 불편하다는 이유로 달성산, 즉 지금의 달성공원 서쪽에 있던 관찰부를 현재 위치로 옮겼다고 하니 500년 전 일이다. 남문에서 서쪽으로 조금 가면 작은 산이 있는데 '동산東山'이라고 한다. 현재 미국 선교사들이 사는 곳이다. 서남쪽에 위치한 작은 산을 동산이라고 부르는 이유는 500여 년 전 대구를 기준으로 붙인 명칭이다. 옛날에는 왜적이 자주 남부 지역을 침범해 건국 초기에 성벽을 쌓아 방어했다고 하니 대구의 성벽은 500년 전에 축조해서 이후에 개조했을 것이다. 이러한 점에서 성벽은 내란방어를 위한 것이 아니라 일본군 침입에 대비한 것이었음이 분명하다. 성벽 길이는 약 1,600간間으로 동성정東城町, 남성정南城町, 서성정西城町, 모토마치元町의 큰 도로는 성벽이 있던 자리이다. 1906년 11월에 당시 관찰사 서리이자 현 관찰사인 박중양 씨가 오카모토 리헤岡本利平 부이사관과 가게야마 히데키影山秀樹 민단장 두 사람의 의견을 받아들여 성 전체를 부순 후 1908년 가을에 관찰사로 부임해 현재 도로를 만들었다. 일본인의 침입을 막기 위해 축조했던 세종대왕의 혼은 어떻게 느낄런지.

권세 등등한 관찰사

관찰사라는 관명은 조선왕조 개국 508년 이후에 생긴 것으로 그 전에는 감사監司라고 불렀고 도순찰사都巡察使나 겸순찰사兼巡察使라고 부른 적도 있다. 왜 동일한 직책의 지방장관에게 각기 다른 이름을 부여한 것일까. 그 차이는 직전 관직의 지위 고하에서 비롯된 것으로 본가 격인 경성의 조정 조직에 따른 것이다. 조정에는 의정청이 있어서 수상을 영의정이라 하고 그 밑에 좌의정과 우의정을 두었다. 이것을 일본의 옛 제도와 비교하면 태정대신 밑에 좌대신과 우대신이 있는 격이다. 이어서 이조, 호조, 예조, 병조, 형조, 공조가 있는데 그 장관을 판서라 하고 그 아래를 참판, 하나 더 아래를 승서라고 한다. 이는 일본의 대신, 차관, 서기관에 해당한다. 판서가 지방장관이 되면 도관찰사가 되고 참판이 지방장관이 되면 겸순찰사가 된다. 그리고 순찰사 밑에 이방, 호방, 예방, 병방, 형방, 공방이 있다. 즉 중앙정부와 마찬가지 형태로 지방정부를 조직한 것인데 관찰사는 병마의 대권을 가지고 있어서 비장 이하 부대소속 무관을 그 휘하에 두었다. 재판에서는 종심 권한을 쥐고 있어 생살여탈권을 마음대로 휘둘렀다. 관찰사 휘하에는 사법, 행정, 군사에 이르기까지 담당 관리가 매우 많고 관기와 하인까지 합치면 3,000명 가까이 있다. 밖으로 나가면 군대가 호위하고 돌아오면 관기가 맞이한다. 나는 난생처음 주지육림이라는 말을 조선의 지방관이 실행하는 것을 보았다.

관찰사 밑에는 군수가 있다. 군수라는 명칭은 1893년에 시작된 것으로 그 이전에는 군의 등급에 따라 관직명이 달랐다. 판관, 부윤, 목사, 부사, 군수, 현령, 현감 등이 그 명칭들이다. 경상남북도에서 판관은 대구에만 두었고 부윤은 경주에만 두었다. 조선 전국에서 부윤을 둔 곳은 의주와 경주뿐이었는데, 부산을 비롯한 각 개항지에 부윤을 두는 것으로 바뀌었다. 목사는 상주, 성주, 진주에 두었고 그 아래 등급의 군에는 군수 및 그 이하의 관리를 배치했는데 이처럼 군의 등급에 따라 관직명과 권한에 차이가 있었다. 대구의 판관에게는 재판권도 있고 옥사도 있었지만 하급 군에는 그러한 권리가 없는 곳도 있었다. 이처럼 전체적으로 하급 군은 상급 군의 지배를 받았다. 지금은 관찰사와 마찬가지로 등급 차이 없이 모두 군수라고 부른다. 군수의 판결에 불복할 때는 관찰사에게 상고한다. 관찰사의 판결은 더 이상 상소할 곳이 없는 최종심이라서 생살여탈의 명령을 그대로 따라야 했다.

대구시 남쪽에 작은 언덕이 있다. 그곳에 높이 5.4m, 폭 7.2m, 길이 18m 크기의 얼음 저장고가 있다. 규모가 크고 견고해서 놀랐다. 예전에 관찰사는 금호강의 얼음을 이 석조창고에 저장해두고 여름철에 실내를 냉각시켰다고 한다. 그 호사를 논하는 것은 별도로 치더라도 대구에서는 2~300년 전부터 얼음 저장법을 알고 있었던 것이다. 이 점에서는 도쿠가와 장군도 한 발 양보할 수밖에 없다.

재판

제1심은 군수 담당이고, 종심은 관찰사의 권한이다. 조선에서 재판은 의무가 아니라 권리로 보는 것이 맞다. 왜냐하면 범인을 인수하면 반드시 이익이 따라오기 때문에 재판은 직책을 다하는 것이 아니라 직권을 이용하는 것이다. 조선의 관리에게 죄인은 결코 악인이 아니라 복을 가지고 오는 신과 같은 존재로 일본의 '칠복신' 가운데 상업을 수호하는 에비스惠比寿 신과 같은 존재이다. 종래 재판에서는 민사와 형사를 불문하고 피고를 무조건 투옥시켰고 그 판결은 법조문에 의거하거나 관습에 따른 것이 아니라 판관인 군수나 관찰사의 심증에 기초했기 때문에 사람들은 판관의 의중을 파악하기 위해 애썼다. 따라서 한 번 군수가 되면 3대가 편히 지낼 수 있고 한 번 관찰사가 되면 8대가 부귀를 누린다는 말은 결코 틀리지 않다. 묘지 문제는 조선의 재판에서 가장 많은 비중을 차지하는데 묘지에 관해서는 자세히 설명해도 독자들이 이해하기 어렵다. 나도 이 부분은 깊이 조사하지 않았다. 단 예를 하나 들면 자신의 산에 매장하더라도 그 위치가 다른 사람의 묘에서 봤을 때 나쁜 방위일 때는 문제가 일어나 고소가 벌어진다. 다른 사람 산에 매장하는 것이 문제가 아니라 방위가 문제인 것이다. 별도의 규칙과 법률도 없고 단지 '이쪽 가문의 귀문鬼門에 왜 집을 지었느냐'라는 식의 문제에 지나지 않는다. 하지만 이것이 조선인들에게는 중대한 문제라서 재산을 내던지며 싸우는 것은 물론이고 살해사건이 일어나는 경우도 있다. 관찰사의 재판 방법도 교활해서 쌍방이 서로 경쟁하게 만든 다음 그 피로 정도를 보고 판결한다. 서로 경쟁시킨다는 것은 바로 뇌물 경쟁을 의미

한다. 더 이상 뇌물을 바치지 못하는 쪽이 패소하는 것이다. 묘지 문제 이외에 다른 민형사 재판도 뇌물에 기초한 재판이라서 죄인이 한 사람 생기면 일족은 거의 망한다고 보아야 한다. 예를 들어 투옥된 사람이 금은을 상납하지 않으면 친척 중에 재산 있는 사람을 잡아 투옥시킨다. 죄명을 굳이 고를 필요도 없다. 일단 투옥시키고 500년 동안 이어져온 대로 다른 친족이 뇌물을 상납하면 두 번째로 투옥한 사람을 바로 출옥시켜 준다.

그야말로 극악무도한 죄인이라서 사형에 처해지는 경우를 제외하고는 전재산 혹은 그 일부를 바치면 방면된다. 그 방법을 설명하면 다음과 같다. 먼저 몇 날 몇 시에 곤장 몇 십대를 친다고 선고한다. 이는 미결수 피고에 대한 선고인데 이 사실을 옥졸이 곧바로 친족에게 알린다. 친족들은 동분서주해서 태형 날 전에 납금을 하고 사면을 요청한다. 이렇게 하면 당일 날 형 집행이 연기되는데 만약 돈을 준비 못하면 실제로 곤장을 맞는다. 태형은 적게는 10대부터 많게는 30대인데, 몇 십대라고 선고하기 때문에 곤장 한 대당 얼마인지 예산을 세울 필요가 있다. 그 금액은 판관의 의사에 따르기도 하지만 보통 시세가 있다. 내가 고용한 조선인이 일본인에게 토지매매를 주선했다는 이유로 1905년 4월에 포박된 후 20대씩 세 번 태형을 집행한다는 선고를 받았다. 첫 번째 선고는 내가 일본에 잠시 간 사이에 그대로 집행되었고 그 다음에는 1대당 1엔 비율로 총 20엔을 바쳤다. 세 번째 선고 때에는 여섯 대째에 내가 뛰어들어 옥졸과 병사를 때려눕혀 부상을 입힌 후 몸을 묶은 새끼줄을 풀어버렸다. 이것을 계기로 김한정 군수와 큰 싸움을 시작해 결국 경찰관과 수비대장의 도움으로 관련자 22명을 석방시킨 일이 있다. 곤장 20대를 맞으면 적어도 한 달은 일어날 수 없다. 내가 고용한 조선인이 몸을 회복한 것은 3~4개월 후였다. 재산이 많을수록 감옥에 오래 있어야 한다. 게다가 투옥 기간 중 식사는 관에서 배급하는 것이 아니라 자비이다. 이삼년을 감옥에 둔다고 해서 관아가 손해 볼 일이 없다. 재산이 있는 양민의 엉덩이를 때릴수록 돈이 나오는 것이다. 조선의 곤장은 누가 고안한 것인지 모르겠지만 기이하고 괴상한 방법이다. 처음 열 대 정도를 맞을 때까지는 큰 소리를 내며 울다가 14~5대 정도가 되면 울음소리도 멎는다. 20대 이상이 되면 거의 인사불성이 되지만 뼈 한 마디 부러지는 일이 없고 목숨이 끊어지는 일도 없으며 요양을 하면 예외 없이 회복된다. 1905년 11월에 일본군 병사 한 명을 살해한 역적 세 명을 총살형에 처했을 때 역적들을 안내했다는 죄목으로 붙잡힌 소년이 있었다. 나이가 겨우 14살로 미성년이었기 때문에 곤장 300대에 징역 3년으로 감형을 받았다. 역적 세 명의 총살형을 집행한 후 군중이 보는 앞에서 정말로 300대를 쳤다. 일본군 병사가 숫자를 세고 조선인 옥졸이 곤장을 때렸다. 곤장은 엄지손가락 굵기의 버드나무로 만드는데 길이는 3척정도이다. 2~3번 때리면 부러져서 100개 이상을 교환했다. 엉덩이 살이 부어올라 혈관이 파도치는 것처럼 움직이고, 우는 것조차 힘들 정도로 호흡이 가빠져 물을 줘도 마시지 못했다. 일본군 병사가 죽지 않겠느냐고 물으니 옥졸은 괜찮다며 100대 이상을 더 때려 300대를 채웠다. 과연 옥졸이 말한 것처럼 죽지 않았다.

내가 처음 사형 집행을 목격한 것은 1903년 10월이었다. 서부시장 중앙에 소나무로 된 통나무 형구를 대충 갖추어 놓고 담당 관리와 죄인이 오자 사형 선고문을 공시했다. 곧 교수형에 처할 죄인에게 곤장 20대를 친 후 여자부터 시작해 차례대로 7명을 처형했다. 그 다음에 사형 집행을 목격한 것은 1904년 5월인가 6월이었다. 한 번에 15명씩 3일에 걸쳐 총 45명을 처형했는데 이때는 곤장을 치지 않았다. 15명을 일렬로 교수형에 처하는 광경에 형언할 수 없을 정도로 기분이 안좋았다. 지금도 그 때를 떠올리면 마음이 안좋다. 독자 여러분들이 만일 당시 광경을 보고 싶다면 대구에 왔을 때 이사카와 사진관石川写真館에 가면 된다. 그곳에는 15명을 교수한 실제 상황을 찍은 사진이 있다. 이어서 1905년 봄인지 가을인지 정확히 기억할 수 없지만 남문 밖 들판에서 3일간 105명을 교수형에 처해 감옥을 정리한 적이 있다. 이것은 모두 관찰사가 결재한 것이다. 아무리 문책을 해도 돈이 나오지 않은 결과라고 의심 받을 만하다. 서너 명이면 몰라도 45명이나 100명 정도가 되면 내가 고용한 조선인이 당했던 경험에 비추어 볼 때 아무리 이치에 맞는 재판이라 하더라도 위와 같이 의심하는 것은 당연하다.

이야기 순서는 다소 거슬러가지만 순사, 즉 순검이 죄인을 잡으면 반드시 술집에 데려 간다. 술집에서 어떻게든 담판이 이루어져 방면되기도 하지만 대개 경찰에 끌려간다. 술집의 담판은 보고를 위한 사전조치라고 한다. 군인도 도적을 체포할 수 있는 권한이 있다. 이 경우 먼저 군영으로 연행한 후 군아에서 관찰부로 보낸다. 군인이 도적을 체포한 다음 밟는 절차도 순검의 경우와 대동소이해서 술집이 첫 담판소이다. 체포한 사람이 재산이 있는 경우에는 곧바로 죄명을 정하지 않고 반대로 부랑자인 경우에는 바로 그날 방면하는 일도 있다. 내가 순사에게 넘긴 좀도둑이 다음날 지인의 집에 고용된 일이 있다. 이런 경우는 아무리 문책해도 소기의 목적을 이룰 수 없고 밥 한술 가져올 사람도 없기 때문에 형식적으로 한두 대 때리고 방면하는 것이다.

순검과 군인은 도둑을 잡을 수 있는 권한이 있는데 이것을 남용해서 양민에게 피해를 입히는 경우가 적지 않다. 권한을 발휘해 누구에게도 맞설 용기는 전혀 없고 돈만 되면 양민의 심부름을 하는 것은 물론이고 감옥 안 죄인의 부탁을 받아 그 친척이나 가족에게 심부름을 가서 술값을 가로채고도 태연한 것이 보통이다. 당사자인 순검과 군인은 물론이고 일반 사람들도 이를 당연시하며 조금도 이상하게 여기지 않는다. 월급만으로는 처자식을 먹여 살릴 수 없다는 것을 감안해 상관도 묵인하는 것이라고 생각한다. 참으로 요긴한 순검과 군인이다.

부호와 도적떼

조선의 부호는 거의 모두 관직이 있다. 관직이 없으면 지방 장관의 가렴주구에서 벗어날 수 없기 때문에 현직이 어려운 경우에는 거금을 가지고 경성에 올라가 군수 이상의 관위를 사두면 우선 재산은 안전해진다. 조선의 부호는 관리 출신자가 대다수이고 그 다음으로 관명만 있는 사람들이다. 공관空官이라고 하더라도 지방 장관의 주구에서 벗어날 수 있고 인민에게는 빠짐없이 그 권리를 행사할 수 있다. 지인 가운데 인동군의 장 씨라는 부호가 있다. 1904년 가을에 경상북도 관찰사가 되어 대구에 왔다. 이 사람은 가렴주구가 목적이 아니라 명예와 재산을 보호할 목적으로 8만 원 이상을 들여 관찰사가 되었다고 한다. 그의 부친은 '정2품 궁내관'이라는 거짓 관명을 가지고 있었다. 부군은 목표로 삼았던 관찰사는 되지 못하고 겨우 허위 관명만 받았다고 한다. 2대에 걸친 노력이 결실을 맺었는데 재산 보호와 명예가 본 목적이었다면 기존 관찰사에 비해 지극히 선량한 정치를 한다는 평판이 있어야 할 텐데 불과 5~6개월 만에 궁내부 특진관으로 영전한다는 이유로 관찰사 직을 회수 당했다. 2대에 걸쳐 적어도 14~5만원은 썼을 것이다. 그에 대한 보답이 5~6개월 만에 끝난 관찰사 직위이니 그야말로 고가의 관직이다. 그래도 장 씨는 실패하지 않고 목적을 달성한 경우에 해당한다. 경주 최 씨와 함께 2대 부호로 꼽히는 인동 장 씨의 재산을 보호하는 비용 치고는 저렴한 것인지도 모른다.

그런데 조선에는 거짓 현관으로 관찰사의 주구에서 벗어난 부호를 괴롭히는 도적들이 있다. '화적火賊'이라고 불리는 이들은 총기와 창검을 갖추어 많은 무리를 이루고 있다. 오늘은 장령 남쪽에 나타났다가 내일은 팔공산 북쪽에 나타날 정도로 신출귀몰해서 근거지를 알아낼 방법이 없다. 그들은 평범한 백성을 괴롭히는 일은 없고 부호들만 노려 습격한다. 절도를 하는 것이 아니라 강도를 하는 것이다. 그 수단도 공공연해서 “군사상 필요해서 돈 몇 천원을 빌리러 왔다. 만일 오늘밤 어렵다면 정해진 날 밤에 정해진 장소까지 가져와야 한다. 만일 약속을 지키지 않으면 다시 올 것이다”라고 말한다. ‘다시 온다’는 말은 불태우고 살해하겠다는 것을 의미한다. 여기에 “만일 이 사실을 누설할 시에는 반드시 보답이 있을 것이다”라는 말을 덧붙인다. 이러한 선고를 받으면 어떤 부호라도 예외 없이 돈을 조달해서 전달한다.

화적들은 일본에서는 상상도 못할 기발한 방법을 쓴다. 그것은 다름 아닌 부모나 조부모 혹은 가장 소중한 사람의 묘를 조금 파헤친 후 “몇 날 몇 시까지 정해진 곳에 돈 얼마를 가지고 올 것. 만일 가져오지 않으면 이 묘를 모두 파헤칠 것이다”라는 글을 남기는 방법이다. 이렇게 되면 다른 사람들에게 말은 못하고 돈은 없으니 서둘러 뭐든지 판다. 상황을 안다고 해도 애써 캐묻지 않고 질문을 받았다고 해도 말할 수 없다. 만일 정해진 날까지 돈을 마련하지 못하면 백골의 다리나 머리가 보일 정도까지 파헤친 다음 다시 독촉장을 남긴다. 심한 경우에는 두개골을 가지고 가면서 “몇 날 몇 시 밤에 돈과 교환할 것이다”라는 글을 남겨 협박한다. 무덤과 관련해서는 목숨을 걸고 싸우는 나라이다 보니 어떤 고통을 감내해서라도 돈을 마련한다. 황당한 거짓말처럼 들릴지 몰라도 조선인의 묘는 한 곳에 모여 있지 않고 중류계급 이상인 경우 집안 묘는 예외 없이 따로 떨어져 있다. 지형과 방위를 고려하기 때문에 할아버지 무덤이 서쪽으로 10㎞ 떨어진 산중턱에 있고 아버지 무덤이 동쪽으로 8㎞ 떨어진 산 정상에 있는 것을 당연하게 여긴다. 일족이 모여서 지킨다는 것은 불가능하다. 이렇게 큰 약점을 파고드는 방법으로 큰 돈을 확실하게 탈취해 가는 것이다. 병사가 있고 순검이 있지만 화적을 토벌하는 것은 불가능하다. 관리와 부호는 양민을 괴롭히고, 화적은 부호를 괴롭히며 살아간다. 옛 조선은 실로 재미있는 나라이다. 지금의 폭도는 군대 해산 조치를 당한 군인들이 예전의 화적 집단에 가담한 것으로 명목상의 지휘관은 경성 정계에서 밀려난 정 몇 품 관직에 있던 사람들이라고 한다. 그러나 활동의 중심에는 화적이 있다. 화적들은 형세가 위험하다고 판단하면 곧바로 도망쳐 종적을 감추다 보니 포위를 당해 생포되는 것은 경성의 정 몇 품 관리나 해산 당한 군인들뿐이다. 폭도의 실제 수령은 화적 우두머리이다. 신출귀몰하는 남다른 지략으로 정 몇 품 출신들을 선동해 앞세우고는 진형이 흐트러지기 전에 모습을 감추거나 군용 인부로 잠입해 토벌군의 동정을 살피는 등 이들의 재주는 경성의 몰락한 무사나 해산 당한 병사들이 도저히 따라잡을 수 없다.

민중의 고통

조선의 국민은 두 부류로 대별된다. 하나는 양반이고 다른 하나는 상한常漢이다. 양반은 문무 관리를 가리키는 말로 모든 관리는 이들 가운데서 배출된다. 통상 재산가를 양반이라고 부르지만 실제로 재산가와 양반은 전혀 다르다. 가난해도 양반인 경우가 있고 자산이 많아도 상한인 경우가 있다. 하지만 앞서 소개한 바와 같이 재산가들은 모두 관직을 매수하기 때문에 '신양반'이 된다. 따라서 재산 있는 사람을 양반이라고 불러도 큰 문제는 없을 것이다. 조선 정계 관리들은 현재 생활문제가 조선에서 시급한 문제라고 외치면서 통감 정치는 이 점에 냉담하다고 원망한다. 그러나 이전의 양반들 행동을 보면 관리로서 500여 년 동안 양민을 괴롭혀 왔다. 직언하자면 백성의 살을 뜯어먹고 피를 빨아먹은 잔인한 귀족鬼族에 지나지 않았다. 500년간 쌓인 백성의 원망은 그들을 전멸해도 만족스럽지 않을 정도이다. 한편 통감부는 정치와 학술 분야에서 지혜롭고 능력 있는 양반을 요직에 배치하고 있다. 통감부의 인자함은 오히려 과한 느낌이 들 정도이다. 무지무능한 데다가 큰 죄가 있는 양반을 구제할 필요가 어디에 있는가. 상한에 해당하는 농민과 상인이 약 1천만 명인데 오늘날의 피폐와 국가의 어려움은 모두 양반 관리가 500년간 이들의 고혈을 빨아온 결과이다. 현재 조선의 급무는 빈사 상태의 양반을 구하는 것이 아니라 상한에 해당하는 농민과 상인을 구제하는 일이다. 농민과 상인 구제는 국가의 근본을 배양하는 일이므로 국가가 적극적으로 펼쳐야 하는 대사업이다. 이어지는 부분에서 소개하는 것은 양반 관리가 옛 제도 아래에서 상한을 괴롭힌 실제 사례들이다.

나는 아직 터키 국민들이 어떤 곤경에 처해 있는지를 모른다. 아직 폴란드 민중이 어떤 상태에 있는지 모른다. 인도 민중의 고통스러운 상황도 실제로 보지 못했다. 그런데 과연 조선반도에서 살아가는 민중은 국민다운 권리를 지니고 있는가.

일본의 고대 제도 가운데 죄는 칠족에 미친다는 법이 있었다. 그러나 이것은 대부분 국사와 관련된 일에만 적용되었다. 보복을 예방하는 것이 목적이었을 뿐이다. 그런데 조선의 연좌법은 성격이 전혀 다르다. 앞서 재판 관련 항목에서 언급한 대로 죄의 유무와 별도로 특정 용의자가 재산이 없을 경우 어떤 명목을 붙여서라도 친족 가운데 재산가를 붙잡아 투옥하면 틀림없이 뇌물을 받아낼 수 있다. 돈만 있으면 죄가 있어도 용서하고 돈이 없으면 무고하다는 주장도 쉽게 받아들이지 않는다. 조선의 관리도 조금은 세간의 눈을 의식해서 화적처럼 백주대낮에 공공연하게 돈을 상납하라고 하지는 않는다. 먼저 조세로 괴롭히고 이어서 임기응변으로 어떻게든 명목을 만들어 괴롭힌다. 형구는 곤장뿐만 아니라 가首枷, 추手枷, 차꼬足枷가 있다. 가는 두께 3㎝ 이상, 폭 30㎝, 길이 180㎝를 넘는 송판 두 장으로 되어 있다. 한 쪽 끝에서 30㎝ 정도 되는 곳을 초승달 모양으로 잘라내어 송판 두 장을 합치면 목만 들어간다. 목 앞뒤로 자물쇠를 잠그고 앞 쪽 150㎝ 부분은 손으로 지탱한다.

가와 추는 이름만 들어오다가 오사카에서 실물과 집행하는 광경을 처음 보았다. 그런데 이렇게 가혹한 형구도 결국 나쁜 관리의 재산을 만드는 상업도구에 지나지 않는다. 재판 항목에서 썼듯이 '오는 몇 날 몇 시에 곤장을 몇 십대 친다'라는 선고는 미결수에게 내리는 예고이다. '문책을 해도 자백하지 않기 때문에 오는 몇 날 몇 시에 곤장을 몇 십대 친다'라는 것은 표면적인 이유일 뿐으로 실제로는 돈을 재촉하는 데 목적이 있다. 친족들이 선고 사실을 모르고 있으면 하인을 통해 슬며시 통고한다. 한편 화족이 나타났다거나 도난 피해를 입었다고 신고하면 순검이나 군인 몇 명이 출동해 제일 먼저 술집을 채근한다. 도적이 와서 자지는 않았는지, 숨어 있지는 않았는지 채근하는데 설령 왔었다고 해도 자신이 도적이라고 말하지 않는 이상 알 도리가 없는 법이다. 그럼에도 불구하고 채근하는 것은 돈을 내놓으라는 말로 이러한 것이 관례처럼 되어 일단 있는 돈을 쥐어주고 술을 대접해 내보낸다. 그러면 다음 집으로 가는데 절대로 가난한 집에는 가지 않는다. 이렇게 며칠을 찾아다니다가, 아니 휩쓸고 다니다가 적당한 구실을 붙여 한 두 명을 붙잡아온다. 이것은 구색 맞추기라기보다는 오히려 상관에게 바치는 선물이라고 부르는 것이 적합하다. 담당 장관은 붙잡아 온 사람들에게 반드시 곤장을 몇 대 친다. 이러한 일은 가끔 있는 실수가 아니라 일정불변의 수법이라서 화적이 출몰하거나 도난을 당해도 절대 신고하지 않을 뿐만 아니라 마을 사람들이 서로 충고하면서 관에 알려지지 않도록 애쓴다. 만약 관에 알려지면 앞에서 소개한 상황처럼 된다. 이것은 대구에만 국한된 것이 아니라 경상도 72개 군은 물론이고 조선 전체가 대동소이한 상황일 것이다.

용의자가 한 명 생기면 친인척 일가는 재산을 빼앗긴다. 일신상의 일이 일가와 일족에까지 피해를 입히다 보니 재산이라는 것은 자신과 일가를 망치는 원수가 되는 셈이다. 이러한 이유로 조선의 민중은 먹을 것은 하루 허기를 견딜 정도만 챙기고, 입을 것은 몸을 감싸는 정도로 족하다는 생각을 갖게 되었고 저축 정신은 근본적으로 사라졌다.

흉년의 고통은 미래의 문제이고 저축으로 인한 위험은 현재의 문제가 되면서 조선 전체가 뜻하지 않게 빈곤해졌다. 오랜 인습은 마침내 제2의 천성이 되어 가렴주구 여부와 상관없이 저축을 하면 피해를 입는다는 생각이 경구처럼 잠시도 머리에서 떠나지 않게 되었다. 따라서 예기치 않게 흉년이 들면 곧바로 생활이 곤란해지고 먹을 것과 입을 것도 없는 상태가 되어 어쩔 수 없이 관리를 지낸 양반이나 관직을 산 양반에게 매달려 쌀이나 보리를 빌리게 된다. 한 섬을 빌리면 일 년 후에 다섯 말을 덧붙여 돌려주어야 하고 두 섬을 빌리면 총 세 섬을 돌려주어야 한다. 이삼 년이 지나도 완전히 갚을 수 없다. 전답과 집을 팔아도 모자라 결국 지주에서 소작인으로 전락하는 것은 마치 정해진 법칙과 같다. 현재 소작인이 아닌 농민이 열 명 가운데 한두 명이나 될 지 의심스럽다. 100명 가운데 94~5명은 다른 사람의 전답을 일구는 이른바 시작인時作人일 것이다. 소작농에게 예기치 못한 일이 생기면 그 다음에는 딸을 팔고 아내를 팔며 본인도 판다. 조선의 인신매매는 이들을 창기로 팔거나 첩으로 팔거나 비婢, 즉 하녀나 노복으로 판다. 인신매매법은 일본의 '예창기 연한 약정芸娼妓年期約定'과 전혀 달라서 종신매도이다. 특히 노비의 경우는 본인 뿐만 아니라 자손들도 영원히 노비가 된다. 부모 노비는 양육만 할 뿐 그들이 낳은 자식은 주인의 사유재산이 되고 주인이 자신의 집에서 일을 시킬 지 다른 사람에게 팔지를 마음대로 정한다. 그 처지가 마치 고양이, 개, 소, 말과 같다. 이러한 동물과 다른 점은 죽여서 그 고기를 먹지 않는다는 점 뿐이다. 노비들은 남녀가 정식으로 결혼도 할 수 없고 죽어도 장례를 치르지 않는다. 그렇다보니 얼음이 어는 혹한에도 버선을 신지 못하고, 견디기 힘들 정도로 뙤약볕이 내리쬐는 더운 여름에도 머리에 두르는 것도 없이 일 년 내내 혹사

당하면서 먹다 남긴 밥으로 겨우 연명한다. 특히 하녀의 경우는 할당된 식량이 따로 없어 남은 밥이 많을 때는 많이 먹고 적을 때는 허기를 참아야 한다. 노비들은 마루 위에서 식사를 할 수 없고 부엌 흙바닥에서 남은 밥을 모아서 먹는다. 개나 돼지와 마찬가지 상황에 처해 있다. 하지만 이들도 예전에는 땅을 소유하고 있었다. 이렇게 된 것은 나쁜 관리들의 가렴주구 때문이다. 독자 여러분들이 주의 깊게 살펴보면 대구나 경성 혹은 다른 조선의 도회지에서 12~3살에서 17~8살 정도의 귀여운 여자 아이가 빨래를 담은 나무통이나 큰 그릇을 머리에 인 채 걸어가고 주부처럼 보이는 사람이 그 앞이나 뒤에서 함께 걸어가는 광경을 볼 수 있다. 모르는 사람은 자신은 빈손으로 걸어가면서 딸아이에게 무거운 짐을 지운 지독한 엄마라고 생각할 것이다. 그러나 이 여자아이는 딸이 아니라 하녀이다. 노비는 봉급이 없고 어떤 대우를 받을 지는 전적으로 주인 부부의 성품에 달려 있다. 어떤 이들은 돈으로 관직을 사서 신양반이 되고, 또 다른 이들은 역경을 벗어날 기회도 없이 자손대대로 노비가 된다. 원래는 이들 모두 같은 상한이었다. 현재 착수한 민적 조사도 아직 노비까지 조사하지는 못했다. 문 표찰에 남자 몇 명, 여자 몇 명이라고 적혀 있는 것은 가족만 표기하고 노비 숫자는 뺀 것이다. 조선의 중류 이상 가정에 하녀와 하인이 없는 경우는 거의 없다. 종은 절대 자신의 성을 말하지 않고 김 씨 집안에 있으면 '김가네 종 아무개'라고 쓰거나 박 씨 집안에 있으면 '박가네 종 아무개'라고 말한다.

노비는 상한이 아니라 상한의 세계에서 쫓겨나 사람과 가축의 중간에 있는 일종의 동물계를 살아가는 존재이다. 그들이 인간 세계에 복귀하기 위해서는 박애와 인자함을 지닌 대정치가가 나타나기를 기다리는 수밖에 없다.

조세와 엽전

한국에는 지조 이외에 몇 가지 세목이 있지만 세수는 대부분 지조에 의거한다. 여기서는 지조 가운데 한 항목을 간단히 소개하면서 조세 일반에 대해 서술하겠다. 조선의 조세 화폐는 결전結錢이라고 부른다. 세목 단위를 1속束이라고 한다. 1속은 10악握에 해당한다. 10속을 1부負라 하고 100부를 1결結이라고 한다. 결이 가장 큰 단위이고 속이 가장 작은 단위이며 1000속이 1결이 되는 비율이다. 조세의 근간을 정한 것은 474년 전인 세종대왕 19년으로 조선 전역을 측량해 경상·전라·충청 세 개 도를 상등지, 경기·황해·강원 세 개 도를 중등지, 함경·평안 두 개 도를 하등지로 구분해 각각 결가結價를 정했다. 그리고 한 결을 과세할 표준을 정하기 위해 토지를 6등급으로 나누어 면적 1만 평방척平方尺에 대해 1등지는 1결 즉 100부負, 2등지는 85부, 3등지는 70부, 4등지는 55부, 5등지는 40부, 6등지는 25부를 부과했다. 1결에 대한 금액은 1894년에 30량, 즉 엽전 3관문貫文으로 정했고 이후 5관문으로 늘리고 또 다시 8관문으로 늘렸는데 현재는 8원이다. 엽전으로 환산하면 4관문으로 줄었다.

납세 방법은 다음과 같다. 먼저 매년 가을에 군아에서 파견된 서기가 면장 및 동장과 함께 각 마을을 돌면서 납세자 인명을 조사한다. 세종대왕 시대의 원장부는 어떠했는지 알 수 없지만 5~6년 전에는 토지대장이 없어 마음대로 매매가 가능했으며 신고 규칙도 없었다. 매도증명서만이 땅 주인을 증명해주는 유일한 증거였다. 따라서 군아에서는 매년 땅 주인을 조사해 징세 장부를 만들어야 했다. 그러나 그 징세 장부에는 토지 면적과 등급 구분도 없고 단지 '몇 결, 몇 부, 몇 속 아무개'라고만 적혀 있다. 징세 장부가 만들어지면 작게 자른 종이에 세액과 납세자 이름을 적어서 면장에게 교부한다. 면장은 해당 동의 동장과 함께 각 세대에 납세를 명령하고 재촉하는데 납입 기한은 음력 10월부터 다음 해 3월까지였다. 완납과 분납은 납세자의 상황에 맡기고 3월까지 완납하면 문제가 없었다. 납입 금액에는 1결 8관문 이외에 군서기, 면장, 동장 및 잡무원의 급료와 대구까지 운반하는 비용이 더해졌다. 대구 시내는 1결 5백문文 즉 1부負 5문이지만, 12㎞ 떨어진 시골은 1결 8백문 즉 1부 8문을 냈던 것으로 기억한다. 대구에서 멀어질수록 서기 및 면장의 여비와 운반비를 많이 부담해야 했던 것이다. 무게는 1결, 즉 8관문의 엽전이 약 9관貫이나 나간다. 일본 상인이 대형 동전은 모두 사 모았기 때문에 지금 동전은 작고 조잡한 것만 남아 1관문이 1관이 되지 않는다. 조세는 대구에 모으는 것이 원칙인데 실제로 그렇게 하면 정결正結만 해도 1백만 관 이상이고 은결隱結과 그 밖의 것을 합치면 1백 3~40만관을 지참해야 한다. 말에 실어 옮긴다고 해도 4만 필 이상이 필요하다. 이 때문에 서로의 이익을 위해 일종의 변칙적인 방법을 쓴다. 즉 하루 만에 대구에 올 수 있는 가까운 군은 현금으로 내게 하고 먼 곳은 지방의 물산 즉 쌀, 삼, 목면 등으로 대체시키는 것이다. 대구에서 먼 지역의 지주입장에서는 싸게 책정된 토지 원가에 운반비용이 더해져 대구 농민이 한 가마니 팔아서 낼 것을 두 가마니를 팔아서 내야하는 불리함을 안고 있다. 쌀과 삼 등은 대구로 운반하지 않고 낙동강이나 그 밖에 운반이 편리한 지역으로 옮겨 부산 방면으로 보낸다. 납세대용 물품은 품질이 좋은 반면 가격이 낮은 상납 상품이기 때문에 낙동강 연안 각 지역 관청의 속박을 받거나 징세를 당할 우려가 없어 부산에서 시세 정도로만 투매해도 반드시 이익이 남는 상품이다. 이익에 밝은 조선인과 일본인 상인들이 이것을 간과하지 않고 대구에 와서 선금을 낸 후 훈령서訓令書를 넘겨받아 현지에서 상납 상품 명목으로 부산으로 반출한다. 이러한 상인 가운데는 대구 시내에 거주하는 정 몇 품 벼슬아치도 있고 군수 출신자도 있으며 부산의 일본인 상인도 있는가 하면 멀리 인천에서 오는 상인도 있다. 관찰사는 가만히 앉아서 막대한 이익을 챙기는 것이다. 불편함을 이루 형언할 수 없는 엽전도 관리의 부를 만들어내는 이기인 것이다.

최근에는 일종의 조세상인稅商이 새롭게 등장했다. 중앙정부의 재정이 곤란한 틈을 타 인천과 부산 등지의 징수 청부업자들이 경성에 올라가 요직에 있는 인물에게 아첨해서 경상도 낙동강과 전라도 금강 지역의 편리한 한 개 군 또는 두 세 개 군의 세금을 선납하고 세전징수 위임 명령서를 발급 받아 군수를 통해 인민들에게 훈령하는 것이다. 자신들의 이익을 가로채는 일본 상인들이 안그래도 싫은데 편리를 제공하고 돈과 곡물을 모아주어야 하는 분함과 억울함은 충분히 짐작할 수 있지만 관찰사와 군수 모두 중앙정부 명령에는 어찌할 도리가 없다. 인천과 부산의 명사들 가운데 관찰사를 대신해 조선 민중의 고혈을 빨아먹은 자들이 틀림없이 많을 것이다. 지금은 일본의 보호를 받아 조선 민중들은 안심하고 일할 수 있게 되었다. 이전의 가렴주구 정책은 아득한 옛날이야기가 되었다. 양반의 수입이 감소한 것은 그 동안 조선 민중을 학대한 대가이다. 하늘이 내린 처방인 것이다.

엽전, 이른바 한전韓錢

엽전은 일본의 이치몬一文 엽전에 해당한다. 도쿄 지역에서는 이것을 쥬몬十文 엽전이라고 하고, 내가 있던 군마 현群馬県에서는 '거지 엽전'이라고 부른다. '5리厘를 조르는 아이도 싫어한다'는 거지 엽전을 조선에서는 엽전이라고 부르는 것이다. 일본에는 이치몬, 시몬四文, 분큐文久 세 종류의 엽전이 있고 그 가격이 다르지만, 조선에서는 이러한 구별이 없어서 큰 것은 한 개에 5푼이나 하고 작은 것은 1푼도 안된다. 한 때 동값이 올랐을 때 대형 엽전은 일본 상인들 손으로 넘어가 작고 조잡한 것들만 남았다. 이러한 엽전 가운데는 일본의 간에 통보寬永通寶가 섞여 있기도 하고 분큐 엽전, 시몬 엽전, 심한 경우는 쇠로 만든 간에 통보도 있다. 나는 철제 엽전이 통용되던 시대를 모르기 때문에 눈에 띌 때마다 골라내 지금까지 보관하고 있다. 그 밖에 중국 동전도 많다. 엽전만큼은 분명 일·청·한 삼국동맹을 맺고 있다. 경성 기준 서쪽에서는 백동화가 유통되면서 엽전은 모습을 감추었지만 경상도, 전라도, 충청도 여섯 개 도에서는 백동화가 전혀 통용되지 않는다. 경성 방면 경제계를 교란시킨 것으로 유명한 백동화가 조선 남부 지역에 들어오지 못한 것은 부산, 목포, 군산의 일본인 대상인들의 공적으로 이들에게 감사해야 한다. 엽전을 처리하는 것조차 어려운데 만일 부정 백동화까지 섞인다면 그것을 처리하는 데는 엽전보다 몇 배의 곤란이 따를 것이다. 다행히 백동화는 유입되지 않았지만 그 대신 지폐도 없고 은화도 없으니 금화는 애초에 바랄 수도 없다. 그래서 4~5일 정도 여정의 경우 돈을 들어 줄 인부를 고용하지 않으면 아무데도 갈 수 없다. 그런데 불편함에는 편리한 습관이 함께 한다. 출발할 때 엽전 수를 헤아려 건네면 인부는 숙소에 도착해 반드시 헤아려서 돌려준다. 중간에 빼먹는 것을 절대 걱정할 필요가 없다.

엽전은 유일한 통화일 뿐만 아니라 동시에 하나의 상품이다. 엽전은 저당물건으로서 쌀과 곡식처럼 부산의 각 은행 창고에 일 년 내내 끊기는 일이 없고 중매상도 적지 않다. 화폐 매매로 재산을 모은 사람도 결코 적지 않다. 일본이 아직 금화제도를 도입하지 않았을 때 요코하마에서 달러 환거래가 활발했던 것과 마찬가지이다. 일본의 경우는 은화와 금화의 줄다리기였고, 조선의 경우는 엽전과 일본 화폐의 줄다리기라는 차이가 있을 뿐이다. 1903년부터 1908년 사이의 환율 변동을 보면 1903년의 최저치는 12할割 23보步 즉 100문文에 대해 일본화폐 12전 23푼이었는데, 1904년의 최고치는 22할로 폭등해 전년도의 2배에 이르렀다. 이후 1908년 말까지 최고 21할 5보, 최저 17할을 기록했다.

1908년 말부터 법정가격이 20할로 정해지면서 신화폐, 즉 일본 화폐와 같은 가격이 되어 100문에 대해 20전이 되었다. 이것은 가와카미 쓰네오 대구재무감독국장의 공적인데 그의 고심은 도저히 제삼자가 헤아릴 수 없었다.

엽전으로 이익을 본 상인도 많았지만 손해를 본 사람도 적지 않았다. 조선인은 항상 엽전을 사용하므로 엽전 가격의 고저는 일본인의 문제로 조선인에게는 아무 상관이 없었다. 200문이라는 인부 삯은 15할일 경우 30전이고 20할일 경우 40전이 되지만 조선인 입장에서는 똑같은 200문인 것이다. 일본인은 엽전에 시세의 고저가 있어서 곤란해 하고, 조선인은 일본 돈이 종이이기 때문에 오르내림이 있는 것이며 마치 상품과 같다고 욕한다. 대부분은 일본 돈이라고 부르지만 지식인들은 지전紙錢이라고 부르면서 경멸한다. 매매할 때 엽전을 사용하기 때문에 일본 상인 입장에서는 원가와 엽전 환율을 대조하는 일이 가장 곤란하다. 1엔에 팔 물건을 20할인 경우에는 500문에 파는데, 21할이면 4백 몇 십 문이 되고 반대로 19할이면 5백 몇 십 문이 된다. 엽전밖에 없는 상황에서 이치를 모르는 조선 상인에게 상품 설명보다 환율을 설명하는 것이 더 힘들다. 물건을 살 때도 마찬가지여서 500문의 쌀이 1엔일 때도 있고 1엔 10전일 때도 있으며 90전 이하로 떨어질 때도 있다. 특히 많은 돈이 오가는 미곡 매수의 경우에는 몇 십 마리에 달하는 말과 마부가 필요하고, 엽전도 역시 돈이다 보니 일본인의 호위가 필요하다. 말 한 필에 가까운 거리는 40관, 먼 거리는 30관 20할을 싣기 때문에 마리당 적재량은 60~80원이 된다. 1만 엔을 운송할 경우 한 마리에 약 40관, 당시 엽전으로 약 35관문 즉 70원씩을 싣는다면 튼튼한 말 143필과 마부 143명이 필요하고 1명이 10마리씩 호위할 경우 14명의 호위가 필요하다. 사람과 말을 모두 합치면 300에 달하는 숫자가 된다. 만일 이것을 사람이 운송할 경우 1명당 평균 15관문으로 계산하면 약

333명이 필요하고 여기에 호위 33명을 합치면 총 363명이 된다. 1904년의 인부 삯은 4㎞ 당 60문 즉 12전이었고, 말의 경우는 말과 마부 삯을 합쳐 140문 즉 28전이었다. 4㎞ 운반비는 말의 경우 40원 5전이고 인부의 경우 39원 96전이었는데, 말은 하루에 32㎞를 가고 13명의 호위가 필요한 반면 인부는 하루에 겨우 24~28㎞를 가고 33명의 호위가 필요하다. 이를 비교하면 말을 사용하는 것이 이득이다. 1만 원을 120㎞ 옮길 경우 말은 4일에 160원 20전이 들고 호위하는 일본인은 하루 2엔씩 총 112엔이 들어 모두 합치면 272엔 20전이 된다. 절대 과장이 아니라 1903년 경부철도 공사 때 대구 인근의 엽전이 모두 동나서 부산이나 마산에서 사들여 낙동강을 통해 왜관까지 옮긴 후 김천, 황간, 영동 방면으로 보냈다. 그 금액은 3만 원이나 5만 원 정도의 적은 돈이 아니었다. 금전 운송에는 위와 같은 여러 어려움이 있었다. 공사재료인 토관, 시멘트, 일본인의 식료품 운반 또한 매우 힘들었다. 나도 토관과 시멘트 운반에 직접 종사하면서 갖은 고생을 겪었다. 독자 여러분들이 아무생각 없이 올라타는 경부철도는 이와 같은 고생의 산물인 것이다.

지금은 아무리 시골에 가더라도 지폐도 통용되고 은화와 동화도 통용된다. 시세도 20할로 법제화되어 번거로운 계산도 필요 없다. 일본인 시찰자 가운데는 지저분하다든가 냄새가 난다면서 함부로 말하는 사람도 있지만 1903~4년 무렵과 비교하면 하늘과 땅 차이가 난다. 이와테岩手나 아오모리青森와 같은 산간 촌락들과 비교해 보라. 조선의 시골이 훨씬 청결하다. 우리가 곤란을 겪은 것은 불결함도 아니고 음식도 아니다. 10전의 무게가 6~70돈匁이나 되는 엽전을 짊어지고 여행하는 것이 가장 곤란했다. 지폐와 은화를 합쳐 15~6원을 갖고 있으면서도 점심을 먹을 수가 없어서 30㎞를 걸었던 일이 있다. 한 끼에 1원이라도 기꺼이 지불할 생각이었지만 일본 돈을 내면 밥을 팔지 않았다. 말을 타고 싶어도 일본 돈으로는 마부를 고용할 수 없었다. 어떤 사람들은 불결하다고 싫어하기도 하지만 조선인이 하는 밥집에서 따뜻한 물을 받아 마시면서 겨우 허기와 갈증을 견뎌냈다.

전답 명칭 및 세목

본 항목의 내용은 현재 제도와 동일하기 때문에 '과거의 대구' 장에서 서술하는 것이 적절하지 않을 수도 있다. 그러나 앞에 나온 세금 내용과 맞춰보면 편리할 것 같아서 여기에 적는다.

1) 논畓: 일본의 전田에 해당한다. 보통 벼 경작지만을 가리킨다.
2) 밭田: 일본의 밭畑에 해당한다. 보리, 콩, 조, 피 등을 재배하는 땅이다.
3) 화전火田: 일본에서 경작이나 거름주기가 곤란한 산중턱을 태워 메밀 등을 뿌리는 땅과 같다.
4) 미나리꽝芦田: 이것은 일본에 없다. 시가지에 인접한 수전에서 미나리만 재배한다. 일본의 파처럼 일 년 내내 끊이지 않고 겨울에도 얼음 밑에서 파랗게 자란다. 이것은 조선 특산으로 수익성도 높다.
5) 갈대밭蘆田: 이것 또한 일본에서는 불모지나 다름없는 땅이다. 조선에서는 깔개나 그 밖의 원료로 사용하기 때문에 수익성도 높다. 부산에서 가까운 김해군에 많고 관유재산인 경우가 많다.
6) 왕골밭莞田: 돗자리莚 원료를 심는 수전으로 왕골은 골풀藺과도 다르고 부들蒲과도 다르다. 돗자리 또는 다다미 겉 재료로서 내구성이 뛰어나고 광택도 매우 아름답다. 대구의 한국제연회사韓國製莚會社에서 사용하는 원료가 바로 이것이다.
7) 닥나무밭楮田: 닥나무는 종이의 원료가 된다.
8) 대전垈田: 택지에 딸린 밭으로 채소밭이다.

이 밖에 덤불밭이 있고 소나무 밭이 있다. 소나무가 숲을 이룬 곳이라도 평지이기만 하면 밭으로 간주한다.

일본의 전답 면적 단위는 초町=3000평· 단反=300평 · 세畝=30평 인데 조선에서는 마지기斗落라고 한다. 조선인의 설명과 한자를 가지고 해석해 보면 한 마지기는 씨 한 말을 뿌리는 넓이의 땅을 의미한다. 이치상으로 볍씨 한 말이 필요한 넓이를 논 한 마지기라고 하고, 보리 또는 콩 한 말이 필요한 넓이를 밭 한 마지기라고 해석하는 것이 맞지만 실제는 이와 다르다. 씨를 적게 뿌려도 수확량이 많은 상급 논 한 마지기는 더 많은 씨를 뿌려야 하는 하급 논보다 면적이 좁다. 밭도 마찬가지여서 상급 밭일수록 면적이 좁다. 대구 인근에서는 상급 논 한 마지기를 약 120평, 상급 밭을 약 40평으로 계산하면 큰 차이가 없을 것이다. 현재 내 소유지와 인접해서 세 마지기에 330평 미만인 논과 세 마지기에 440평인 논이 있다. 한 마지기에 42~3평인 밭과 한 마지기에 75~6평인 밭도 붙어 있다. 이처럼 마지기는 매매 상의 대체적인 표준에 지나지 않으므로 중시할 필요는 없다. 그리고 지조와 마지기는 아무 관계가 없다.

조세는 앞서 소개한 것처럼 결전이라고 부르며 그 주요 세목은 다음과 같다.

1) 정결正結: 원결이라고도 한다. 논과 밭에 대한 조세로 정규 조세이다.
2) 화결火結: 이것은 화전에만 해당하는 조세가 아니다. 일 년 농사를 지은 다음 일 년 쉬거나 일 년 지은 다음 이 년 쉬면서 휴작 중에 논밭을 갈거나 잡초를 태워 천연과 인공을 병행해 토지를 살찌운다. 일역전一易田, 이역전二易田이라는 별칭이 있다. 지금은 이렇게 세세한 징세는 하지 않기 때문에 정확히는 모른다.
   결에는 정正과 속續이 있다. 정결은 매해 일정한 지조이고 속결은 매해 변동한다. 즉 매해 꾸준히 경작하는 전답에 정결을 부과하고 그 이외에는 속결을 부과한다.

3) 노결蘆結: 갈대밭에 부과하는 조세이다. 갈대가 수익이 된다는 것은 세목이 있다는 사실을 통해서도 알 수 있다.

4) 학위결學位結: 공자묘 및 그에 부속된 학교의 비용을 충당하기 위한 것으로 전답을 구분하고 그 수입은 공자묘와 학교비용에 한해서 지출한다. 통상 해당 논밭을 교답校畓 또는 교전校田이라고 한다.

5) 원징결冤徵結: 이 세목은 간단히 말하면 대상 토지가 없는 지조이다. 군수는 흉년과 같은 재난이 발생하면 중앙정부에 지조 면제를 신청해서 허락을 받는다. 이후 정부가 어느 정도 회복되었다고 판단해 해당 군에 얼마를 상납하라고 명령하면 그것을 거부할 수 없다. 그런데 인민은 아직 토지가 회복되지 않았다고 주장하면서 납세를 거부한다. 이 때 군수는 각 면에 얼마씩 분배해 징수한다. 그리고 가령 결 30부負인 열 마지기 땅의 절반을 매매하면서 증서에 20부라고 쓰고 새 지주가 이것을 거부하지 않으면 다섯 마지기에 대해 계속 20부를 부담해야 한다. 즉 같은 땅에서 갑은 다섯 마지기에 10부를 납부하고, 을은 같은 다섯 마지기에 20부를 내는 것이다. 을에서 병으로 병에서 정으로 토지가 넘어가도 납세액 20부는 변하지 않는다. 나는 1903~4년에 매수한 땅에 이와 같은 토지가 포함된 것을 발견했다.

6) 은결隱結: 조선 전국의 결수는 320년 전에 145만 결이었다. 그로부터 42년이 경과한 278년 전에는 153만 결로 증가했다. 그러나 광무 11년, 즉 1907년 시점에는 99만결이었다.

은결이란 '숨겨진 세금', 즉 중앙정부에 알리지 않는 세금을 말한다. 지방장관인 관찰사는 수해나 그 밖의 자연재해가 있을 때마다 재해지역에 대해 면세를 요구한다. 중앙정부는 어쩔 수 없이 이를 허락하는데 이후 관찰사는 환기還起, 즉 재해 복구 신고를 좀처럼 하지 않는다. 관찰사는 군수를 독촉해 환기지에서 빠짐없이 징세를 하면서도 이것을 경성에 전달하지 않는 것이다. 이렇게 278년 동안 감소한 결수는 실로 54만결에 이른다. 1결을 8원으로 계산하면 국고수입 432만 원을 잃은 셈이다. 지방장관 및 군수가 인민한테서 징세하고도 중앙정부에 내지 않는 세금, 이것이 바로 은결이다. 관찰부 장부에는 은결이라는 항목이 있었다. 나는 1904년 가을 경상북도 조세액 조사 때 옮겨 적어둔 것이 있다. 이 은결이 관찰사의 큰 수입원이며 관찰사가 모르는 은결은 군수의 수입이 된다.

7) 초평결草平結: 향탄 위토결香炭位土結, 능원 위토결陵園位土結, 진결陳結 등 수많은 결명이 있지만 참고할 것이 못되기 때문에 설명을 생략한다. 앞으로 은결이 얼마나 발견될지 모르겠지만 나는 경상북도 거주자의 한 사람으로서 그 결수를 알고 있다. 즉 경상북도의 총 납결수는 13만 2540여 결로 금액으로 환산하면 106만여 원이다.

본 항목에서 서술할 필요는 없지만 참고로 역둔토驛屯土라는 것에 대해 조금 설명하겠다. 역토와 둔토는 모두 관유지이다. 총면적은 약 75,000정보町步=3000평로 논과 밭만 있다. 한국의 전답 총면적 240만 정보의 약 1/3에 해당한다. 역토란 역참에 필요한 비용을 지변하기 위해 급에 따라 각 역참에 배정한 전답이다. 역참제도는 고려시대 제도를 참고한 것으로 그 역사는 500년 전으로 거슬러 올라간다. 공문서 전달과 공무수행에 필요한 마필과 인부를 포함한 비용 일체를 제공하기 위해 국도의 주요 장소 및 도·군도道郡道에 조선의 40리, 즉 일본의 4리 간격으로 1개의 역참을 설치했다.

경상도에만 총 236개의 역참이 있는데 상위 기관인 찰방察訪이라는 관아에서 역참을 감독한다. 경상북도에는 16개의 찰방이 있었다. 전국의 역참을 모두 통괄하는 중앙 관아는 병조, 즉 군부이다. 건양 원년인

1895년에 역참제도가 폐지되고 농상공부가 역토를 관리하게 되었다.

둔토는 종류가 매우 많고 그 기원과 연혁이 저마다 달라 이것을 하나하나 열거하는 것은 너무 번거로우므로 간단히 그 대강을 소개하겠다. 위로는 왕실부터 아래로는 군아에 이르기까지 그 비용은 둔토 수입으로 충당한다. 관찰부의 경우는 서기의 급여부터 관기 및 하인의 비용까지 모두 둔토 수입으로 지출한다. 게다가 서기 급여, 하인 수당과 같이 각 항목마다 둔토를 달리한다. 군아의 경우도 마찬가지이다. 충신, 의사, 효자, 정부에게 상여할 때는 충훈 둔토 수입으로 지변하고, 병사를 양성할 때는 순馴 둔토 수입으로 지변하며, 포병 비용은 포둔砲屯에서 지변하는 방식이다. 제도의 선악 여부와는 별도로 규칙은 확연하고 분명하다.

이 제도는 현 왕조가 창안한 것이 아니라 고려 왕조부터 전해 진 제도이다. 사찰이 지금도 각 지역에 산재한 형태로 남아 있을 수 있는 것은 사찰에 전답이 딸려 있기 때문이다. 이씨 왕조는 조선반도를 다스리면서 불교를 크게 배척했다. 불교도는 경성 안에 들어갈 수 없었다. 이씨 조선 500년 동안 경성에 들어간 불교도는 본원사 승려가 처음이었다고 한다. 전국의 민중도 석가모니에게 귀의하지 않고 승려를 상한 이하의 열등한 인종으로 배척해 왔다. 그럼에도 불구하고 사찰마다 수십 명의 사람이 있는 것은 사령, 즉 절이 소유한 영지가 많아 편안히 생활할 수 있기 때문이다. 개미가 달콤한 것에 달라붙고 파리가 냄새나는 곳에 모이는 것처럼 머리를 깎고 사원에 무리지어 사는 것이다. 종교로서 모든 가치를 상실했음에도 불구하고 오늘날 석가모니의 형해를 유지하고 오래된 건축물을 보존할 수 있었던 것은 부속 재산이 있었기 때문이다. 이러한 점에서 볼 때 공자묘와 관청 혹은 기타 필요한 건물에 특별재산을 부속시키는 것은 고려 왕조에서 전해 진 것이라고 생각한다. 상류 인사의 묘지에는 파수꾼이 있는데 별도로 급료를 주지 않는다. 대신에 밭이나 논을 붙여주어 무료로 경작을 허락하는 것은 요즘 방법이다.

봄가을의 대시大市와 상설시장常市

대구에서 봄가을에 열리는 큰 시장을 영시令市라고 하는데 전국적으로 유명한 개시開市이다. 이전에는 음력 2월과 10월에 열렸는데 최근에는 4월~5월, 11월~12월에 걸쳐 두 차례 열린다. 예전에는 교통이 불편해 경성까지 14~5일이나 걸렸기 때문에 음력 2월과 10월에 개시하면 먼 곳에서 온 사람들은 일찍 돌아갈 필요가 있었다. 10월에 개시해서 11월에 정리하면 정월 전에 집에 돌아갈 수 있었고, 2월에 개시하면 더위가 시작하기 전에 돌아갈 수 있었던 것이다. 10월 시장은 겨울옷과 정월을 준비하는 장이고, 2월 시장은 여름옷과 추석을 준비하는 장이었다. 10월 시장은 의류 관련 직물과 장신구가 많았고, 2월 시장은 약품이 가장 많아 약시藥市라고 부르는 사람이 많았다. 그런데 최근에는 철도가 개통되어 7시간 만에 경성에 돌아갈 수 있고 20시간 이내에 중국 영토에 도착할 수 있다. 상인들이 가장 곤란해 했던 엽전 관련 고민도 해소되어 10월에 열어야만 하는 이유가 사라지면서 11월 하순부터 12월 말에 걸쳐 열리게 되었다. 2월 시장도 오고가는 것이 편리해지면서 5월에 여는 것이 더 편해졌다.

상인은 경성에서 가장 많이 오고 충청과 전라 이외에 강원, 황해, 평안, 함경 각도에서 오며 멀리 중국 각지에서 오는 상인도 있다. 개시 며칠 전부터는 이른바 인마낙역人馬絡繹으로 평소 조용한 대구도 갑자기 잠에서 깬 것 같은 모습을 보인다. 북문에서 남문, 성내 중앙에서 서문에 이르는 집들은 남김없이 가게로 변하고 빈 땅이 조금만 있어도 임시 건물이 서고 가게가 열린다. 수백 마리의 마필과 수만 명의 상인 및 백성이 적어도 한 달은 머물기 때문에 대구 상인의 수입도 막대하다. 읍성 안 주요 도로는 남김없이 가게와 여관으로 바뀌는데 한 달 수입으로 일년을 충분히 안락하게 살 수 있다고 한다. 조선에서는 숙박하는 집에서 식사를 하는 것이 관습이다. 개시 기간 중 밥값은 한 끼에 100문 이상인데 그 원가는 30문 내지 40문이다. 식대 이외에 술값도 필요하고 간식비도 든다. 파는 사람뿐만 아니라 사러 오는 사람의 숫자도 평소의 몇 백 배에 이른다. 20~30km 정도의 가까운 곳은 말할 것도 없고 120~200km나 떨어진 먼 곳에서도 오기 때문에 시장이 열리는 약 40일 동안은 어깨와 어깨가 서로 부딪힐 정도로 붐빈다. 통행로는 그야말로 입추의 여지가 없다. 주요 상품은 중국제 면포, 목도리와 장갑, 고가의 모피류, 금은 보석과 노리개, 밥그릇, 금속제 그릇, 젓가락, 화로, 옷장, 반짇고리, 미국 수입산 바늘, 먹, 붓, 종이, 벼룻돌, 관구, 허리띠, 신발 등이다. 한 개에 100엔이 넘는 비싼 물건부터 1~2전짜리 싼 물건까지 다양하다. 물건을 사는 사람들 가운데는 관찰사 부인, 시내의 부유한 양반, 경상남북도 72개 군의 자산가들이 있는데 이들도 이 대시에서 정월에 입을 새 옷을 준비하기 때문에 대구에 와서 많은 돈을 쓰고 간다. 나는 『일한통화日韓通話』라는 조선어 책에서 대구에 대시가 있다는 사실을 알게 되었는데 실제로 와서 보고 규모가 상상했던 것 이상이어서 놀랐다. 내가 처음 본 것은 1903년 12월부터 1904년 1월까지 열렸던 대시였다. 음력으로는 1903년 11월초부터 12월 초까지에 해당한다.

당시 대구 경성 간 600리 길은 기차가 없었을 뿐만 아니라 긴 산맥과 험한 고개 이외에도 크고 작은 산과 고개가 있었지만 멀리 평양과 중국에서 오는 상인들을 포함해 백 명 이상의 상인이 올 정도로 규모가 큰 시장이었는데 일본 상인은 그림자도 찾아볼 수 없어 매우 유감스러웠다. 부산에는 일본 본토와 마찬가지로 유력한 대상인이 많았지만 자신들이 기존에 구축한 재산을 보호하는 것에만 애를 쓰고 주위를 돌아보지 않았다. 대구의 상권이 경성 방면 조선 상인과 청나라 상인들에게 유린되는 것을 보고도 아무 아픔도 느끼지 않는 것은 도대체 어떤 마음가짐인지 모르겠다. 경성 600리 길과 비교하면 거리가 절반도 안되고 험준한 고개도 없으며 대구에서 12km 떨어진 낙동강 기슭의 사문진에서는 부산까지 크고 작은 배들이 왕래한다. 청일전쟁의 이익을 챙기지 못한 것은 그야말로 일본 상인이 기백이 없기 때문이다. 대구의 대시는 1903년이 전성기였다. 철도가 개통된 이후로는 중국 상인이 상주하고 일본인 상점은 연중 쉬는 날 없이 무엇이든 판다. 특별히 연 2회 대시를 열 필요가 없어졌다. 상주하는 상인이 증가하면서 대시는 소시로 변했다. 지금은 예전 규모의 1/10도 안되어 단지 그 명맥만 남아 있을 뿐이다. 시장이 열렸던 통로는 대부분 일본인과 중국인 소유가 되었고 나머지 땅에도 조선인 상설 가게가 생겼으며 3간間=1.818m이 안되던 도로는 일곱 간 큰 길로 바뀌었다.

대구의 상설시장은 한 달에 12번 열리는데 서문시장이 2일과 7일에, 동문시장이 4일과 9일에 선다. 예전에 조선에는 상설점포가 없어서 쌀, 콩, 생선, 고기와 같은 일상용품이나 옥양목, 목면, 방적사 등은 장날 이외에는 살 수가 없었다. 소와 말의 매매부터 작은 바늘 하나까지 장날을 기다려야 했기 때문에 대구 시내 5~6만 민중이 장날에 한꺼번에 쏟아져 그 혼잡함은 이루 말할 수 없었다. 지금은 많은 쌀가게들이 있어서 날씨와 밤낮에 상관없이 전화 한 통만 하면 쌀, 된장, 술을 모두 배달해 준다. 그러나 1904년 이전까지는 연료와 소고기만 장날 이외에 살 수 있었다. 운 나쁘게 장날에 비가 내리면 다음 장이 설 때까지 아무것도 살 수 없었다. 한 번은 나를 포함한 남자 네 명이 쌀 사는 것을 놓쳐 곤란했던 적이 있다. 삼합에서 오합씩 예닐곱 집에서 빌렸지만 네 남자의 배를 채우기에는 부족했다. 아는 과자가게에서 미국 수입산 밀가루 한 부대를 사서 다음 장날까지 견딘 일화도 있다. 우동도 가끔 먹어야 맛이 있지 매일 밤낮으로 서툴게 만든 우동을 먹는 것은 굶주림을 견디기 위한 궁여지책에 지나지 않는다. 이런 이야기가 현재 대구 거류민들에게는 거짓말처럼 들리겠지만 대구는 예전에 이 정도로 불편했기 때문에 경험이 풍부한 조선인들은 절대 우리처럼 얼빠진 일을 하지 않았다. 비로 한 두 번 장이 서지 않아도 곤란하지 않을 만큼 준비해두기 위해 수많은 사람들이 장날에 쏟아져 나온다. 이때는 대구 시내뿐만 아니라 가까운 지역에서 수 만 명의 사람들이 모여든다. 이들 중 최소한 절반은 물건을 사러 오기 때문에 군중의 목소리는 큰 물결처럼 울려 퍼져 1㎞ 떨어진 곳까지 들린다. 지금도 상설시장의 규모는 예전보다 못하지 않다. 일본인 6천명이 가세하면서 구매력이 크게 증가해 동서의 상설시장은 점점 활기를 띠고 있다. 상설시장 가운데 서문시장이 가장 활발하고 동문시장은 서문시장의 1/3에도 미치지 못한다. 동문시장은 서문시장만으로 대구 시내의 수요를 충족할 수 없어서 보조하는 차원에서 만들었다고 한다. 그런데 일본인이 급증하면서 동문시장도 해마다 활기를 더해가고 있다.

대구 지역 조선인의 기질

대다수 일본인들은 "조선인은 거짓말을 한다, 의리가 없다, 표리부동해서 절대 믿어서는 안된다"라고 생각한다. "이노우에 대사井上大使도 속았고 오토리 공사大鳥公使도 놀아났으며 미우라 장군三浦將軍은 인내심이 다해 분노가 폭발했다", "이토 히로부미 노공조차도 도저히 못참겠다고 말씀하셨다"라는 평이 있는 것을 보면 앞에서는 복종하고 뒤에서는 돌아서는 태도가 분명 있을 것이다. 그러나 조선의 모든 양반과 상한이 그런 것은 아니다. 경성에는 정이 깊지 않고 간사한 사람들이 많다. 경성은 위로는 군주인 국왕을 속이고 밑으로는 민중을 가렴주구해 일가의 번영을 꾀하려는 양반들이 모인 곳이다. 양반은 관리가 되는 것을 일생일대의 목표로 삼는다. 관리가 되는 권리는 양반의 세습재산이었다. 경성에서 관리가 되면 국왕을 속여 일가의 부를 일구고 지방에 오면 끊임없이 민중을 괴롭히고 가렴주구를 일삼았다. 이러한 양반의 소굴인 경성을 기준으로 조선 전체를 평가하는 것은 다소 가혹하다. '먹고 입을 것이 풍족해야 예절을 안다'라는 말은 중국에만 해당되는 것이 아니다. 일본인과 서양인도 먹고 입을 것이 모자라는 상황에서 예의 바른 사람은 거의 없다. 조선의 관리들에게 끊임없이 괴롭힘을 당하고 곤장까지 맞으면서 착취당한 존재들이 바로 오늘날 국민이라 불리는 조선 민중이다. 나는 적어도 일본제국의 신민이며 동양 유일의 입헌정치국 국민이다. 정정당당하게 자신의 권리를 주장하고 때로는 국무대신의 시정을 서슴없이 공격할 수 있는 자유가 있다. 이와 같이 큰 권력을 지닌 일본제국 신민인 나는 500년 동안 고혈을 빨려 겨우 목숨만 부지하고 있는 조선인의 예절을 문제 삼고 질책하는 것은 가혹하다고 생각한다. 차부나 일용직으로 살아가는 가난한 사람이 지갑을 주워 경찰에 신고하면 기특한 차부 내지는 칭찬 받아 마땅한 정직한 사람으로 신문에 실린다. 그러나 프록코트를 입은 신사나 양장을 한 여성이 천 엔을 주워 신고해도 누구 하나 기특하다고 말하지 않고 특별히 훌륭하다고 칭찬하지 않는다. 우리 일본제국의 신민은 스스로 신사숙녀라는 것을 인식해야 한다.

지금까지 길게 서술한 것은 애처로운 조선민중에 대한 동정심 때문이다. 위와 같은 상황에 있는 조선 남부의 민중은 비교적 불량하지 않다. 먹고 입는 것이 부족한 인민 치고는 정직하고 소박하다. 내가 1903~4년 시점에 토지를 매입한 것은 매우 위험한 일이었다. 토지매매는 절대 비밀을 지켜야 하는 위험한 일이었다.

그러나 비싸고 싸고를 떠나서 사기를 당한 일본인은 한 사람도 없다. 나는 다른 경쟁자에게 땅을 빼앗길 것 같으면 인부에게 엽전을 짊어지게 해서 땅주인 집에 돈을 던져놓고 돌아온다. 구두 약속만 했을 뿐 한 번도 증서를 작성하지 않았기 때문에 다른 사람에게 더 비싸게 팔아도 어쩔 수 없지만 기민하게 움직여 땅값을 던져놓고 돌아오는 것이다. 이것은 내가 고안한 새로운 방법이었다. 그런데 일단 돈을 던져두면 다른 사람이 아무리 높은 가격을 불러도 반드시 나중에 증서를 가지고 왔으며 절대로 다른 사람에게 파는 일이 없었다. 금전거래 상 편의를 위해 수표라는 것이 있다. 물품 대가 등을 포함해서 현금이 부족할 때는 수표로 현금을 대신한다. 이것을 다른 사람에게 건네도 현금과 조금도 다름이 없고 때로는 운반의 수고를 덜 수 있어서 오히려 현금 이상의 효력을 지닌다. 금액이 몇 십 냥이건 몇 천 냥이건 상관없이 세로 6촌, 가로 2촌 크기의 한지에 글씨만 썼을 뿐 날인 같은 것은 없다.

수표는 약속어음보다 확실해서 절대 약속을 어기는 일이 없지만, 나는 처음 이 수표를 받았을 때 의심을 많이 했다. 상대방이 믿을 만하다는 것을 알면서도 여전히 안심할 수 없었다. 약속한 날이 오기를 일일천추의 기분으로 기다리다가 현금을 수령하고 나서야 비로소 안도한 적이 있다. 지금은 이처럼 좋은 관습은 흔적도 없이 사라졌다. 이러한 사례만으로도 대구 사람들의 일반적인 인정을 충분히 짐작할 수 있을 것이다.

手　票

一錢文參仟伍佰柒拾玖兩光武七年拾貳月拾捌日

出給事

光武七年玖月肆日　票主　金　致　元

수표견본

진정한 인정과 기질은 여성을 통해서 제대로 파악할 수 있는데 남자가 여성과 교제하는 것은 조선에서 금물이라 단지 여인숙의 주부와 교제했을 뿐이다. 나는 약 6개월 동안 세 곳의 조선인 집에서 하숙한 적이 있다. 세 곳의 여자 주인과 남자 주인은 매우 친절하고 정이 많았다. 한번 몸이 안좋아 식사량이 줄었을 때는 말이 안통해서 걱정이 더 컸던지 생달걀을 가져 오기도 하고 죽을 끓여 오기도 했다. 닭고기에 인삼을 넣고 6~7시간씩이나 끓인 스프를 가져 오기도 했다. 말이 통하지 않는 상황에서 식사량이 원래처럼 돌아와 완쾌했다는 것을 확인할 때까지 결코 안심하지 않았다. 그리고 완쾌 후에 아무것도 요구하지 않고 그저 기뻐했다. 젊은 딸을 제외한 남자 주인, 여자 주인, 노파가 주야교대로 간호해 준 인정은 일본 하숙집에서는 도저히 상상할 수 없는 일이다. 대구에서 8년 동안 지내면서 대구가 박정하다든가 교활하다고 평가할 만한 일은 아직 없었다. 물론 악한도 있고, 야박한 사람도 있고, 사기꾼도 있고, 도둑도 있다. 독자 여러분에게 안심하고 대구의 조선인에게 만사를 맡기라고 말하는 것은 아니다. 그런데 동양 제일의 입헌국 수도인 도쿄에도 사기꾼이 있다. 그리고 대구에도 살인범이 있다. 일본제국 5천만 국민을 대표하는 국회의원 가운데도 감옥을 전전하는 명사가 있다. 생활 수준, 교육 수준, 권리 수준 등과 같은 상황을 깊이 고려해서 대구 민중의 심정을 헤아려야 한다.

광 고

이토 포목점

- 부산 이토 진자부로 본점伊藤甚三郎本店
- 포목, 잡화, 면 도매
- 대구 모토마치元町 1정목
  전화 157번

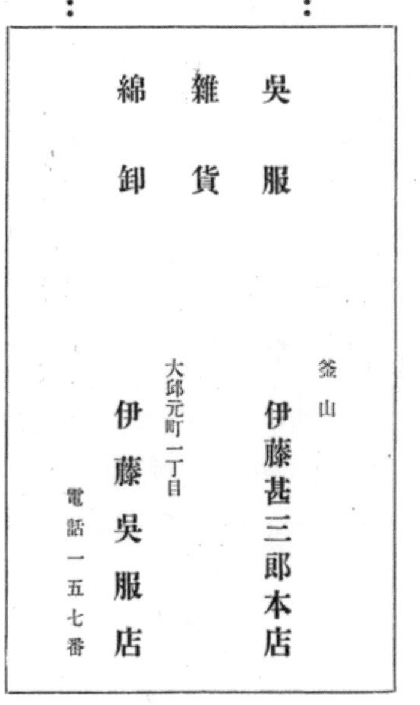

이토 본점은 부산 니시마치西町에 있다. 대구는 그 지점으로 오자키 시즈오尾崎鎭雄 씨가 주임이다. 오자키 씨는 주인인 이토 진자부로伊藤甚三郎 씨와 주종 관계가 아니라 부자 관계이기 때문에 그 권리와 책임은 모두 오자키 씨의 양 어깨에 놓여 있다.

이토 진자부로 씨는 사업을 시작할 때 면밀히 계산해서 확실한 전망이 없으면 절대 투자하지 않는다. 대구 지점도 마찬가지였다. 소규모 지점을 내서 4년 동안 지역의 상황을 살펴본 후 장래성을 확인하자 곧바로 규모를 확대해 장기 계획을 세웠다. 지금 포목점은 1908년 가을에 기공해 1909년 봄에 낙성한 견고한 건축물이다. 오자키 시즈오 씨는 나가사키 현長崎県 사람으로 와세다 대학早稲田大学 출신이다. 1907년 10월에 이토 포목점 주인으로서 대구에 왔다. 그런데 그는 천하의 영웅인 오쿠마 시게노부 백작을 받드는 와세다 대학에서 다년간 학문을 연마한 사람이다. 어찌 일개 포목점 주임으로서 머리를 굽힌 채 손님 오기만을 기다리는 인물이겠는가. 이토 진자부로 노인 또한 크게 기대하는 바가 있었다. 아니나 다를까 현재 대구에 크게 공헌할 사업을 계획 중이다.

일본인 사이에서 오자키 시즈오 씨의 신용은 매우 공고하다. 날로 그 능력을 발휘하고 있다. 1909년 3월에 상업회의소 의원으로 선출되었고 상임위원으로 뽑혔다. 1909년 10월에 민단의원 보결선거 때 입후보를 권유받았지만 단호히 거절했다. 지인들은 크게 아쉬워했다.

그는 성격이 온화해 교제도 능하지만 와세다 대학이 만들어낸 지기 싫어하는 기질은 항상 빛을 발해 어두운 곳을 비추었다. 그의 이야기는 논리적이고 쓸 데 없는 말이 없으며 한 마디 한 마디가 모두 가슴에서 우러나온다.

미술 골동품 매매점,
조선 옛 도자기 매매점

- 『오사카 신보大阪新報』 대리점, 통신원
- 미술 골동품 매매,
  조선 고도자기 매매
- 『만한의 실업滿韓之實業』 대리점
- 이나모토 신민稻本新民
  대구 동성정東城町

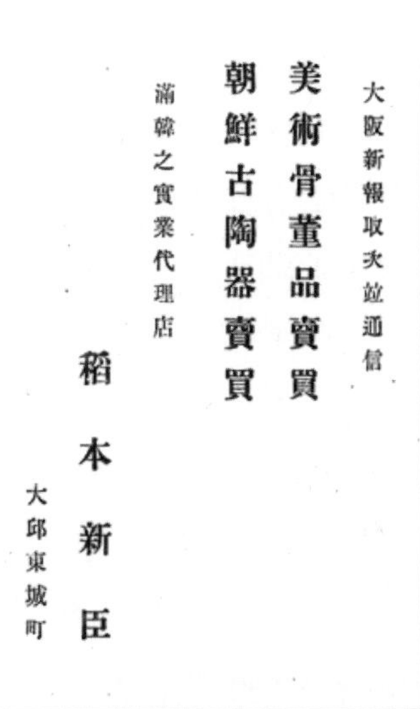
大阪新報取次竝通信
美術骨董品賣買
朝鮮古陶器賣買
滿韓之實業代理店
稻本新臣
大邱東城町

이나모토 신민 씨는 덴신天臣이라고도 부른다. 나라 현奈良県 이코마 군生駒郡 도미사토무라富郷村 사람이다. 그는 일찍부터 원정에 대한 의지가 강해 1896년에 '신영토'가 된 타이완으로 건너가 한 사업을 계획하며 2년 동안 머물렀다. 그러나 기후 때문에 건강을 많이 해쳐 어쩔 수 없이 모든 일을 접고 고향으로 돌아왔다. 고향에 있는 동안에는 의원, 회계 담당, 촌장을 맡았다. 공공사업에 늘 참여해 애쓴 결과 일본 적십자와 무덕회武德會에서 다섯 번 상패를 받았고 이 밖에도 상장이 28개나 된다. 대구에는 1905년 1월에 왔다. 당시 샤쿠오 슌조釋尾春仍 씨가 경영하던 조선신문사에 들어가 사업을 도왔는데 신문 사업은 이때부터 관심을 갖기 시작했다.

1906년 2월에 일본거류민회 의원으로 선출되어 학교신축 및 기타 새로운 사업에 참여해 공적을 세웠다. 일본 미술의 연원인 나라에서 태어난 그는 유명한 고찰 호류지法隆寺의 사무를 맡을 때부터 고도자기에 취미가 있었는데 조선에 와서도 고도자기에 관심을 기울이다가 마침내는 지인의 권유로 골동품 가게를 열었다. 또한 『오사카 신보』와 경성의 민당 신문으로 유명한 『조선일보』, 즉 이전의 『대한일보』 통신원으로서 항상 건필을 휘둘러 떳떳하지 않은 관리와 부정 상인을 떨게 만들었다. 그는 권력에 굴하지 않고 돈 때문에 태도를 굽히지 않았다. 퇴한처분退韓處分의 위협도 그의 용기를 꺾지 못했다. 오로지 스스로의 믿음에 근거해 선악과 정사를 판단하고 절대로 다른 사람의 지시를 받지 않았다. 그는 경찰이 요주의 인물로 지목한 것도 감수하면서 언제 퇴한처분 명령이 있더라도 당황하지 않을 마음가짐으로 지냈다. 그는 통신원 활동을 통해 자신의 존재를 사회에 알렸다.

이토 기치자부로 상점

- 이토 기치자부로 상점藤吉三郎商伊店
  대구 야마토초大和町 2정목
  전화 123번, 대체계좌振替 한국은행 276번
- 국산 및 수입 종이, 일본식 및 서양식 장부, 서양 문방구, 학용품

이토 기치자부로 씨는 야마구치 현山口県 구마게 군熊毛郡 마리 부麻里府 사람으로 1905년 3월에 대구에서 종이 및 문방구 전문 상점을 열었다. 대구에서 일본종이 가게의 효시이다. 당시 그는 겨우 22세의 나이로 막 징병검사를 마친 청년이었다. 신식민지의 풍속에 비추어보면 방탕하거나 주제넘거나 둘 중의 하나에 속하는 나이였다. 그는 가게 앞에 앉아 정중하고 친절하게 손님을 대하지만 애써 교언영색을 늘어놓지는 않고 단지 상품의 실질적인 부분만 상세하게 설명한다. 손님이 없을 때는 조예가 깊은 문학서적을 유일한 벗으로 삼는다. 그는 화류계에 발을 들여 기생에게 희롱당하는 것을 가장 배척했다. 그러다보니 교우 관계가 좁아 그의 인격이 사회에 알려질 통로가 없었다. 스스로도 사회에 이름을 알리는 것을 좋아하지 않고 책 속 현인과 벗 삼는 것을 최고의 낙으로 삼았다.

1908년 12월의 민단의원 선거 때 운동위원이 되어 동료를 위해 최선을 다했다. 이것은 많은 대구거류민들이 그를 알게 된 계기가 되었다. 진두에 서서 동료를 위해 성심성의를 다하는 고결한 정신을 보고 상대방 진영에서도 감동하지 않는 사람이 없었다. 그는 선거에 관여하면서 모든 것에 공사를 구별해야 하는 성가신 공인의 세계에 발을 들였다. 이에 연회에도 나가야 하고 좋아하지 않는 술도 마셔야 하며 싫어도 춤과 노래를 보고 들어야 하는 상황을 경험했다. 그러나 이러한 세계를 접하면서도 이토 기치자부로 씨의 품성은 조금도 상처를 입지 않았다. 오히려 진흙 속 연꽃처럼 품성이 더욱 고매해졌다. 그는 현명한 양처로서 많은 칭찬을 받았던 부인과 사별한 후 4년 동안 독신으로 지냈지만 단 한 번도 품행 상의 비난을 받은 일이 없다. 실로 대구 청년들의 귀감이다.

도쿄화재 해상 운송 보험주식회사
東京火災 海上 運送 保険株式会社

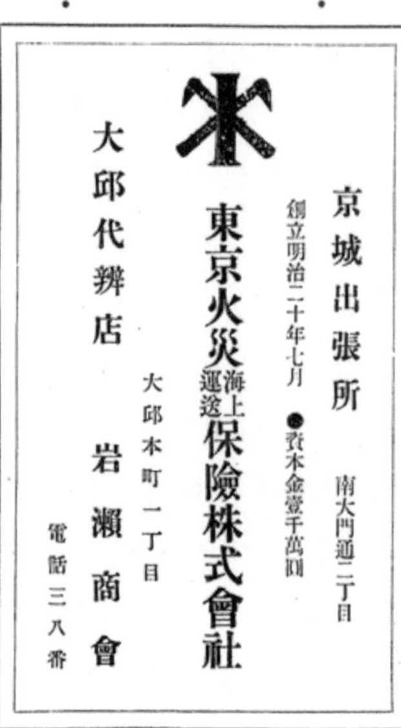

- 대구 대리점 이와세 상회岩瀬商会
  대구 혼마치本町 1정목, 전화 38번
- 경성 출장소 : 남대문통 2정목
- 창립 1887년 7월, 자본금 1천만엔

보험회사란 얼마 안되는 보험료를 받고 갑자기 화재와 같은 변난이 일어났을 때 약속한 돈을 지급해 가옥이나 물품의 안전을 꾀해주는 회사이다. 그래서 회사의 기초가 공고하지 않으면 대형 재난이 일어났을 때 약속한 금액 전부를 지불하지 못하고 도산해 주주와 피보험자가 손해를 입는 일이 있다. 즉 닛슈 보험日宗保險과 같은 경우이다. 1887년 7월에 창립한 도쿄화재보험회사는 일본에서 화재보험회사의 원조이다. 그 뒤를 이어 1891년에 메이지 화재明治火災가 창립되었다. 도쿄화재보험회사는 처음에 20만 엔의 자본으로 시작해 1893년에 자본금을 1백만 엔으로 늘렸으며 1896년에는 5백만엔, 1907년에는 마침내 자본금 1천만 엔에 달하는 대기업이 되어 일본의 5대 보험회사로서 국내외의 신용을 얻었다. 5대 회사는 도쿄, 메이지, 니혼日本, 교도共同, 요코하마横浜 다섯 개 보험회사이다. 도쿄화재보험회사는 돗토리 번사鳥取藩士 우도

노 히사시鵜殿長 씨 등이 도쿄부 지사 마츠다 미치유키松田道之 씨의 계획을 수용해 창립했다. 초대 사장은 하야시 도모유키林友幸 자작이었고 이어서 안도 노리나가安藤則命 씨가 맡았다. 1893년에 야스다 젠지로安田善次郎 씨가 개혁을 시행해 회사가 크게 융성했다. 지금은 다케이 모리마사武井守正 남작이 사장이고 오타니 가헤大谷嘉兵衛, 야스다 젠지로, 안도 노리나가, 사사다 스스무佐々田懋, 야스다 젠자부로安田善三郎, 야스다 젠스케安田善助, 나카자와 히코키치中澤彦吉와 같은 일본실업계 명사들을 중역으로 두었다.

1908년 12월에 대구에 대리점을 열어 이제 겨우 1년 10개월이 경과했지만 보험계약 금액은 17만 엔을 넘어섰다. 대구는 신일본의 도시로서 건설 사업이 활발해 보험 신청도 이어지고 있다. 대리점인 이와세 상점은 길게 설명할 필요도 없이 대구에서 신용이 최고라고 해도 반론할 사람이 없을 것이다.

신발류 도소매상, 우유 취급점

- 와케 신발가게和気履物店
  신발류 도소매상
  대구 니시키초錦町, 전화 215번
- 전유全乳 : 본 목장의 젖소는 조선총독부 농상공부가 사육한 순수 서양종으로 우유의 질이 완전하고 열기 소독까지 했기 때문에 안심하고 애음하시길 바랍니다.
- 와케 목장 채취부和気牧場 搾取部
  대구 남성리, 전화 237번

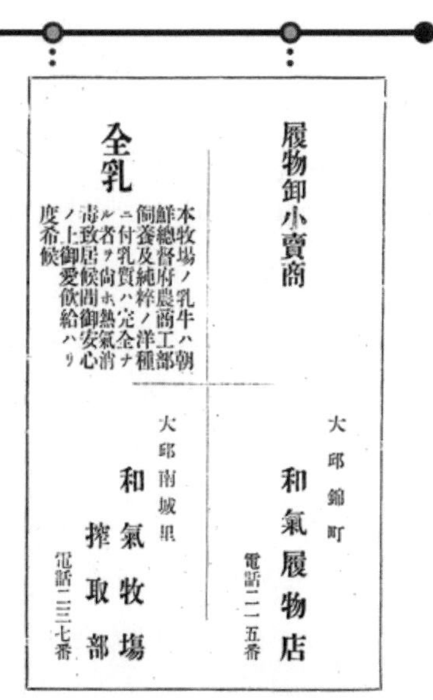

와케 헤지로和気平次郎 씨는 오카야마 시岡山市 사람으로 일찍이 조선 경

영에 뜻이 깊어 오카야마에 유학한 조선학생을 돌보면서 조선어를 공부하고 사람과 책을 통해 조선의 사정을 조사해 모든 준비를 마친 후 1905년 4월에 대구에 왔다. 그러나 그의 빈틈없는 준비는 대부분 수포로 돌아갔다. 말은 지식인들이 쓰는 말이라 보통 사람에게 통하지 않고 책으로 접한 사정은 많은 경우 사실과 달라 쓸모가 없었다. 이에 그는 절친한 벗인 아오키 시게노부青木重信 씨와 함께 남자 둘이서 5~6개월 동안 갖은 고생과 함께 자취생활을 하면서 향후 대책을 강구했다. 그야말로 경솔한 사람들에게 귀감이 될 만하다. 와케 헤지로 씨는 가게 앞에 앉아서 작은 이익을 얻는 데에 만족하는 사람이 아니지만 주의를 기울여 고객을 응대하면서 다방면에 걸쳐 조사를 했다. 그는 첫 번째 사업으로 1909년 1월에 아시야 종アシヤ種 서양소인 홀스타인 종 몇 마리를 구입해 공기가 깨끗하고 물이 맑은 시가지 동남부 남성리에 목장을 마련해 우유 채취를 시작했다. 1909년 10월에 조선 정부는 신멘탈 Simmenthal 종 세 마리를 종우種牛로 구입해 특별히 와케 목장을 지정해 사육을 촉탁했다. 이것으로 와케 목장의 뛰어남을 충분히 짐작할 수 있다.

와케 헤지로 씨는 모든 일에 신중해서 지인이 공공기관에 참여할 것을 권유해도 아직 사업이 절반도 진행되지 않은 상황에서 참여할 수 없다며 단호히 거절했다. 그런데 1908년 3월에 예기치 않게 상업회의소 의원으로 선출되어 어쩔 수 없이 수락했지만 목표로 한 사업이 성공하기 전에는 공인으로 나서지 않겠다고 항상 이야기했다. 성격이 온화하고 애교가 넘치며 말에 거짓이 없고 입이 무거워 지인들 사이에서 신용이 높다.

- 와타나베 상점渡邊商店
  조선 대구부 미유키초幸町 1,
  전화번호 117번
- 청주, 간장, 석유 잡화 도소매

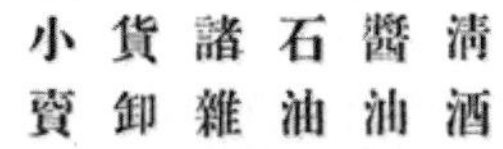

清酒 醤油 石油 諸雑貨 卸小賣

朝鮮大邱府幸町一

渡邊商店

電話番號百十七番

店主渡邊比氏は岡山縣作州勝山の人、明治三十八年十月大邱に來る。其以前釜山に在りて商業に從事せしが故に大邱との交通繁きため其人格は豫め知らる。三十九年九月居留民團設立委員に推されたれども謙遜して受けず。四十年一月民團議員に選擧せられ、四十一年十二月再選せらる。氏は議員としては常に特種の委員として手腕を振ひ、四十三年三月初期の商業會議所議員に當選し、民議商議の兩職を存して大に其天才を發揮したり。石油組合の未だ獨立せず、尙ほ釜山の支部たりし時は其支配人として重きを置かれたり。氏の信用は只に大邱のみならず、慶山其他の地方人士多く氏を信ず。

상점 주인 와타나베 다메시渡邊比 씨는 오카야마 현岡山県 사쿠슈 가츠야마作州勝山 사람으로 1905년 10월에 대구에 왔다. 그는 대구에 오기 전에 부산에서 상업에 종사하면서 왕래하는 일이 잦았기 때문에 대구를 이미 알고 있었다.

1906년 9월에 거류민단체 설립위원으로 추천되었지만 정중하게 사양했다. 1907년 1월에 민단의원으로 선출되었고, 1908년 12월에 재선되었다. 그는 항상 특종 위원特種委員 의원으로서 수완을 발휘했고, 1910년 3월에 초대 상업회의소 의원으로 당선되어 민단의원과 상업회의소 의원을 겸하면서 뛰어난 재능을 발휘했다.

석유조합이 독립하지 않고 부산의 지부로 있을 때 지배인이라는 중책을 맡았다. 그의 신용은 대구뿐만 아니라 경산과 그 이외 지역에도 널리 알려졌다.

✿ 아카시明石

연회석 청결, 뛰어난 조망. 일본 및 서양 요리. 즉석 준비, 신속한 접대

✿ 대구부 니시키초錦町, 전화 57번

宴會席清潔
眺望佳絶
和洋御料理
即席御支度
仕出し迅速

大邱府錦町 明石 電話五七番

明石音吉氏は徳島縣人にして三十六年十一月大邱に來りて料理店を開業したり。二十七八年のことは消えて跡なく現代大邱に於ては料理業者の元祖として信用甚だ厚し。氏が開業の當時は日本人漸く三十餘人未だ本業に依て生計を立つる能はず。サレド氏は將來の發展を見込みて困苦に打勝ち、終に今日あるに至る。氏の天性は實質にして情に厚く三十七八年の知人に零落の人あらば、其昔を思ふて宿泊せしめ、小遣錢など與へて勞る。亦客にして浪費甚しき人には必ず其不心得を忠告して、之を追還し、配膳の料理は注文に止めて決して其他を出さず。酩酊せる客の注文は成るべく斷りて出來ないと云ふ。其心事の潔白稀に見るの人。

아카시 오토키치明石音吉 씨는 도쿠시마 현德島県 사람으로 1903년 11월에 대구에 와서 요리점을 개업했다. 청일전쟁 때의 모습은 사라지고 현재 대구에서는 원조 요리업자로서 신용이 매우 높다. 그가 개업했을 당시에는 일본인이 겨우 30여 명이어서 요리점으로 생계를 해결할 수 없었다. 그러나 그는 장래의 발전을 내다보고 고난을 극복해 마침내 오늘에 이르렀다.

그는 천성이 성실하고 정이 깊어 러일전쟁으로 영락한 지인이 있으면 옛일을 생각하며 재워주고 약간의 용돈도 주면서 돌보았다. 반대로 낭비가 심한 사람에게는 반드시 그 무분별함을 충고해 돌려보냈다. 요리는 주문한 것만 내놓고 절대 그 밖의 것은 내놓지 않았다. 심하게 취한 손님의 주문은 가능한 거절한다. 드물게 마음과 생각이 결백한 사람이다.

한국제연합자회사

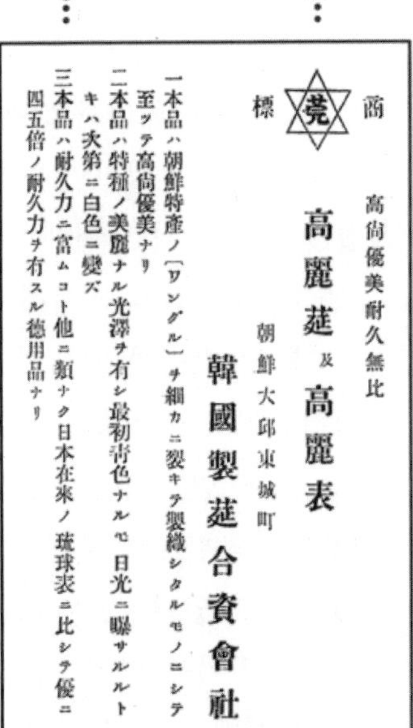

- 한국제연합자회사韓国製莚合資会社 고려연 및 고려 다다미 겉
- 고상함, 우아함, 내구성에서 비할 바가 없다
- 조선 대구 동성정東城町

1) 본 제품은 조선특산인 왕골을 가늘게 잘라 짠 것으로 아주 고상하고 우아하다.
2) 본 제품은 독특하고 미려한 광택을 지녔고 처음에는 녹색이지만 햇빛을 받으면 조금씩 흰색으로 변한다.
3) 본 제품은 내구력 면에서 비할 것이 없고 종래 일본에서 써오던 류큐 산琉球産 다다미 겉보다 4~5배의 내구력을 지녀 이득이 큰 제품이다.

한국제연합자회사 사업에 대해서는 제5장에서 보다 자세히 서술하기로 하고 여기서는 사업 발명자이자 사무 담당자인 오구라 다케노스케小倉武之助 씨와 감사를 맡고 있는 요시다케 가시오吉武甲子男 씨 두 사람을 소개하겠다.

오구라 다케노스케 씨는 치바 현千葉県의 전 국회의원으로 나리타 철도成田鉄道를 창립한 오구라 요시노리小倉良則 씨의 아들이다. 1904년 봄에 경부철도회사 회계 담당으로 대구에 출장을 와서 공사가 일단락된 뒤 회사를 그만두고 대구에 머물렀다. 오구라 다케노스케 씨는 법과대학 출신으로 진정한 법학사이지만 법률로 먹고 사는 사람이 아니다. 선천적으로 실업을 좋아해 각 방면에 걸쳐 자세히 조사한 후 마침내 조선특산 왕골로 짠 다다미 겉을 개선해 국가적 사업으로 키워냈다. 왕골 다다미 겉은 이제 막 발명한 단계이고 머지않아 제2의 특산물을 내놓을 것이라고 한다. 오구라 다케노스케 씨는 이전에 일본거류민회 의원이었다. 그리고 초대 민단의원이자 의장으로서 명성이 높았다. 1908년 12월에 재차 민단의원으로 추천받았지만 1년이 안되어 사임하고 제연회사에 전력을 쏟고 있다. 그는 의원으로서 직무를 다했을 뿐만 아니라 모든 공공사업에 참여해 자치기관에 매우 많은 공헌을 했다. 그는 공직에 있고 없고를 떠나서 대구의 고참 명사이자 실업가로서 사람들의 기대를 짊어지고 있다. 요시다케 가시오 씨는 예전에 니혼유센 회사日本郵船会社에 있었을 당시 오구라 다케노스케 씨와 동료였다. 오구라 다케노스케 씨가 제연회사를 세우면서 감사역으로 선발해 대구에 왔다. 1908년 7월부터 오구라 씨와 함께 제연회사를 위해 진력했고 지금은 오구라 씨가 경영하던 활판 사업을 넘겨받아 겸하고 있다. 요시다케 가시오 씨는 대구에서 지명도 있는 신사로 알려져 있지만 아직 공인으로서 공공기관에 참여하지는 않았다.

제3장

잠복시대의 일본인

대구는 조선 남부 유일의 대도회지로서 조선 왕조가 대대로 중시했다. 그런데 대구에서 서북쪽으로 24㎞ 떨어진 왜관에는 임진왜란 때 고니시 유키나가小西行長가 성을 쌓았던 흔적이 있고, 300여 년 전부터 일본인이 거주했던 부산에서 겨우 110㎞ 떨어진 거리에 있음에도 일본인 가운데 대구에 착안하는 사람이 없었다. 청일전쟁 때에는 병참부를 설치했을 정도로 일본인과 인연이 깊은 지역임에도 부산에 있는 일본인 인사들도 움직이지 않고 정부 당국도 개시 담판開市談判을 하지 않은 채 부질없이 조선 남부의 보고를 황폐하게 내버려두는 것은 유감이다.

1891년 3월에 양잠교사 자격으로 조선 정부에 고용되어 경성으로 가던 중 나가사키에서 미국 장로파 선교사와 부산으로 가는 배를 같이 탄 적이 있다. 선교사의 짐은 석유통 크기의 양철 상자 두 개와 염라대왕이 특별 주문한 것 같은 크기의 일본 짚신 12~3켤레였다. 그는 일본을 잘 알았고 아주 쾌활한 사람이었다. 남한의 포교 근거지를 대구에 두기로 결정했기 때문에 조사를 위해 조선에 건너간다는 것이었다. 양철 상자에는 빵과 말린 고기와 버터가 들어있다고 했다. 탁견을 지닌 미국 선교사는 1891년 봄 시점에 대구를 조선 남부 포교의 근거지로 정한 것이다. 62~3세였던 그는 동안에 백발을 한 천사 같은 사람이었는데 부산의 오이케 여관大池旅館 2층에서 하늘의 축복을 기원하면서 헤어졌다.

솔선해서 미지의 땅에 발을 들여놓는 사람은 기후와 싸우고 인정과 충돌하며 자유롭지 못한 것을 참으면서 질병 공장과 같은 곳에서 살게 된다. 아파도 의사와 약이 없고 이야기를 나눌 벗도 없으며 동정해 줄 사람도 없다. 실제로 경험해 보지 않은 사람에게는 이런 곤란과 외로움을 이야기해도 좀처럼 이해하지 못한다. 종교적 신심이나 국가의식 없이 단지 이익에 대한 욕심만 가지고는 말도 통하지 않는 미지의 야만지역에서 도저히 홀로 지낼 수 없다. 내가 대구에 왔을 때는 이미 14~5명의 일본인이 있었다. 군용 전신을 보호하는 헌병들이었다. 우편 시스템은 없었지만 군용 전신이 있어서 전보도 부탁해서 보낼 수 있었다. 불편한 가운데에도 동지가 있고 슬픈 가운데에도 동정해주는 사람이 있었다. 나보다 10년 일찍 대구에 왔고 나의 벗이자 안내자가 되어 준 사람이 있었다. 천신만고의 고초를 겪으면서도 기꺼이 나처럼 나중에 온 사람들을 위해 애써 준 은인이다. 그의 이름은 히자츠키 마스키치膝付益吉이다. 본 장에서 소개할 1903년 9월 이전 내용은 히자츠키 씨의 글과 이야기에 기초한 것이다.

최초의 일본인 이주자

오카야마 현岡山県 출신인 히자츠키 마스키치 씨와 무로室씨 두 사람은 18여 년 전인 1893년 9월에 남문 안 조선인 집을 빌려 의약 및 잡화 점포를 개설했다. 대구에 이주한 최초의 일본인들이다.

대구는 도요토미 히데요시의 조선출병 때 많은 고통을 겪었기 때문에 일본인을 미워하는 마음이 자자손손 이어져 왔다. 일본인에 대해서는 특히 악감정을 품고 있었다. 게다가 히자츠키 마스키치 씨가 살던 인근 지역은 한의사들이 모여 있던 곳이라 방해가 심했다. 저녁을 먹을 때 돌이 날아오는 일은 거의 매일 밤같이 이어졌다. 다행히 당시 관찰사 이용직이 동정하고 보호해 주었기 때문에 큰 화를 모면할 수 있었다.

당시 통신기관으로는 조선전보국이 한글 전보를 취급하고 우체사가 우편을 취급했지만, 전신과 우편 모두 연착과 불착이 빈번해 열 통 중에 두세 통이 도착하면 아주 훌륭한 편이었다. 이렇게 규율이 없는 통신기관이다 보니, 자신이 죽어도 부산에 있는 동포들조차 알 수가 없다는 생각이 들 때는 말로 표현할 수 없는 슬픔이 밀려왔다고 한다.

부산까지 겨우 110㎞ 거리라고 해도 편도에 4일이 걸린다. 돌길에

산과 고개가 있어서 일본에서보다 시간이 2배로 걸린다. 탈 것은 말이나 가마 뿐인데 하루에 30㎞ 이상을 가기 어렵다. 숙소는 도중에 있는 조선인 가옥으로 지금이야 익숙해져 아무렇지 않지만 익숙하지 않았던 당시에는 실내의 악취와 불결한 음식, 그리고 돌과 흙으로 다진 방바닥에서 이불 한 장도 없이 빈대가 뜯고 파리가 달려들다보니 아무리 피로에 지친 상태라도 편안하게 잘 수가 없었다. 고생했다는 사실을 일부러 알리려는 것은 아니지만 일본에 있는 동포들이 꿈에서도 상상하지 못할 괴로운 상황이었다.

짐은 낙동강을 이용해 운반했는데 이것도 기일을 정하기가 어려워 빠르면 10일이 걸리고 강의 수위 문제나 관리의 방해 등이 있으면 20일씩 걸리는 경우도 있었다. 특히 1월과 2월에는 강물이 줄거나 얼어 운행이 중단되기도 했다. 곳곳에서 이름도 없는 잡다한 세금을 징수당해 그 손해와 어려움이 한 두 가지가 아니었는데, 한일통상조약 상 거류권이 없었기 때문에 불만을 토로할 방법도 없었다. 그야말로 애처롭기 그지없는 상황이었지만 일단 이곳에 온 이상 순순히 물러나는 것은 일본 국민의 치욕이라고 여겨 그저 감내했다고 한다.

청일전쟁과 병참부

1894년 봄에 전라도 지역에서 동학당이 봉기해서 대구도 한 때 민심이 흉흉했지만 7월에 접어들어 청일 간의 평화가 깨지고 전쟁이 터지자 대구는 조선 남부 병참선이 되어 병참사령부가 설치되었다. 그리고 야전 전신이 가설되고 군용 통신소가 설치되자 대구는 갑자기 활기를 띠면서 주보와 그 밖의 상인이 100명에 이르렀다. 고토 쇼이치로古藤昇一郎와 같은 이는 요리점도 개업했다. 그러나 이듬 해인 1895년에 바칸 조약馬関条約으로 평화를 회복하자 주둔했던 군대는 모두 귀환하고 이를 대신해 소수의 헌병만 전신 수비 명목으로 남았다. 조선정부가 조약을 이행한다는 이유로 일본인 거주를 금지하는 훈령을 내려 일본인들은 대부분 퇴거하고 겨우 7~8명만 남았는데 관헌의 압박이 심해 조선 옷을 입고 머리를 길러 미개인종의 무리에 들어가 이름까지 조선식으로 바꾸어 겨우 하루하루를 넘겼다. 대구 거류민은 청일전쟁으로 인해 예전에 보호해주던 관헌한테서 오히려 박해를 당하는 비운을 겪게 되었다. 이것은 일본정부의 방침이 너무 유약했던 결과인지 아니면 하늘이 아직 일본인에게 웅비할 기회를 주지 않았기 때문인지 알 수 없다. 히자츠키 마스키치 씨 등은 기존 가게까지 폐쇄해야 했다. 이후 고난과 재난이 이어져 궁핍이 극에 달했지만 2~3명의 동지와 함께 대구에 남기로 굳게 맹세하고 동쪽 하늘에 서광이 비칠 때까지 결코 물러나지 않기로 결심했다. 극한 상황에 놓이면 용기도 자연스럽게 생기는 법이다. 결국 1899년까지 수많은 고난을 겪었다.

마음만 진실하면 하늘이 반드시 돕는 법인지, 위와 같은 상황에서 기이한 일이 일어났다. 조선 관민의 태도가 갑자기 정반대로 변했다. 청일전쟁 이전에 보호해 주던 관헌은 전쟁 후에 돌연 악마처럼 변해 일본인을 극도로 배척하고 이와 정반대로 밥 먹을 때에도 경계를 늦추지 못할 정도로 밤낮없이 박해하고 적대시하던 민중은 관헌의 압박으로부터 히자츠키 마스키치 씨 등을 비호하고 구해 주었다. 청일전쟁 이전에는 민중에게 박해를 받고 관헌에게 도움을 받다가 전쟁 후에는 관헌에게 박해를 받고 민중의 도움을 받게 되었다. 이것은 하늘이 조율한 것이 아닐까.

조선 민중은 일본인을 잘 알지 못한 채 싫어했을 것이다. '왜놈', 이것은 조선인에게 도적이자 적이자 악인이었다. 왜놈이 오면 재산을 빼앗기고 부녀자를 겁탈 당한다고 하여 마치 그림 속 괴물처럼 여겼다. 그런데 히자츠키 마스키치 씨는 성품이 온화하고 애교가 있다. 조선인들은 겉모습과 마음이 일치하는 사람을 보고 의외로 느꼈을 것이다. 즉 '왜놈

들 가운데도 저런 선한 사람이 있구나'라고 생각했을 것이다. 게다가 일본 군대가 왔지만 조금도 피해를 입히지 않았고 헌병 또한 규율을 엄격하게 지켰다. 임진왜란 당시 가토 기요마사加藤清正의 일화와 고니시 유키나가小西行長의 무용담도 있지만 옛날 전법 상 식량을 가져 왔을 리도 만무하고 분명 부녀자를 겁탈했을 것이며 이웃 전라도에서는 동학당이 봉기했다. 전쟁에는 약탈과 강간이 뒤따른다는 관념이 있지만 1894~5년에 주둔한 병사와 이후 인수인계 받은 헌병들은 조선인들이 생각하기에 모든 것이 의외였다. 이는 히자츠키 마스키치 씨의 성품 및 행동과 함께 세 폭의 아름다운 그림을 이루었고 이것이야말로 조선 민중의 마음을 일변시킨 요소였을 것이다. 그 음덕은 나중에 건너 온 나한테까지 미쳤다.

달성학교 창립

달성학교는 조선인 자제들에게 일본어로 문명 세계의 학문과 예술을 가르치는 것이 목적이었다. 히자츠키 마스키치 씨는 일한 친교를 증진시키고 서로의 오해를 푸는 길은 교육 밖에 없다고 간파하고 기존 직업을 내던지고 학교 창립에 전력을 쏟았다. 때는 1899년 7월이었다. 신타니 마츠스케新谷松助 씨는 히자츠키 마스키치 씨를 도와서 함께 학교 창립에 힘쓴 인물이다. 대구 명사 윤필오 씨가 앞장서 응원하면서 관찰사 김직현 씨를 움직여 창립비 가운데 100원을 기부 받고 700여 평의 학교부지와 관사 한 동을 할애 받았다. 달성학교의 기반이 닦이자 많은 조선인 유지들이 금품을 기부해 그 총액이 700원에 달하면서 마침내 학교의 기초가 잡혔다. 히자츠키 마스키치 씨가 교사를 초빙해 학교를 오랫동안 유지할 방법을 고민하다가 스스로 재산 일체를 교비로 제공하자 그 뜻을 전해들은 한국의 학부에서 1900년부터 연간 120원을 지원했고 부산에 있는 사찰 다섯 곳에서 매월 15원씩 기증했다. 그리고 1901년 4월부터 동아동문회東亞同文會에서 매년 보조금 420원을 지급 받고 영광스럽게 부산영사관에서도 보조를 얻어내어 부산 지역 사찰의 보조는 1901년 4월부터 중지되었다.

이 밖에 목포 지역 유지와 남한교육장려회南韓教育獎勵會에서 기부금을 보내주고 1901년 9월에는 경부철도회사京釜鐵道會社가 기부금을 주었다. 이로써 달성학교는 대구 유지 몇 명이 좌지우지할 수 없는 조선 남부의 교육기관이 되었다.

히자츠키 마스키치 씨는 1902년 9월에 조선인 교육에 뜻이 깊던 샤쿠오 순죠釋尾春仍 씨와 함께 대대적인 확장 방침을 정했지만 그 계획을 이루기 전에 동양의 형세가 시시각각으로 변했다. 1903년 4월에는 러시아의 만주철병문제가 일어나 조선인 전체의 민심이 크게 동요하면서 모든 방면에서 배일적인 움직임이 나타나 학교 확장은 중지한 채 현상유지에 힘쓰게 되었다. 당시 학교 간부는 다음과 같다.

감독 겸 교사　히자츠키 마스키치
교장 겸 교사　윤필오
주간 겸 교감　샤쿠오 순죠
이하 교사　3명

1904년 2월에 일본과 러시아의 국교가 깨지고 경부철도 속성공사가 시작되자 일본인이 마치 제방을 무너뜨린 탁류 같은 기세로 밀려들었는데 그 가운데는 취학연령 아동도 많았다. 이에 히자츠키 마스키치 씨는 여교사 한 명을 초빙해 수업료를 받지 않은 채 그들의 교육을 떠맡았고 좁은 교실에서 2부제 수업을 하다가 1905년 봄에 교사 하나를 증축해 일본인 아동을 위한 교실로 사용했다. 일본인 아동은 한 때 70여

명에 이르렀다. 1년 6개월 동안 이렇게 수업했는데 아무리 동포의 자제들이라고 해도 이와 같은 헌신은 평범한 이기주의자가 할 수 없는 것이었다. 지금 대구에 사는 일본인 가운데 히자츠키 마스키치 씨의 호의를 기억하고 감사하는 사람은 과연 몇 명이나 될지 모르겠다.

1905년 8월에 일본거류민회는 월 40원을 제공하면서 달성학교에 아동들의 교육을 의뢰하려고 했지만 히자츠키 마스키치 씨는 조선인과 일본인 아동이 오랜 시간 같은 교사에 있는 것은 안된다고 주장하면서 일본인 아동 전용 소학교 설립을 희망했다. 이에 같은 해 10월 2일 임시교사에서 일본거류민회 설립 소학교 수업을 시작했다. 이것이 민단립 소학교民団立小学校의 전신이다.

달성학교는 1909년 4월에 협성학교協成學校와 합치면서 히가시 혼마치東本町 동쪽 끝 공자묘 부속 대강당을 교사로 쓰고 있던 협성학교로 옮겼다.

달성학교 출신자 가운데는 통감부 재판소 판사, 통역사, 탁지부 주사, 내부 주사 등이 있고 재무감독국과 그 밖의 관공서에서 근무하는 사람도 적지 않다. 히자츠키 마스키치 씨는 협성학교와 합쳐지기 전에 통감부 철도관리국에 근무하게 되면서 교사인 기쿠가와 게이운菊川溪雲 씨에게 교무를 맡겼다. 기쿠가와 게이운 씨도 협성학교로 옮겨 계속 교편을 잡고 있다.

일본인회 설립

1900년 11월 4일 시점에 대구 거주 일본인은 모두 합쳐 봐야 10명 안팎이었는데 이들이 대구일본인회를 만들었다. 그 때 부산에서 영사관 서기 다바타 쇼헤이田端正平 씨 이외에 부산상업회소 서기 시라이白井 씨와 박 씨가 함께 와서 대구일본인회 설립을 응원했다. 다바타 쇼헤이 씨를 명예회장으로 하고 이하 임원을 호선한 결과 히자츠키 마스키치 씨가 부회장이 되었다. 이후 회장과 부회장 직위를 폐지하고 이사 두 명을 두면서 히자츠키 마스키치 씨와 오쿠보 하지메大久保肇 씨에게 맡겼다. 1903년 12월에 히자츠키 마스키치 씨가 사임하면서 도쿠라 주로쿠戸倉十六 씨가 이사를 맡았다. 1904년 8월에 일본거류민회가 조직되면서 대구일본인회는 재산도 아무것도 없이 자연스럽게 소멸했다.

관헌의 박해

1903년 9월 시점에 일본인 숫자는 17~8명이었다. 경부철도가 성현 지역 대터널 공사에 착수하면서 시찰과 엽전 매입을 위해 대구에 오는 일본인이 증가하자 당시 관찰사이자 일본 배척파 우두머리였던 이윤용은 일본인을 심하게 박해하기 시작했다. 일본인 상점에서 물건을 사는 조선인을 감옥에 집어넣고 상점 부근에 경계병을 두어 조선인이 상점에 접근하지 못하게 했다. 일본인에게 집을 빌려주면 혼쭐이 나고 토지를 팔면 투옥되었다. 병사들에게는 매일같이 일본인과 충돌해 싸움을 일으키게 했다. 이에 병사들은 충돌을 일으키기 위해 일본인을 미행했지만 20명 내외의 일본인은 조심하면서 가능한 도망쳤다. 그러나 도망치면 더 달라붙었다. 때때로 사려 깊지 못한 일본인이 맞서면 뭇매를 맞았다. 병사는 400명 이상인데 반해 일본인은 겨우 20명 내외였고 그 가운데 5~6명은 여자였다. 조선인과 일본인의 싸움이 벌어지면 그 상대는 예외 없이 병사였다. 만일 이윤용이 이것을 제지할 생각이 있었다면 그 자신이 육군참장이었고 대구수비대는 그 아래에 있었기 때문에 얼마든지 제지할 수 있었다. 병사들은 틀림없이 그와 같은 지휘관이 있었기 때문에 갑자기 살기등등해진 것이다. 명령한 증거가 없다고 해도 병사의 행패를 제지하지 않은 이상 책임을 벗어날 수 없다. 대구에 살벌한 기운이 돌면서 언제 충돌이 일어날지 모를 정도로 상황이 심각해

지자 당시 헌병분대소장은 "상황이 매우 안좋아 위기가 닥치고 있다. 갑자기 변고가 생기면 거류민은 모두 달성산에 집결할 것. 총기와 탄약은 충분히 준비해두었다. 그러나 가능한 충돌을 피해 후일의 구실을 적에게 주지 않도록 주의해야 한다"라고 거류민 유지들에게 경고했다. 거류민은 모두 일치해서 자중했다. 조선인 병사들만 살기가 넘쳤다. 일본인 거류민은 부녀자조차 피난하지 않은 채 태연했다. 피난하려고 해도 도망갈 곳이 없었다. 사지에 있으면 오히려 강해진다. 모두 태연했고 당황하는 사람이 없었다. 이것이 1903년 10월의 일이었다.

그런데 돌연 부산에서 희소식이 날아왔다. 11월 1일부터 대구에 우편수취소를 설치해 우편환과 소포 업무를 취급한다는 내용이었다. 거류민은 미칠 듯이 기뻐했다. 독자 제군이 보았다면 마치 어린아이가 미쳐 날뛰는 것처럼 여겼을 것이다. 고향과 연락을 주고받을 방법이 없다는 것은 불안한 일이다. 히자츠키 마스키치 씨가 말한 것처럼 당장 살해당해도 부산에 있는 동포들조차 그 사실을 알 수가 없었다. 상황은 그야말로 그가 말한 대로였다. 조선 우편이 있다고 하지만 이미 판 우표를 두 번 세 번 되파는 상황이었다. 한 번은 새로 사온 우표 뒷면에 색깔 있는 종이가 붙어 있는 것이 이상해서 유심히 살펴보니 한 번 사용한 것을 떼어낸 것이었다. 나는 그 때야 비로소 30통 넘게 보낸 편지에 답장이 없었던 이유를 알게 되었다. 내가 보낸 30여 통의 편지는 우편국에서 노상강도를 당했고 우표는 되팔린 것이었다. 이러한 상황이라서 우리들이 우편수취소 설치를 미친 듯이 기뻐하며 환영한 것은 당연했다. 우편수취소 설치와 동시에 오게 될 한 명의 순사 또한 마찬가지였다. 순사 한 명이 무슨 도움이 되고 헌병에 비해 어디 뛰어난 점이 있겠는가. 그러나 헌병은 전신수비를 하는 것이지 우리의 보안관이 아니었다. 보호를 한다고 해도 그것은 비공식적인 것이라 관찰사와 공식적으로 격렬한 담판을 벌일 수 없었다. 그러나 한 명의 순사는 부산 영사관의 대표자이다. 영사가 순사를 파견한다는 것은 우리의 거류를 공식적으로 인정한다는 의미이다. 한 명의 순사는 그야말로 일본 제국의 대표자로서 환영받았다. 후쿠야마福山 순사는 11월 1일에 오자마자 곧바로 그 날 밤 일어난 싸움에서 영향력을 발휘했다. 순사 한 사람이 오면서 일본인과 조선인의 싸움은 완전히 사라졌다. 조선인 병사들의 태도도 일변해 고양이보다 순해졌다. 순사 한 사람의 권력이 관찰사를 견제하고 일개 대대의 병사를 순하게 만든 것이다. 미칠 듯이 기뻐하며 맞이한 이유는 이 때문이다.

1904년 1월에 관찰사가 일본인에게 토지를 매도한 사람과 그것을 주선한 17~8명을 일망타진하듯이 체포했다. 따지러 갔더니 다른 범죄 때문이라고 했다. 그래서 그 죄명을 묻자 외국인에게 특별히 설명할 필요가 없다고 대답했다. 동지들이 여러모로 고심하며 구제방법을 모색하던 중에 헌병들이 갑자기 전신국에 밀고 들어가 일본어가 아닌 전보 발신을 금지하고 우편물 검사를 시작해 10일 정도 점령 상태가 이어졌다. 일이 이렇게 되자 포박된 채 감옥에 갇혀 있던 토지 매매 관계자는 무사히 석방되었다. 러일전쟁 개전 후 이윤용 관찰사는 대구를 떠나 자취를 감추었다.

토지와 가옥 매매

일본인은 1903년 9~10월경부터 대구에서 토지를 매수하기 시작했다. 그 전에는 상점용으로 가옥을 매수한 사람이 조금 있었지만 장래를 내다보고 토지를 매수한 사람은 거의 없었다. 토지를 매입하는 데는 별다른 위험이 없었고 가짜 물건이 있는 경우 금전 손실에 그쳤다. 그러나 파는 쪽은 실로 위험천만해서 그야말로 목숨을 거는 일이었다. 만일 매도자의 성명이 관에 알려지면 매도 대금을 몰수당하는 것은 물론이고 국법이라는 이름의 야만스러운 법에 따라 가혹한 고문을 받고 매도 대금 이상의 돈을 지불해야 방면되었다. 그나마 다행이었던 것은 토지 대장이 없어서 동장 이외에 땅주인이 누구인지를 아는 관리가 없다는 점이었다. 또한 매도증서에 매수자 이름을 쓰지 않았다. 이른바 무기명 증서로 증서 소유자가 땅주인이었다. 이 점이 매도자와 매수자 모두에게 매우 편리했다. 나는 토지를 매수할 때 주선인에게 특별조건을 붙였다. 즉 만일 발각될 경우 어떤 비용을 치르더라도 구해 낸다는 조건이었다. 매도하는 쪽은 일본인에게는 절대 팔지 않는다. 아무개라는 조선인에게 팔았다고 전하는 것이다. 따라서 일본인들은 절대 파는 사람과 만나지 않았다. 그리고 절대로 낮에 현장에 가지 않고 사람들이 모두 잠든 밤에 조선옷을 입고 가서 물건을 점검한 후 네 귀퉁이에 돌 같은 것을 놓아두면 그 다음날 주선인 혼자 내지는 일본인만 가서 물건 상태를 본다. 설령 자신의 통역이라 하더라도 조선인을 데리고 토지를 살펴보는 것은 금물이었다. 매매 약속이 성립되어 대금을 통역을 통해 주선인에게 전달하면 주선인이 지주에게 전해주고 반대 순서로 매도증서를 매수자에게 가져온다. 주선인은 목숨을 걸어야 했기 때문에 재산이 있는 사람은 거의 없고 이른바 부랑자라고 할 만한 사람들 뿐이었다. 관헌에 포박된 사람도 지주는 거의 없고 모두 이 주선자들이었다. 1904년 1월에 관찰사 이윤용이 주선자들을 대대적으로 검거했을 때 나는 내 주선인에게 여비를 주어 먼 곳으로 도망 보낸 적이 있다. 이런 상황이었기 때문에 토지는 당연히 비쌌고 주선인의 부수입도 결코 적지 않았다. 그러나 이것은 매수자가 이론을 제기할 수 없는 부분이었다. 목숨을 걸고 주선하는 사람이 특별한 수익 없이 위험한 주선을 할 리가 없다고 모두가 인정했지만 가짜 물건을 완전히 예방하는 것은 불가능했다. 가짜 증서라고 해도 애초에 비밀 매수이기 때문에 따로 호소할 방법도 없었다. 지주의 입회 없이 밤에 몰래 검사해야 하고 주선인 입장에서는 가슴을 졸이면서 밤에 몰래 안내하는 상황이다 보니 땅이 뒤바뀌어도 악의를 가지고 잘못했다고 할 수도 없었다. 나는 이런 위험을 감수하고 토지를 실제로 매수했다. 지금은 토지를 실제로 측량하고 동장 증서 및 군수 사증에 더해 이사관 사증까지 받을 수 있다.

순박한 남한 민중

앞서 밝혔듯이 대구의 민중은 처음에는 일본에 대해 배타적이었다. 남한 전체가 그러했을 것이다. 이는 예부터 일본인이 무서운 인종이라고 여겨 왔기 때문이다. 대구 읍성도 일본인을 막기 위한 대비책에 다름 아니었다. 부산에서 경성으로 소식을 전하는 봉화산도 일본인의 침입에 대비해 막대한 국비를 들여 만든 것이었다. 잠입한 일본인들이 국토를 약탈할 간첩이라고 속단한 것도 무리가 아니다. 재작년 무렵 한국정부가 이민법을 발포했을 때 대구에서 서쪽으로 40㎞정도 떨어진 인동군과 성주군 지역 농민들이 큰 공포에 빠졌다. "조선 농민을 밑바닥을 자유롭게 떼어낼 수 있는 기선에 태워 먼 바다로 끌고 가 모두 바다에 던져서 죽인다고 하니 빨리 토지를 팔아 재난을 피하고 싶다"며 나에게 전답 투매를 주선해달라는 부탁이 왔다. 이는 조선적인 사고로 법률을 오해했기 때문이다. 즉 이민법을 '민을 옮긴다', 즉 조선인을 외국에 옮기는 법이라고 해석한 학자 선생들이 있었던 것이다. 예전에 '조약개정 상조론尙早論'이 비등했을 때 일본 도호쿠 지역의 유명한 한학 선생이 제자들에게 '조약개정은 빠른 것을 숭상하는 이론'이라고 말했다가 낭패를 보았다는 기사를 도쿄의 신문에서 읽었던 기억이 있다. '아직 이르다尙早'라는 표현은 한문에 없는 표현이기 때문에 이와 같은 일이 벌어진 것이다. 조선의 학자가 '이주해오는 민'으로 해석하지 않고 '민을 옮긴다'라고 이해할 수 있는 가능성이 충분히 있었던 것이다. 학자도 이러하니 옛날부터 전해지는 이야기를 듣고 걱정하는 조선인이 일본인을 두려워한 것은 당연하다.

그런데 걱정했던 것과 달리 청일전쟁 때 일본 군대가 왔지만 조금도 피해를 입히지 않았다. 엄격한 규율은 자국 군대보다 훨씬 나았다. 양민을 괴롭히는 자국의 군대가 해로운 존재라는 것을 처음 깨달은 것이다. 청일전쟁 때 주둔했던 엄격하게 규율 잡힌 군대가 조선 남부의 일본배척 사상을 일소했다는 해석은 정당하다. 이와 관련해서 히자츠키 마스키치 씨의 기고가 있어서 소개한다.

청일전쟁 이전에는 일반 조선 인민들은 일본인을 경멸하고 일본에 대해 일종의 악감정을 지니고 있었기 때문에 일본인 여행자가 이곳저곳에서 위험에 처하는 일이 있었다. 심한 경우에는 군수가 일본인을 포박해 감옥에 투옥하는 일조차 있었는데 청일전쟁 후에는 그 태도가 일변해 일본이 강국임을 깨닫고 마치 이전의 잘못을 후회하듯이 왕왕 조선인들 스스로 '지금까지는 중국과 본가-분가 관계였지만 앞으로는 일본과 형제국이 되고 싶으니 일본은 의로운 형제가 되어야 한다'라고 말했다. 청일전쟁 이후에 경상도, 전라도, 충청도, 경기도 등을 여행하는데 가는 곳마다 일본인을 환대해 더 이상 위험할 일이 없었다. 실로 순박하고 사랑스러운 백성이다. 단발령이나 '왕비살해'와 같은 위험한 문제가 속출한 직후였지만 여전히 평온했다. 여행하는 다섯 달 동안 한 번도 위협을 느낀 일이 없었다. 최근 대구 부근조차 위험하다는 말을 나는 도저히 믿을 수 없다. 이것은 아마도 보통 민중들의 일본 배척 행동이 아니라 기존의 화적이 의병이라는 이름을 빌려 양민에게 화를 입히는 것이라고 생각한다. 히자츠키 마스키치 씀.

정말로 그렇다. 만일 양민에게 배일사상이 있다면 혼자 내지 깊숙이 들어간 사람은 모두 살해되었어야 한다. 나 또한 1903년 이래로 일본

옷을 입고 권총이나 단검도 없이 몇 번이나 내지 깊숙이 들어갔지만 지금까지 한 번도 숙면을 방해 받은 적이 없었고 식사나 그 밖의 것으로 바가지를 쓴 적이 없었다. 단지 엽전을 잃어버리고 일본 돈만 있어서 곤란을 겪은 일이 있었을 뿐이다. 남한 각지에 폭도와 의병이 많은 것은 남한 민중이 폭도나 의병이라서가 아니다. 앞에서 이야기한 바와 같이 신출귀몰하고 자유자재로 책략을 바꾸는 화적 우두머리가 실제 총대장을 맡으면서 겉으로는 경성 정계에서 밀려난 정3품 나리를 대장으로 내세워 부하들을 움직이면 이름은 의병이 되고 약탈은 관의 명령으로 바뀌어 명분이 서게 된다. 특히 군대가 해산되어 살길이 막막해진 군인들이 많이 합류하면서 정3품 나리를 허수아비로 내세우고 해산된 군인들을 병졸로 삼은 후 화적들은 인부로 변신한다. 그리고 화적 두목은 먼 곳에 잠복해서 이들을 지휘하고 감독하는 것이다. 실속은 화적 두목이 챙기고 안좋은 일은 합류한 해산 군인들에게 돌리며 패전 책임은 정3품에게 씌우는 방식으로 조선 남부의 부호를 약탈하고 양민을 괴롭히면서 우쭐해 하는 것이다. 1907년 8월 이래로 폭도가 자유자재로 진용을 짜며 출몰하는데 이것은 결코 조선의 군인이 할 수 있는 일이 아니다. 폭도는 가난한 집에는 들어가지 않고 부자의 금고를 엿본다. 조선 남부 지역은 조선 유일의 부원이라서 각 지역의 산적과 잔병이 몰려들어 폭도가 많은 것이다. 폭도는 결코 일본 배척 집단이 아니라 먹고 입을 것이 없는 초적이다. 의병이라고 칭하는 것은 양민들에게 이야기하는 구실에 지나지 않는다. 그 배후에 화적의 중심세력이 있기 때문에 활동할 수 있는 것이다. 남한 민중은 일본을 배척하는 폭도 집단이 아니라 폭도한테 피해를 입고 있는 태고의 순박한 양민일 뿐이다. 영원히 일본의 보호를 받아 두 번 다시 가렴주구의 정치가 펼쳐지지 않기만을 기도하는 가련한 민중이다.

제4장

일본인의 발전

잠복해 지내던 일본인은 1903년 11월 1일부터 당당하게 활동할 수 있게 되었다. 일본 제국의 공식 장부라고 할 수 있는 순사의 수첩에 우리들 이름이 올랐다. 일본 정부가 직접 운영하는 우편으로 모국과 연락을 주고받게 되었다. 11월 3일 천장절天長節에는 정식으로 일장기를 걸고 천황폐하 만세를 외쳤다. 5~6일 전의 애처로웠던 기분이 상쾌해졌다. 나는 이 경험을 통해 국가가 보호하지 않는 인민은 아무것도 할 수 없다는 사실을 뼈저리게 깨달았다.

인천의 승전보

다소 적적하기는 했지만 대구의 일본인들은 1904년 1월 1일을 유쾌하고 희망찬 분위기에서 맞이했다. 거류민도 50명을 넘어섰다. 조선식으로 떡을 쳐서 제사에 올릴 찰떡도 만들었다. 조선에서는 떡을 만들 때 절구로 찧지 않고 면을 만드는 판에서 친다. 술도 있고 일본식 정월 떡국도 있었다. 통째로 제사에 올리는 생선은 비록 마른 명태였지만 그래도 정어리보다는 크고 맛이 좋았다. 어묵은 없어도 소고기는 있었다. 교나京菜는 없었지만 미나리가 있었다. 마치 야영하는 것 같은 기분으로 정월 초하루를 축하했다.

2월 5일인가 6일에는 부산 근해에서 고가의 고래를 잡았다는 소식이 들려왔다. 8일 밤에는 인천항에서 러시아 군함 2척을 격침시켰다는 길보가 날아들었다. 9일 이른 아침에 거류민들은 너무나 기뻐 다른 말은 하지 못하고 단지 경사스럽다는 인사만 주고받았다. 나는 2월 10일에 대구를 출발해 부산으로 가던 도중에 많은 일본인을 만났다. 만나는 사람들마다 대구의 분위기를 물었고 나는 인천의 승전보를 이야기했다. 50㎞ 남짓 떨어진 영양까지 하루에 갈 예정이었지만 이틀을 소비했다. 부산에 도착하자 뤼순旅順의 승전보가 들려왔다. 왕복 12일 만에 대구에 돌아와 보니 재류 일본인이 250명에 이르렀다. 12월말에 경부철도 속성 공사 명령 소식을 알게 된 사람들이 철도공사를 기대하고 온 것이다.

3월이 되자 매일 백 명 정도의 일본인이 흘러들어왔다. 그 가운데 1/3은 대구에 머물고 나머지는 모두 내륙지역 공사를 위해 떠나갔다. 그 행렬은 세상에 유래가 없는 기이한 광경이었다. 남녀노소가 고루 눈에 띈 것은 아니지만 행렬에는 양복을 입은 기사技師, 기수技手, 도급업자가 있었다. 공사장 인부도 있었고 공사판 막벌이꾼도 있었다. 과자 상인은 돌절구, 나무 찜통, 설탕, 수입 밀가루를 찾고 요리점은 식기, 이불, 모포, 꽃무늬 돗자리, 술, 된장, 간장, 솥, 냄비, 목욕통, 샤미센, 북을 찾는다. 이들과 함께 예기들이 다섯 명, 열 명, 스무 명씩 짝을 지어 나타났는데 찢어진 짚신에 힘겨운 발걸음, 흐트러진 머리에 지친 얼굴이 한 번 보면 구토가 나올 것 같은 모습이었다. 이 밖에 의자와 탁자, 버들고리와 중국식 목제 가방, 고급스러운 짐을 든 사람은 회사원이었다. 일거에 흘러들어 온 일본인들이 숙박할 곳이 없어서 저녁 시간이 되면 열 명씩, 스무 명씩 울상을 지으며 이곳저곳에서 잠자리를 찾는 참담한 상황이었다. 이에 히자츠키 마스키치 씨와 도쿠라 주로쿠 씨 두 사람이 동분서주해 잘 곳을 찾고 밥을 짓는 등 이것저것 알선했는데 다음날 인사 한 마디 건네지 않고 서둘러 떠나가는 모습은 천진한 것인지 뻔뻔스러운 것인지 모를 지경이었다. 마치 군인들이 군대 매점에서 취하는 태도와 같았다. 그래도 두 사람은 거의 두 달 동안 가업을 팽개친 채 화도 내지 않고 웃으면서 정성을 다했다.

약 386㎞에 달하는 경부철도 구간 전체를 동시에 부설하다보니 당연히 혼란스러웠다. 조선인들 사이에서 한 때 다음과 같은 소문이 돌았다고 한다.

"러시아 대군이 일본에 상륙했기 때문에 일본인이 모두 도망쳐서 조선에 왔다. 러시아 군대도 틀림없이 이들을 추격해 조선에 올 것이다."

일본거류민회 설립

일본인회는 1904년 1월까지 활동했다. 그러나 규율이 없는 대군중은 어떻게 손 쓸 방법이 없었다. 순사가 추정하기를 5월말 시점에 일본인이 1,800명에 이르렀다고 한다. 사람들이 많아지자 각종 사건도 일어났다. 행려병자도 나왔고 길가에 쓰러져 죽는 사람도 나왔다. 조선인들의 온정으로 겨우 생명을 유지하던 병자도 4~50명이나 발견되었다. 일본인의 체면을 유지할 방법을 마련해야 했다. 당시 부산토목회사 대구출장소 소장이었던 도쿠히사 요네조德久米藏 씨가 단체 조직에 힘을 쏟던 중 다행히 부산영사관 서기생 마츠무라松村 씨가 왔다. 이에 도쿠히사, 마츠무라, 히자츠키 세 사람이 발기해서 '일본동포회'라는 조직을 만들었다. 회비는 월 10전이었지만 입회자는 겨우 130명이었다. 거의 매일같이 환자와 사망자가 생겼는데 그 때마다 동포회를 찾아오는 바람에 한 달도 지나지 않아 100원을 지출했다. 그 부담은 어쩔 수 없이 도쿠히사 씨 이하 발기인 22명이 분담했다. 둘째 달에는 보름 만에 지출이 8~90원에 달하면서 도저히 몇몇 사람이 감당할 수 없게 되어 잠시 표찰을 떼고 도쿠히사 씨가 부산영사관에 상의하러 갔다. 아리요시 아키라有吉明 영사는 도쿠히사 씨의 요구를 받아들여 대구의 거류 신고서를 수리하고 인두세와 영업세 두 과세를 징수할 수 있도록 허락했으며 영사관 경찰서 출장소를 설치해 경부와 순사를 파견했다. 이때가 1904년 8월 상순이었다. 이에 일본동포회를 해산하고 일본거류민회를 조직했다. 민회 의원수를 20명으로 규정해 공선한 후 의원 호선으로 도쿠히사 요네조 씨를 회장으로 선출했다.

자치단체가 생겨났다. 징세권도 부여받았지만 거류민은 모두 어중이떠중이들이라 경찰 따위를 신경 쓰는 사람들이 아니었다. 하물며 일본거류민회에 대해서야 어떠했겠는가. 도쿠히사 요네조 회장의 고심과 20명 의원의 고생은 도저히 글로 표현할 수 없다. 회장은 물론 무급 명예직이고 회의비는 의원 20명이 분담해서 공비를 한 푼도 유용하지 않았다. 1905년 봄부터 회의를 위해 불가피한 경우에 공비로 도시락을 지급했는데 그 금액은 1인당 15전으로 정했다. 이것은 우리 의원들이 거류민의 공비로 굶주림을 견딘 첫 번째 사례였다. 어려운 업무를 정리하기 위해 도쿠히사 회장은 하타모토 기헤畑本儀平 씨를 서기로 초빙해 어려운 문제를 맡겼다. 하타모토 씨는 1년 6개월을 성실히 일한 후 자주 비난의 표적이 되어 1906년 4월에 사직했다.

1905년 1월에 도쿠히사 요네조 회장이 부산으로 돌아간 후 도쿠라 주로쿠 씨를 회장으로 추대했지만 그는 수락하지 않았다. 많은 사람들의 기대 때문에 부회장이 어쩔 수 없이 회장 임무를 맡다가 1905년 5월에 도사土佐 출신 다도코로 유키에田所幸衛 씨를 초빙해 회장으로 추대했다.

1906년 8월말에 소학교 건축문제와 관련해 의원과 회장이라는 직무상 부산 이사청의 재결을 요청하는 사건이 일어나 몇 차례 진정서를 냈지만 효과가 없어 어쩔 수 없이 8월 29일에 의원 20명이 총사직했다. 다도코로 회장은 사표 20통과 자신의 회장직 사표를 부산 이사청에 제출하고 물러났다. 일본거류민회는 이렇게 종국을 맞았지만 자치기관으로서 공헌한 바가 결코 적지 않았다고 생각한다.

대구수비대

1904년 7월에 나카무라中村 군조가 인솔해 온 일개 소대가 대구수비대였다. 이것은 일본 군대가 러일전쟁 이후 대구에 처음 온 것이었다. 9월에는 중대규모가 되었고 히다카日高 대위가 대장이었다. 1905년 2월에 히다카 대위가 만주로 출정하자 야마다山田 중위가 이를 대신했고 야마다 중위가 일본으로 귀환하자 히로츠弘津 대위가 대장을 맡았다. 이후 1907년 9월에 제12여단이 와서 사령부를 설치하고 1909년에 임시 한국파견대가 왔지만 대구수비대라는 명칭은 파견대 지휘 하에서 그대로 유지되었다.

일본거류민의 생명은 전신을 지키는 헌병이 실질적으로 보호했다. 만일 관헌의 압박이 컸을 때 헌병이 없었다면 1903년 말 시점에 우리의 목숨은 끊어졌을 것이다. 헌병은 표면적으로는 전신수비 임무를 맡고 있었지만 조선의 관헌이 일본인을 학살하지 않은 것은 헌병 때문이었다. 헌병은 생명을 지켜 준 아버지와 같은 존재였기 때문에 초기부터 거주해 온 거류민이 헌병에게 감사하는 심정은 영원히 사라지지 않을 것이다.

관찰사 이용익

1905년 2월에 친러파 우두머리인 이용익이 대구 관찰사로 부임했다. 그는 부임한 후 토지매매가 활발한 것을 보고 크게 우려한 것으로 여겨진다. 그가 왔을 때는 일진회 활동이 가장 왕성했을 때로 유세 그룹들이 매일 시내 요충지에서 노상연설을 시도했고 때로는 관찰부 안으로 들어가 시정을 공격하는 연설을 하는 등 대담하게 활동했다. 이용익도 부임 직후에는 나름의 생각이 있었던 것인지 아니면 1년 동안 일본에서 배웠기 때문이었는지 도로 청소를 엄하게 명령했다. 길모퉁이에는 반드시 가로등을 켰다. 돼지를 풀어놓고 기르는 것을 금지시켰다. 예부터 전해오는 요괴처럼 울긋불긋한 천민의 복장을 개량했다. 41개 군의 군수를 소집해 시정 자문회의를 열었다. 아마도 그 자신도 의안을 설명하는 것은 불가능했을 것이다. 그러나 조선 남부에서 최초로 자문회의를 연 것은 바로 이용익이다. 거류민들도 확실히 그에게 매료되었다. 의외로 좋은 관찰사라고 칭찬했다. 이렇게 그는 일본인의 동정을 살폈다. 그런데 일본인은 함께 논의할 상대가 안된다고 오해했던지 그는 갑자기 우리에게 독니를 드러냈다. 때는 1905년 4월 초순이었다.

내가 고용한 조선인을 포함해 일본인에게 토지 매매를 중개한 조선인 22명을 투옥하고 곤장을 20대씩 치는 것을 보고 갑자기 모두 어리둥절해졌다. 당시 나는 일본에 귀성 중이어서 4월 20일에나 대구에 돌아왔다. 와서 보니 한 시도 지체할 수 없는 상황이었기 때문에 법학사 오구라 다케노스케 씨를 필두로 동지 6명이 거류민대표라고 참칭하고 이용익을 만났다. 그가 말하기를 관유지 매각 혐의가 있다는 것이었다. 내가 매수한 땅에는 관유지가 없었을 뿐만 아니라 22명 가운데는 토지 매매와 아무 관련이 없는 사람도 있었다. 이 점을 힐책하자 지금 조사 중이기 때문에 분명히 말할 수 없다고 답했다. 죄목이 분명하지 않은데 어떤 이유로 곤장을 쳤는지를 따지자 군수가 곤장을 친 것이라 자신은 모른다고 발뺌하고, 민유지와 관유지의 구분을 묻자 외국인에게 설명할 수 없다고 했다. 그야말로 이도저도 못하는 상황이었다. 할 수 없이 거류민대회를 개최해 강력히 항의하기로 하고 그래도 안되면 최후의 비상수단을 쓰기로 했다. 당시 수비대장이었던 육군대위 히다카 사이지日高才二 씨는 깊이 고심하며 당시 야마모토 신山本信이라는 이름을 썼던 현 관찰사 박중양 씨와 도모한 후 수비대장 및 거류민대표자 자격으로 이틀에 걸쳐 이용익에게 따지는 한편 거류민 대회를 열어 관아의 재판을 방해-중지시키는 등 최후수단을 위한 준비 작업을 착오 없이 진행시켰다. 이에 4월 28일 밤에 마침내 히다카 사이지 대위의 요구가 관철되어 22명의 조선인은 29일 이른 아침에 무죄로 방면되었다. 이용익은 다음날 30일에 대구를 떠나 다시 돌아오지 않았다. 히다카 사이지 대위는 월권행위로 견책 당했다고 한다. 만약 히다카 수비대장과 박중양 씨가 없었다면 이용익은 대구에서 마지막 명예를 성취했을 것이고 러시아 수도와 블라디보스토크를 유랑하지 않아도 되었을 것이다. 그런데 그는 여전히 일본 배척 조직의 우두머리로서 블라디보스토크에 생존해 있다는 일설이 있다. 이토 히로부미 전 통감 암살도 그들이 지도했다는 억지 주장도 있다. 만에 하나라도 그런 일이 있었다면 대구에서 떠나간 원한이 사라지지 않은 것이다.

달성공원

달성공원은 대구 시내 서쪽 끝에 있는 작은 언덕으로 면적이 3만 9천여 평에 이르며 조망이 뛰어난 경승지이다. 청일전쟁 때에는 일본군의 야영지였고 1903년 10월에는 모두가 죽을 각오로 모여 버텼던 곳으로 일본인과 인연이 깊은 성지이다. 우리 동지들은 향후 이곳에 공원을 조성해 때가 되면 황조대신 요배소를 세우기로 은밀히 논의했는데 뜻밖의 문제가 발생했다. 관찰사 이용익은 대구 부호 서 모씨에게 해당 지역 개간을 지시했다. 이유는 뽕나무 밭으로 만들어 산업을 일으킨다는 것이었다. 1905년 4월 초의 일이었다. 일본거류민회 부회장 도쿠라 주로쿠 씨는 수비대장 히다카 사이지 대위에게 도움을 요청해 히자츠키 마스키치 씨 및 그의 동지들과 함께 이용익과 담판해 한일 공동의 공원 부지임을 공식적으로 인정받고 개간을 중지시켰다.

같은 해 1905년 11월 3일에 달성산이 황조 아마테라스 대신皇祖天照大神 요배전 부지라는 사실을 확정 발표하고 당시 수비대장이던 야마다山田 중위, 아리마有馬 경부, 다도코로 일본거류민회장 세 사람에게 입회를 요청해 '황조 요배전 건설부지'라는 표목을 세우고 요배식을 거행했다. 이때부터 수호신이 없던 대구 거류민 가운데 신을 공경하는 사람들은 이 부지를 향해 제사를 지냈다. 기쁜 일이 있으면 표목을 향해 감사를 표하고 슬픈 일이 있으면 부지에서 빌었다. 사람들은 매일매일 요배전 건설이 시급함을 표시하기에 이르렀다. 1906년 5월에 헌금 모금에 착수했고 당시 군수이자 관찰사 서리였던 박중양 씨가 깊이 동정해 공식적으로 부지 허가를 얻어냈다. 10월 1일에 기공해서 11월 3일이라는 길일에 낙성-봉전식을 올렸다. 건설비는 불과 2천 100여 원이었다고 하지만 일본인 가옥이 400호가 안되는 대구에서 기부금으로 건설비와 소학교 신축비 7천여 원을 모았다. 부산이나 경성에서 보면 모두 합쳐서 겨우 1만 원 정도로 신상 두세 명의 호화로운 유흥비에도 미치지 못한다고 하겠지만 순사 한 명이 오는 것을 미친 듯 기뻐하며 맞이하던 대구에서 불과 2년 만에 1만 원의 기부금을 모았다는 것은 다른 지역 인사들이 생각하는 것과 달리 쉽지 않았다.

요배전 건설과 관련해서는 오카모토 리헤岡本利平 부이사관이 건축위원장을 맡고 이와세 시즈카岩瀨靜 씨가 회계를 맡았기 때문에 성공할 수 있었다. 여기에 박중양 씨를 포함시킨 세 명의 공로는 영원히 감사해야 할 것이다.

달성공원 요배전 건설을 계기로 오카모토 리헤 부이사관의 원조를 얻고 이와세 시즈카 씨도 스스로 중책을 맡아 1906년 11월 25일에 달성공원 기성회를 조직했다. 1907년 1월에는 나카오지中大路 이사관이 부임해 찬성과 함께 큰 힘을 쏟았고, 같은 해 4월부터 한일 유지들이 갹출해 모은 돈으로 1908년 11월부터 대공사를 시작해 마침내 지금과 같은 모습을 갖추게 되었다. 요배전과 별도로 공원에 투입된 금액과 수목 및 기타 공사비용을 합친 금액은 약 7,500원이었는데, 이것은 모두 한일 유지들이 임의로 기부한 것이었다.

1909년 1월 12일에는 황송하게도 대한제국 황제 폐하의 임행이 있었다. 이토 히로부미 당시 통감도 동행하는 영광을 얻어 폐하와 통감 모두 공원 주위 경승지를 돌아보았는데 폐하는 만족스러워 하셨다. 경성으로 환궁하신 후 달성공원 기성회에 일금 500원을 하사하셨다.

아직 공원 꽃나무들이 크지 않고 공원 설비도 갖추어지지 않았지만 우리 거류민들이 그야말로 피를 흘릴 각오로 얻어낸 권리가 공원이었다. 심어 놓은 수목은 매년 성장하고 풍경은 영원히 바뀌지 않으며 조선에서 가는 곳마다 있는 무덤은 하나도 없다. 상록수는 아니지만 수령이 수 백 년 넘는 거목이 수 백 그루이다. 대구 정차장에서 불과 1.3㎞ 정도 거리에 있으며 마차, 인력거, 자전거로 자유롭게 왕래할 수 있다.

달성공원은 기성회 회장 이와세 시즈카 씨가 열성적인 노력을 기울였기 때문에 지금처럼 존재하는 것이다. 여기에 나카오지 이사관의 응원이 있었고 오카모토 부이사관의 노력이 있었다. 특히 공사와 관련해서는 야스마츠 구마키치安松態吉 간사가 전적으로 감독을 맡아 자신의 가업도 내던진 채 여름과 겨울 할 것 없이 매일 같이 온 정성을 쏟았다. 그 열성과 성심은 아무도 따라할 수 없었다. 최근 이와세 시즈카 씨가 회장을 사임하고 도쿠라 주로쿠 씨가 회장이 되었다. 회계는 예전에 나카자와 덴노스케中澤傳之助 씨와 나카에 고료헤中江五良平 씨가 맡다가 지금은 아오키 시게노부青木重信 씨가 맡고 있다. 회장뿐만 아니라 회계와 간사 모두 아무 보수가 없었고 공사 감독도 의무감 속에서 도시락을 싸가지고 다니면서 일했다.

소학교 설립

1905년 8월에 달성학교에 위탁하려던 계획을 취소하고 공립소학교를 설립하기로 결정했지만 거류민의 거취가 아직 결정되지 않은 상황에서 많은 기부금을 모집하는 것은 불가능하다고 판단했다. 그래서 임시로 민가를 빌려 교실로 쓰기로 결정하고 10월 2일에 개교식을 거행했다. 교장 겸 교사는 아와타 에자부로粟田英三郎 씨에게 의무적으로 맡기고 달성학교에서 데리고 온 오오이시大石라는 여교사를 보조교원으로 삼아 전체 학년 38명의 학생을 가르쳤다. 한 때 70명을 넘었던 취학연령 아동이 크게 감소한 것은 철도공사가 끝나 귀국한 사람들이 많고 교육기관이 갖추어져 있지 않아 아이만 고향에 돌려보냈기 때문이다. 아와타 에자부로 씨는 효고 현兵庫県 사람으로 사범학교 출신이라 정식 교사자격이 있었다. 의무 근무연한을 마친 후 상업에 종사하면서 대구에서 잡화점을 열었다. 아와타 에자부로 씨의 교육가적인 심정에 호소해 얼마 안되는 급여로 어려운 일을 맡겼다. 이듬 해 봄에는 아와타 씨가 귀국해야 하는 상황이 발생해 후임으로 마에다 아츠시前田篤志 씨를 초빙했다. 마에다 씨는 가고시마 현鹿児島県 사람으로 어려움을 잘 견디면서 중간에 휴교하는 일도 없이 천신만고 끝에 지금까지 학교의 명맥을 유지했다. 마에다 씨의 인내력을 인정해야 할 부분이다.

1906년 5월에 일본거류민회는 이와세 시즈카 씨의 응원에 힘입어 5,000원의 예산으로 소학교를 신축하기로 결정했다. 그런데 8월에 준비가 크게 진척되어 기부금 모집에 착수하려던 찰나에 뜻밖의 장해가 발생했다. 『대구신문大邱新聞』이 사설에서 학교신축과 관련해 부정이 있다고 주장한 것이다. 기부금을 한 푼도 모으지 않은 상황에서 이와세 씨와 다도코로 민회회장 및 의원의 부정행위를 거론하며 허위 날조에 가까운 방식으로 기부금 모집을 근본부터 뒤집으려 했다. 해당 사설은 삼 일이 되도록 연재가 이어져 어쩔 수 없이 부산 이사청을 대리하는 경찰서에 협의를 요청했지만 응하지 않았다. 비훼로 고소해도 수리하지 않았다. 나는 경관이 부랑배 기자와 결탁해 공안을 해친다고 판단해 부산 이사청에 진정위원을 보냈지만 신문기사 정도의 문제는 상대도 하지 않고 빨리 학교를 신축하라는 폭언을 했다. 신문으로 상대방을 방해해 비용을 모으지 못하게 하려는 것이었다. 이러한 감독관청 밑에서 공공사업에 진력하는 것은 참을 수 없다고 여기던 차에 이와세 시즈카 씨가 먼저 손을 떼고 의원들도 총사직한 후 공개연설로 전말을 보고했다. 민회장이 의원들의 사표와 자신의 사표를 모아 부산 이사청에 제출

함으로써 어쩔 수 없이 일본거류민회는 해산되고 학교 신축사업은 중지되기에 이르렀다. 당시『대구신문』주필은 사카모토 준坂本淳 씨였다. 그는 이듬해 2월에 퇴한처분退韓処分을 당해 고향 가고시마鹿児島로 돌아갔다. 당시 판관들도 모두 면직 당했다.

1906년 9월 15일부터 대구 이사청 개설 준비를 위해 온 오카모토 리헤 씨는 학교 관련 사건으로 고심이 컸다. 전 민회장, 의원, 이와세 시즈카 씨, 가게야마 히데키影山秀樹 씨와 같은 유지를 소집해 협의회를 열고 오카모토 씨가 모두 책임을 진다고 공약한 결과 학교 수업이 재개되고 신축운동도 부활했다. 9월 13일 밤에 오카모토 리헤 씨는 민단을 설립할 때까지 자치단체가 없어서는 매우 곤란하다고 말하면서 또 다른 한 사람과 함께 밤 10시부터 다음 날 새벽 3시에 걸쳐 불완전하나마 거류단체 규칙이라는 것을 작성했다. 수정할 시간도 없이 14일 아침에 서기에게 정서하라고 지시하고 다른 한 사람은 위원 후보자를 섭외하기 위해 유지들을 방문했다. 14일 밤에 규칙 안을 완성해 9월 15일 이사청 개청식과 동시에 오카모토 씨는 부이사관 자격으로 가게야마 히데키 씨를 대구거류민단체 설립위원장으로 임명하고, 회계위원 도쿠라 주로쿠 씨 이외에 12명의 위원을 각각 지명 발표했다. 제3자가 보기에는 너무 거친 방식이라고 말할지 모르지만 당사자는 심야에 잠도 자지 않고 머리와 손을 움직여야 했다. 실로 고심참담한 일이었다.

거류민단체 설립은 학교 문제를 진척시키는 데에 취지가 있었다. 이와세 시즈카 씨는 오카모토 부이사관으로 하여금 위원장을 수락하게 하고 스스로 800원을 내어놓은 후 가게야마 히데키 씨와 분주하게 뛰어다니며 다른 사람들에게도 권유해 마침내 기부금 7천여 원을 모아 1907년 3월에 학교 신축공사를 마무리 지었다. 건축비 총액은 9,300여 원이었다. 1907년 12월에 해외지정학교가 되었고, 1909년 9월에 천황과 황후 폐하의 사진을 하사받았다. 1908년에 12,000원을 들여 이층을

증축했지만 여전히 협소한 교실 문제는 해소되지 않아 재차 증축을 서둘러야 하는 상황에 이르렀다.

대구거류민단립 심상고등소학교 특별기본금으로 보관하는 것은 다음과 같다.

일금 200원 일본 황태자 전하가 한국에 왔을 때 하사
일금 200원 제12여단장 쓰네요시恒吉 육군소장
일금 500원 한국 황제폐하 조선 남부 순행 때 하사
일금 300원 전 한국통감 이토伊藤 공작
일금 120원 전 한국통감 소네曾根 자작
일금 50원 파견대 사령관 와타나베渡邊 육군 소장
일금 30원 한국 주둔군 사령관 오쿠보大久保 육군 대장

1905년 10월 2일 이후 학생 증감은 다음과 같다.

1905년 10월 2일 38명
1905년 12월말 76명
1906년 12월말 113명
1907년 12월말 175명
1908년 12월말 292명
1909년 12월말 483명
1910년 9월 1일 619명

대구이사청大邱理事廳 설치

이사청은 1905년 11월 17일의 한일협약에 따라 설치하게 된 관아로 이전의 영사관 권한을 확대한 것이다. 1903~4년 무렵에 부산까지 왕복 8일이 걸리고 순사 한 명이 오는 것에 미친 듯 기뻐하며 경부와 순사를 현 지사 이상의 관리처럼 환영했던 일을 생각하면 기차로 부산에 가는 정도는 아무 것도 아니지만 사회가 진보하면서 욕망이 생겨나는 것은 당연해서 대다수 거류민은 대구이사청 설치를 희망하기에 이르렀다. 1906년 8월에 대구이사청 설치가 결정되고 9월 15일에 개청식을 열었다. 처음에는 관찰부 내 선화당을 임시 청사로 빌려 쓰다가 징청각으로 옮긴 후 1909년 9월에 동운정東雲町의 신축청사로 옮겼다. 청사 부지 5천 평은 통감부가 매입한 땅이지만 기초공사 등은 거류민 유지들이 기부한 돈으로 진행했다.

대구 신구 시가지 도로

동부 신시가지 도로는 1904년 10월에 당시 거류민회장이었던 도쿠히사 요네조德久米藏 씨가 설계해 1906년 9월에 지주와 유지의 기부금으로 사설했다. 이것은 대구 사설도로의 효시이다. 예전에 성벽자리였던 큰 도로는 1906년 11월에 당시 관찰사 서리였던 박중양 씨가 오카모토 부이사관과 가게야마 민회장의 의견을 받아들여 경성 정부의 허락을 받지 않은 상태에서 미증유의 영단으로 성벽과 성문 전부를 파괴하면서 시작되었다. 박중양 씨가 평양 관찰사로 부임하면서 그대로 있다가 그가 1909년 6월에 대구 관찰사로 돌아오자마자 곧바로 개수에 착수해 1909년 가을에 준공했으며 한국정부가 국고를 지출했다. 북부 신시가지도 지주, 집주인, 유지의 헌금으로 신설하거나 개수했고 서문시장에서 달성공원 입구로 통하는 도로는 한일 지주와 집주인들이 공동으로 시장, 도로, 가옥 개축을 단행하기로 결정해 현재 대규모 사업의 8~90%가 진행되었다. 성내를 관통하는 큰 도로는 한국정부가 진행한 사업으로 예전의 북문에서 남문, 동문에서 서문에 이르는 길이다. 이상이 시내 주요 신설도로이다. 대구에서 경주에 이르는 큰 도로는 1909년에 낙성해 마차와 우차가 매일 수십 량씩 왕복하고 있다. 현풍까지 가는 28㎞, 안동까지 가는 100㎞는 올해 1910년에 기공했다. 대구 시내 공설 및 사설 신설도로와 그 연장도로는 20㎞ 이상에 이르며 그 가운데 사설도로가 70~80%를 차지한다.

대구거류민단 설립

1906년 9월 15일 이사청 개청식 식장에서 오카모토 리헤 부이사관이 행사 직전에 통감부에서 전보가 와서 11월 1일부터 대구에 거류민단법을 실시한다고 보고하자 참석자 모두가 박수를 치며 만세를 외쳤다. 거류민단법 실시를 기뻐한 것은 명분 때문이 아니라 자치기관을 운용할 수 있기 때문이었다. 종래에 거류민회가 부과한 세금은 공공단체 비용을 부과한 것이라 세금이라고 하기 어렵다. 미납해도 경찰이 타이르는 것 이외에 별도의 처벌 방법이 없었기 때문에 국민의 의무를 등지는 사람들에 대해 손 쓸 방법이 없었다. 이렇게 불확실한 재원으로는 도저히 적극적으로 경영할 수가 없었다. 감독 관리에게 아부하거나 교묘한 방해자가 있으면 어찌할 수가 없었다. 학교신축 문제가 큰 좌절을 겪은 것도 전적으로 자치기관의 법률 보호가 없었기 때문이었다. 그런데 민단법의 징세는 국세징수법을 적용할 수가 있어서 안심하고 모든 사업을 경영할 수 있었다. 안정된 재산과 변치 않는 마음을 지닌 사람들이 거류민단법 실시를 환영한 이유는 바로 이 때문이었다.

11월 1일에 가게야마 히데키 씨를 민단장 대리로 하고 도쿠라 주로쿠 씨를 대리 주임으로 임명한 후 12월 21일에 민단의원 12명을 선출했다. 민단법 실시 규칙에 인구 1,500명 이상은 민단의원을 12명, 5천명 이상은 16명 둔다고 되어 있었다. 당시 대구의 일본인 인구는 1,600여 명이었기 때문에 12명을 선출했다. 올해 12월에는 16명의 의원을 선출해야 한다. 새로운 의회는 12월 24일에 개회해 가게야마 히데키 씨를 민단장으로 선출하고 도쿠라 주로쿠 씨를 주임으로 선출했다. 가게야마 히데키 민단장은 시즈오카 현静岡県 후지 고오리富士郡 출신으로 이전에 국회의원을 지냈다. 또한 시즈오카 농공은행장을 지냈다. 1905년 3월에 대구에 와서 농업을 경영해 왔다. 가게야마 히데키 민단장은 취임하자마자 민단이 광대한 철도용지 임차권을 행사하도록 청구해 민단 재원을 마련하고 대구시가지 측량을 측량과에 요구해서 지세의 기초를 다졌다. 요배전, 학교 신축, 사설 도로, 성벽 파괴 요구 등 어느 것 하나 소홀히 하지 않아 민단에 지대한 공적을 남겼다.

1907년 12월 15일에 의원들과 충돌이 일어나자 가게야마 히데키 민단장은 "나는 의원들이 선출해서 이 직에 있다. 제군들과 충돌하는 이상 민단장으로 있을 필요가 없다"라며 다음 날 다미노民野 이사관에게 사표를 제출했다. 다미노 이사관은 크게 고심하며 조정을 꾀했지만 가게야마 히데키 민단장은 아무에게도 알리지 않고 고향으로 돌아갔다. 가게야마 히데키 민단장은 만사에 이와 같이 분명하게 처신했다. 거류민들이 가게야마 히데키 씨를 깊이 신뢰한 이유도 바로 이 때문이다. 현 민단장 와타나베 무라오渡邊村男 씨는 시즈오카 현 야나가와柳川의 다치바나 가문의 무사로 군장郡長을 지냈다. 동향 사람인 미카지리 추고三ヶ尻忠吾 씨가 주선해 1909년 9월에 민단장으로 선출되었다. 와타나베 무라오 민단장은 만사에 소극주의적인 태도를 취하면서 원만한 일처리를 도모했으며 세상의 평판에 결코 흔들리지 않았다.

일본인 상업회의소

일본인 상업회의소는 1907년 3월에 조직되었고 회원은 대구 거주 일본인 상업가로 한정했다. 매년 3월에 의원 12명을 공선하고 의원 결의로 특별의원 2명을 추천한다. 1907년 이래로 특별의원은 항상 한은韓銀 지점장 및 경상농공은행 지배인이 맡았다. 회장 1명과 부회장 1명은 의원들이 호선해 이사관의 인가를 받았다.

제1기 회장으로는 이와세 시즈카 씨가 선출되었다. 이와세 시즈카 씨가 상업회의소 회장에 적임자라는 것은 대구 거류민들의 공통된 평가였을 뿐만 아니라 경성과 일본에서도 마찬가지로 인정받았다. 이와세 시즈카 씨가 관여하지 않은 대구의 공공사업은 없었다. 오히려 그의 노력이 없었다면 성공하지 못했을 일이 많았다. 회장을 맡는다는 것은 자신의 일을 거의 방기하는 것과 마찬가지인데 그렇다면 이와세 시즈카 씨는 명예의 노예였던 것일까. 그렇지 않다. 그는 개인으로서나 공인으로서나 성공 가능성이 있는 분명한 계획을 가지고 있었다. 이와세 시즈카 씨는 정치가가 되기 위해 선조 대대로 물려받은 전답을 팔아버리는 광적인 정치가를 평소에 늘 비판했다. 그는 소극적이지 않고 모든 일에 적극적이었다. 소학교 학생수가 30여 명이었을 때 300백 명을 수용할 수 있는 규모로 학교를 신축한 것은 그 좋은 예이다. 그의 판단 기준은 현재가 아니라 미래에 있었다.

1908년 5월에 뜻을 이루지 못한 불평가들이 신문을 무대로 해서 그를 공격하자 곧바로 회장직을 사임했다. 올해 1910년 3월까지 이와세 시즈카 씨의 뒤를 이어 회장직을 맡으려는 사람이 없어 거의 2년 동안 부회장이 회장 업무를 대신했다. 올해 3월에 의원들이 강력히 추천해 다시 회장으로 선출되어 2년 동안 주인 없이 쓸쓸히 있던 의자에 앉았다. 오랫동안 회장이 없었던 상업회의소는 대구 상업가들이 무용론을 펼쳐 폐지론도 만만치 않았지만 이와세 시즈카 씨가 다시 회장직에 복귀하자 폐지론은 자연스럽게 사라졌다. 이것은 이와세 시즈카 씨의 신용과 실력을 잘 입증해 주는 것이다.

상업회의소 일은 서기장이 처리하고 회장은 직접적인 업무 간섭을 거의 하지 않는 것이 일반적인 관례이다. 회장은 전체적인 책임을 질 뿐 서기장이 일체의 업무를 맡았다. 따라서 서기장이 어떤 인물인지는 회의소와 회장의 위신에 직접적인 영향을 미쳤다. 고미야 히코지小宮彦次 대구상업회의소 서기장은 1907년 상업회의소 창립 때부터 서기로 근무하다가 서기장이 된 인물인데 회의소 업무 경험이 많고 아주 근면성실하며 사람들과 다투지 않으면서도 의견을 쉽게 굽히지는 않았다. 회장이 없는 2년 동안 전적으로 고미야 히코지 씨의 강한 의지와 성실함 덕분에 상업회의소가 유지되었다. 한 때 상업회의소 폐지론은 대구의 여론이 되기도 했다. 오늘날 상업회의소가 존재하는 것은 고미야 히코지 서기장의 공으로 돌려야 한다. 그렇게 고생한 결과 이와세 시즈카 씨가 다시 회장으로 복귀했다. 고미야 히코지 서기장은 이제부터 천재적인 능력을 발휘할 것이다.

대구유치원

대구유치원은 1907년 4월에 대구부인회가 설립한 것으로 당시 원생은 많지 않았다. 교실이 두 세 개 비는 것을 활용해 개원했다. 1908년 4월에는 원생이 증가해 민가를 빌려서 옮겼지만 경비 문제로 7월에 어쩔 수 없이 보육사업을 중단하게 되었다. 이 때 새로 부임한 히사미즈 사부로久水三郎 이사관과 그의 부인은 유치원 사업 중지를 깊이 애석해하면서 어떤 방법을 써서라도 다시 개원하기로 결심했다.

무엇을 하든지 돈이 필요하다. 히사미즈 사부로 이사관 부인과 두 딸은 관민 유지들에게 연예회 개최를 권유하고 준비해 1908년 12월 중순에 첫 연예회를 열었다. 이사관의 두 딸이 출연한 것은 물론이고 이들의 생각에 찬성한 고등관 부인들과 그 딸들도 출연하고 히사미즈 이사관도 참석하는 열성을 보이자 관민이 모두 감동 받아 하룻밤 만에 400여 원이 모였다. 히사미즈 일가가 큰 자신감을 얻어 지속적인 연예회 개최를 기획하자 이와세 시즈카 씨는 성격 상 수수방관할 수 없었다. 가와카미 쓰네오 재무감독국장과 협의해 히사미즈 사부로 이사관을 도와 그 목적을 이루도록 하겠다고 맹세하고 스스로 기부금 장부를 들고 다니며 관민 유지들에게 동정을 호소해 마침내 1,000여 원의 자금을 모았다. 그런데 일에 신중을 기하는 차원에서 기부금을 4회 분납하는 편리를 제공하면서 모두 완납된 시점에 기공하기로 했기 때문에 히사미즈 사부로 이사관이 재임하는 동안 낙성을 보지 못한 것은 유감스러웠다.

히사미즈 사부로 이사관이 원산으로 전근발령을 받자 두 딸은 한 부인에게 직접 만든 조화와 뜨개질한 것을 팔아달라고 부탁하면서 판매대금은 유치원에 기부하도록 했다. 대구유치원은 그야말로 히사미즈 일가의 기념품이라고 할 수 있다.

1910년 5월 9일에 신축 낙성식과 함께 개원식을 했다. 100명의 아동을 수용하도록 설계했고, 유치원 현판은 히사미즈 사부로 이사관이 부탁해 전 총독 소네 아라스케曾禰荒助 자작이 썼다. 천진난만한 아이들이 새로 지은 유치원에서 히사미즈 일가의 번영을 빌면서 열심히 뛰어놀았다. 대구유치원은 휴원 또는 폐원하지 않는다는 조건으로 대구거류민단이 경영하기로 했다.

동인의원同仁醫院 설립

동인의원同仁醫院은 오쿠마 시게노부大隈重信 백작과 정부 및 민간의 유명 인사들이 조직한 동아동인회東亞同仁會 사업의 일환이었다. 1896년 봄 대구의 고참 의사이자 경부철도회사 촉탁의였던 후지나와 분준藤縄文順 씨는 동아동인회가 만주와 한국에 두 세 개의 병원을 설립한다는 계획을 듣자마자 도쿄로 가 동인회 간부와 협상해 대구의 장래성을 자세히 설명하면서 의원설립지로 지정해 줄 것을 요청했다. 이후 후지나와 분준 씨가 빈틈없이 움직이면서 온갖 열정으로 간부들을 움직여 1896년 8월에 대구 설립이 결정되었다. 대한병원大韓病院 원장의 촉탁을 받은 사토佐藤 박사는 직접 대구를 시찰한 후 의원부지 등을 직접 지정했다. 부지가 정해지고 건물이 서면서 1907년 4월에 개원했다. 의학사 이케가미 시로池上四郎 씨가 원장으로 부임했고 후쿠타케 쇼조福武庄藏 씨와 니시오 호타이西尾抱袋 씨 두 사람이 의사로 왔으며 후지나와 분준 씨는 부원장을 맡았다.

동인의원의 설비는 모든 면에서 부족함이 없었다. 조선 남부 유일의 병원일 뿐만 아니라 실로 조선 유수의 병원이었다. 이전부터 대구에는 후지나와 씨, 야마와키山脇 씨, 나스那須 씨와 같은 의사들이 이미 있었다. 의사는 부족하지 않았지만 의료기관의 설비, 치료실, 고가 약품을 저장하는 설비는 개인의 힘으로 도저히 감당할 수 없는 것이었다. 후지나와 분준 씨가 동인의원 설립에 힘을 쏟은 것은 이 때문이었다. 동인의원은 앞의 제반 설비를 빠짐없이 완비했다. 동인의원의 혜택을 본 것은 단지 대구 민중만이 아니었다. 남쪽으로는 부산과 마산, 북쪽으로는 영동과 대전에 이르기까지 널리 그 혜택을 누렸다. 특히 조선인에 대해서는 약값을 반값만 받고 무료로 치료해 주었다. 이 밖에 동인의학교同仁醫學校를 설립해 조선인 의사를 양성했다. 동아동인회의 공헌은 지대하다.

이케가미 시로 의원장을 비롯해 부원장 후지나와 분준 씨, 의사 후쿠타케 쇼죠 씨와 니시오 호타이 씨는 모두 명성이 높았다. 일반 민중이 동인의원을 신뢰한 것은 의료진을 모두 믿었기 때문이었다. 개원한 지 4년이 지났지만 의료진은 조금도 바뀌지 않았다.

그런데 1910년 8월에 조선총독부는 조선 13도에 관립 자혜의원慈惠醫院을 설립하기로 결정하고 동인의원 매수 교섭을 시작했다. 총독부 병원설립의 목적은 신영토 민중의 구제에 있었다. 차이점이라면 민간 유지들이 세운 사립과 정부가 세운 관립이라는 구분이 있을 뿐이었다. 이런 이유로 대구 동인의원은 한 푼의 이익도 없이 설립 당시 소요되었던 비용만 받고 총독부에 양도되었다. 양도 금액은 31,700원이었다고 한다. 대구뿐만 아니라 평양과 그 밖의 동인의원도 총독부에 양도되었다. 지금은 청나라의 한커우韓口와 그 밖의 요지에 동인의원 설립을 준비하고 있다고 한다. '동인'이라는 문패는 '관립대구자혜의원'이라는 큰 간판으로 바뀌었다. 원장이자 군의관인 마츠모토 시게마사松本繁正 씨는 대구와 연고가 깊다. 이에 대해서는 별도로 쓰겠다.

이전 동인의원장이었던 이케가미 시로 씨, 후지나와 분준 씨, 후쿠타케 쇼죠 씨 세 사람은 많은 해 동안 인연을 맺은 대구의 지인과 유지들이 적극적으로 권유해 대구에서 개업하기로 결정했다. 나는 대구 민중을 위해 특별히 이를 축하한다.

광 고

가토 이치로 법률사무소

- 조선 대구 모토마치元町 1정목
- 다츠오카 초龍岡町 공소원 앞, 전화 143번

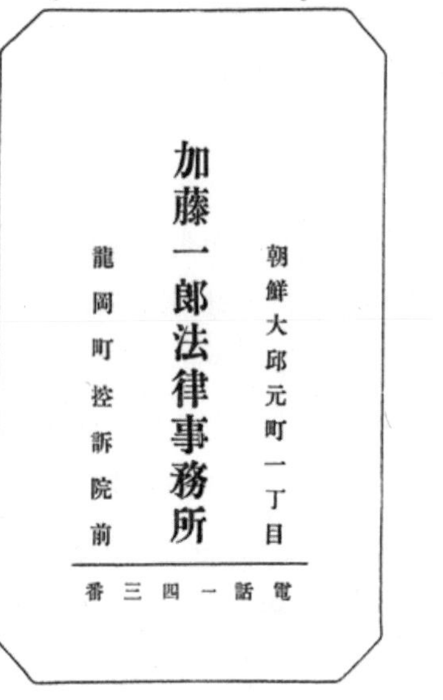

가토 이치로加藤一郎 씨는 1882년 8월에 도쿄 하마초濱町에서 태어났다. 1904년에 추오 대학中央大学을 졸업했다. 1906년 여름에 법학박사 하나이 다쿠조花井卓藏 선생이 권유해 조선을 시찰했다. 부산으로 건너와 경성으로 갔다가 인천을 들러 대구에 와서 그 해 9월에 대구 거주를 결심했다. 그는 한 점의 혼혈도 없는 진정한 에도 사람江戸子이다. 그래서 천진난만하고 가슴 속에 숨기는 일이 없었다. 법률 사무 이외에는 일체 비밀이 없는 신사였다. 자기 마음에 비추어 사람을 믿었고 가끔 간사한 사람에게 속기도 했지만 개인적으로 복수하는 일은 없었다. 그래서 그의 신용은 실업가들 사이에서 높았다. 평화주의는 그의 일관된 태도였다. 의뢰 받은 사건 가운데 화해의 여지가 있으면 원만하게 중재하는 방향에서 해결하고자 노력했다. 그가 사무를 집에서 많이 보고 상대적으로 법정에 적게 나타나는 것은 이 때문이다. 그는 어디까지나 정이 많은 사람으로 민사사건은 반드시 쌍방의 쟁점을 듣기 때문에 심야 시간도 마다하지 않았다.

1908년 3월에 상업회의소 의원에 선출되고 그 해 12월에 민단의원이 되어 지금도 재임 중이다. 1908년 10월에 『대구신문大邱新聞』 이사로 추대되어 가와이 아사오河井朝雄 씨와 함께 7개월 정도 신문을 경영하느라 고생했지만 본업인 법률사무소 일 때문에 장기간 신문에 종사할 수 없어 직접적인 관계를 끊었다.

그는 의원이 되기 전부터 모든 공공사업에 참여해 항상 위원으로 추대되어 중요한 일을 떠맡았다. 그 열성은 결코 일시적인 것이 아니라 지금까지도 이어지고 있다. 그가 정이 깊은 것은 에도 사람 중에서도 매우 드문 경우이다. 대부분 친구들과 이합하는 폐해가 있지만 가토 씨는 친소에 따라 이합하는 폐습을 보이지 않았다.

가야모리구미 운송부

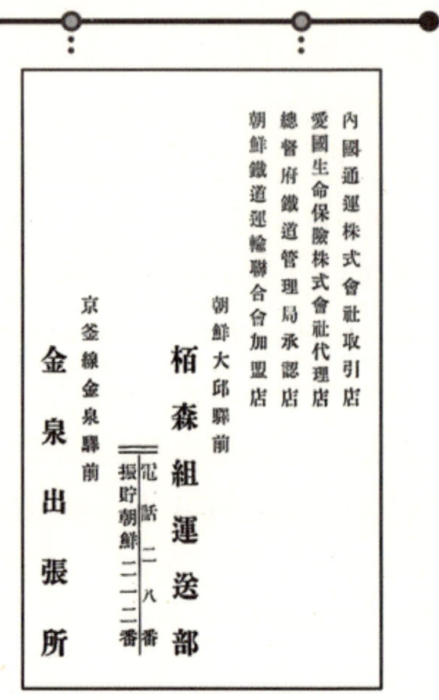

- 가야모리구미栢森組 운송부
  조선 대구역 앞.
  전화 28번, 입금계좌 212번
- 내국통운주식회사內國通運株式會社
  거래점
- 애국생명보험주식회사愛國生命保險株式會社 대리점
- 총독부철도관리국總督府鐵道管理局
  승인점
- 조선철도운수연합회朝鮮鐵道運輸聯合會
  가맹점
- 김천 출장소
  경부선 김천역 앞

가야모리구미 운송부는 이전에 가야모리 조합원 후루카와 후미노스케古川文之助 씨가 창립한 것으로 가야모리 씨와는 직접적인 이해관계가 없다. 후루카와 후미노스케 씨는 기후 현岐阜県 다카스마치高須町 사람으로 1904년 8월에 한국에 와서 가야모리구미에 들어가 가야모리 세타로栢森精太郎 씨를 성심성의껏 도와 그의 오른팔로서 공을 많이 세웠다. 철도공사가 일단락되자 운송업을 시작하면서 '가야모리구미'라는 명칭을 쓰기 시작해 지금에 이르고 있다.

1907년 8월 내국통운회사 거래점이 되어 일본 본토의 각 철도 연선과 화물운송을 연결해 거래 범위를 확장한 것은 후루카와 후미노스케 씨 자신의 이익에만 그치지 않고 대구 실업계에도 큰 이익이 되었다. 후루카와 후미노스케 씨는 온화한 성품을 타고났지만 동시에 고집스러운 부분도 있기 때문에 애교로 고객을 끄는 것에는 약했다. 엄격히 사무를 처리하고 성실하게 고객을 대하는 것이야말로 그의 신용을 높여 준 장점이다. 러일전쟁 때 후루카와 후미노스케 씨는 가야모리구미에서 공장주임으로서 가야모리 세타로 씨 이상의 영향력을 발휘했다. 그가 성실하고 조금의 사심도 없이 일했기 때문에 가야모리 씨가 모든 것을 맡긴 것이다. 후루카와 후미노스케 씨는 가야모리구미에서 실로 대들보와 같은 존재였다. 후루카와 후미노스케 씨는 가야모리 세타로 씨에 대해서만 성실했던 것이 아니다. 그는 천성이 성실했고 화물 주인들도 친절히 대했다. 올해 1910년 3월에 상업회의소 의원으로 추천받은 것을 고사했지만 주위에서 인정하지 않았다. 주위 사람들의 바람 때문에 어쩔 수 없이 의원직을 수락했다. 앞에 나서서 선거운동을 한 적은 없지만 그에 대한 신뢰는 매우 높았다. 애국생명보험회사와 같은 곳은 그에게 대리점을 맡아달라고 요청했다고 한다.

가미야 상회

- 어용상 가미야 상회神谷商会
  대구부 히가시혼마치東本町 1정목
  전화 10번
- 가미야 상회 지점
  대구부 미유키초幸町 2정목

營業種目

椅子、卓子、窓掛、洋家具、裝飾品一式、ストーブ金庫、鐵柵類、高等諸雜貨、寫眞販各種
和洋酒類、和洋紙、罫紙、文房具類、各種水蜜桃、苹果、梨、果樹苗木、造林苗木及庭樹各種、
石炭直輸入販賣

朝鮮臨時派遣隊司令部、慶尚北道廳、大邱控訴院、大邱地方裁判所、大邱監獄、大邱府廳
其他諸官衙各學校

御用達商 神谷商會
大邱府東本町二丁目
電話一〇番

大邱府幸町二丁目
神谷商會支店

神谷商會主は神谷豊功氏なり。福井縣福井市の人、曾て日本銀行に入り門司支店に在勤したり。三十七年四月大邱に來り西市場に雜貨店を開き傍ら百般の視察に奔走して前途の計畫を爲せり其年十月東部即ち今の東本町に新築して移轉す三十七年八月日本居留民會の議員となり、三十八年八月議長となる三十九年一月議合はずして公職を去り爾來斷じて公職に就かず、專ら家業に全力を注げり。

氏の事業は商業の外果樹栽培に普通農業に各方面に渉りて投資し、みな成功しつゝあり。東部の有志として實業家として信用甚だ厚し。

가미야 상회 주인은 가미야 도요노리神谷豊功 씨이다. 후쿠이 현福井県 후쿠이 시福井市 사람으로 이전에 일본은행에 입사해 모지門司 지점에 재직했다. 1904년 4월에 대구에 왔다. 서문시장에 잡화점을 여는 한편 분주히 여러 가지를 시찰해 장래 계획을 세웠다. 같은 해 10월에 대구의 동부, 즉 지금 있는 히가시 혼마치로 신축 이전했다. 1904년 8월에 일본거류민회 의원이 되었고, 1905년 8월에 의장이 되었다. 1906년 1월에 뜻이 맞지 않아 공직을 떠난 이후로는 절대 공직을 맡지 않고 오로지 가업에 전력을 쏟았다.

그는 상업 이외에 과수재배와 일반 농업 등 각 방면에 투자해 모두 성공하고 있다. 동부지역 유지와 실업가로서 신용이 매우 높다.

곡물 수출상

✿ 곡물 수출상 야스마츠 구마키치安松熊吉
조선 대구부 시장 북로

穀物輸出商

安松熊吉

朝鮮大邱府 市場北通

安松熊吉氏は福岡縣人にして明治二十三年釜山に來りて商業に從事し、朝鮮內地の事情に精通の人なり。明治三十七年十月大邱に來りて穀物輸出を以て專門の業とす三十九年十二月初期民團の議員に選擧せられ、四十一年十二月再選せられて今尙ほ任にあり。四十二年三月商業會議所議員に擧げられ、副會頭となりて大に商業界に貢獻せり。又公園期成會の幹事としては其大工事より樹木植込に至るまで其監督を引受けて殆ど一日も休まず、其熱誠辣も氏に及ぶものなし。商業會議所副會頭としては會頭缺員中なりしが故に、其全責任を負ひ奔走盡力枚擧に暇あらず。又穀物輸出組合の爲には、特に具體の案を造りて各方面に運動し、其他道路委員學校增築委員等、年中殆んど公共の事業に盡瘁して自家を顧みず。

야스마츠 구마키치 씨는 후쿠오카 현福岡県 사람으로 1890년부터 부산에서 상업 활동을 했기 때문에 조선 사정에 정통하다.

1904년 10월에 대구로 건너와 곡물 수출업을 전문으로 했다. 1906년 12월에 초대 민단의원으로 선출되고 1908년 12월에 재선되어 지금도 재임 중이다. 1909년 3월에 상업회의소 의원에 선출되었고 부회장으로 뽑혀 상업계에 크게 공헌했다.

그리고 공원기성회 간사로서 대공사는 물론이고 수목을 심는 것까지 감독하면서 거의 하루도 쉬지 않았다. 그 열정은 아무도 따라가지 못했다. 상업회의소 회장이 공석이었던 기간에는 부회장으로서 모든 책임을 지고 이루 헤아릴 수 없을 만큼 노력했다. 특히 곡물수출조합을 위해서는 구체적인 안을 만들어 각 방면에 걸쳐 접촉했다. 기타 도로위원, 학교증축위원 등 연중 공공사업에 진력하면서 자신의 일은 돌보지 않았다.

일간 『대구신문』

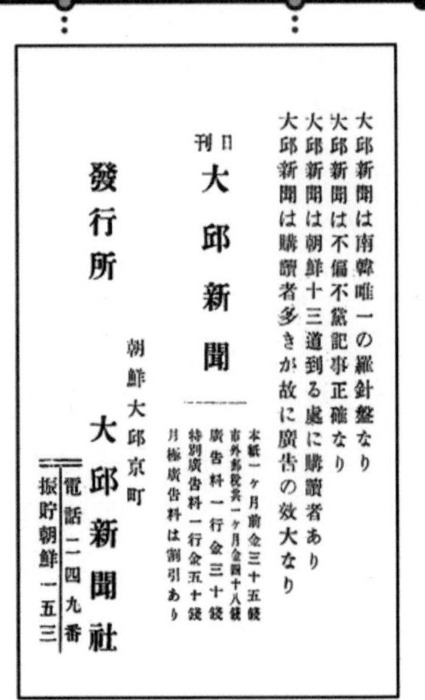

- 『대구신문』은 조선 남부 유일의 나침반이다.
  『대구신문』은 불편부당해 기사가 정확하다.
  『대구신문』은 조선 13도 곳곳에 구독자가 있다.
  『대구신문』은 구독자가 많아 광고 효과가 크다.
- 『일간 대구신문』
  본지 1개월분 선금 35전, 시외 우편세 1개월 48전, 광고료 1행 당 30전, 특별광고료 1행 당 50전, 월정액 광고료는 할인.
- 조선 대구 교마치京町,
  전화 249번, 계좌 조선 153

『대구신문』은 1905년 3월에 『대구실업신문大邱實業新聞』이라는 이름으로 탄생했다. 창립자는 시모츠 사부로下津三郎, 마키노 슈牧野周, 하타모토 기헤畑本儀平 세 사람으로 시모츠 사부로 씨가 사장이었다. 1907년 2월에 사카모토 준坂本淳 씨가 인수하려고 했지만 뜻을 이루지 못했다. 마키노 슈 씨가 전적으로 실무를 담당했다. 1907년 7월에 오키다 스테지로沖田棄次郎 씨가 주간이 되었다. 『대구일일신문大邱日日新聞』으로 이름을 바꾼 1908년 4월에 오키다 스테지로 씨가 귀국하면서 가와이 아사오 씨를 비롯한 2~3명이 공동 경영하는 체제로 전환했다. 1908년 10월에는 20여 명의 유지가 공동 경영하는 형태로 전환하고 가와이 아사오 씨와 가토 이치로加藤一郎 씨가 이사로 추대되면서 『대구신문』으로 이름을 바꾸었다. 그러나 가토 이치로 씨는 본업인 법률사무소 일로 너무 바빠서 신문에 전력을 쏟을 수 없어 사임하고 1909년 8월부터 가와이 씨가 모든 책임을 지고 혼자서 실무를 맡기로 했다. 어려운 재정을 정비한 후 1910년 5월 28일부터는 지면을 16페이지로 확장했다. 가와이 아사오 씨는 분고豊後 오이타大分 사람으로 1904년 5월에 대구에 와서 상업에 종사했다. 일본인들 사이에 신뢰가 높아 상업회의소 및 민단 의원이 되었고, 공원기성회 간사로서 자치기관에 참여해 그 명성이 높았다. 이를 통해 그는 경험이 부족한 신문업에 종사하게 되었다. 그러나 그의 능력은 어느 한 분야에 편중되지 않았다. 재정이 곤란해 몇 차례 휴간하고 주임이 네 번이나 바뀌었지만 가와이 아사오 씨가 사장을 맡은 이후로는 회사 운영이 순조로워져서 마침내 사회의 지도자와 같은 임무를 다할 수 있게 되었다.

가와이 아사오 씨는 성격이 담백하고 악의가 없지만 과감하게 논하고 과감하게 쓰기 때문에 지인들은 신변에 위험이 닥칠 것을 걱정했다. 그는 정이 깊고 외모와 달리 눈물이 많은 남자이다.

달성관 광고

- 요리점 달성관達成館
  대구부 히가시혼마치東本町
  전화 23번
- 낙성식 당일 달성관 사진

달성관 주인 오카다 기하치로岡田喜八郎 씨는 히로시마 현広島県 세비西備 사람이지만 오카야마와 인연이 깊어 주위 사람들도 오카야마 현 사람으로 인정한다. 1903년 봄에 경부철도 공사와 관련해 한국으로 건너와 부산과 밀양 방면에서 약 1년 동안 공사에 종사했다. 1904년 2월에 대구에 와서 여인숙을 열고 5월에는 동성리東城里에 요리점을 개업했다. 바로 지금 있는 자리이다. 1904년 8월에 일본거류민회가 조직되자 의원으로 선출되었다. 오카다 기하치로 씨는 초대 자치기관을 운용하는데 많은 공헌을 했다. 그의 타고난 의협심은 이 때 거류민들에게 알려졌다.

1906년 봄에는 동북소방조직東北消防組 주창자로서 기부금 7~800원을 모으는데 힘썼고 조직이 결성되자 그 장으로 추대되었다. 이듬해 1907년 봄에는 사설 소방조직을 민단에 넘기고 오카다 기하치로 씨는 동북부 부장으로 임명되었다. 1910년 3월 5일 밤에 성내 중앙의 조선가옥에서 불이 났다. 그런데 출동 중이던 부원들의 허기를 해결하려고 집에서 밥을 지어 오면서 조선인에게 뒷정리를 맡긴 것이 잘못되어 오카다 씨 집에 불이 났다. 6일 오전 6시에 대구에서 제일로 꼽히던 큰 가옥은 2시간이 안돼서 모두 타버렸다. 오카다 기하치로 씨를 포함한 소방관들은 모두 성내 조선가옥 화재 현장에 있었기 때문에 소방 부장의 집은 소방관의 도움도 받지 못한 채 전소했다. 그 뒤 재건축 계획을 세워 125평 부지에 2층 건물을 지었다. 가장 큰 방이 다다미 100장 크기, 별실이 40장 크기, 이 밖에 아래층에 10여 개의 객실이 있어 대구 제일의 건축물로 꼽혔다. 오카다 씨의 성격은 정직하고 의협심이 강했다. 공적인 일뿐만 아니라 사적인 일에서도 마찬가지였다. 따라서 부하 소방관들은 그것에 감동해 수족처럼 움직였다.

여관 다다야

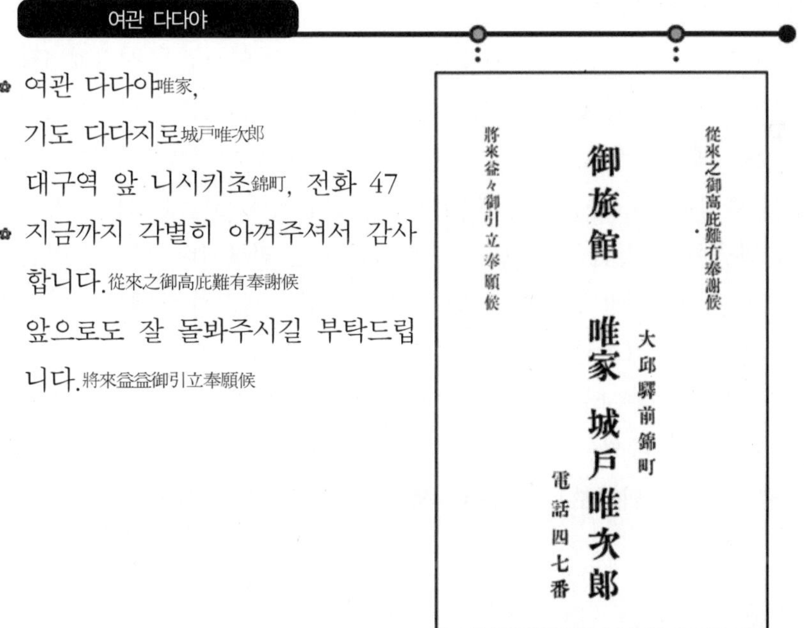

- 여관 다다야唯家, 기도 다다지로城戸唯次郎 대구역 앞 니시키초錦町, 전화 47
- 지금까지 각별히 아껴주셔서 감사합니다.從來之御高庇難有奉謝候 앞으로도 잘 돌봐주시길 부탁드립니다.將來益益御引立奉願候

다다야 주인은 기도 다다지로 씨이다. 에히메 현愛媛県 기타고오리喜多郡 이카자키五十崎 사람이다. 1903년 4월에 대구에 와서 잡화점을 열었다. 당시 대구 거주 일본인은 겨우 7~8명이어서 아무 세력도 없었고 관헌의 박해도 심했다. 일본인의 상품을 사는 사람은 죄인으로 포박되는 경우도 많아 상업으로 생활비를 버는 것은 생각조차 할 수 없었다.

단지 가까운 장래의 변화를 기대하면서 온갖 고난을 참은 것이다. 가까운 장래의 변화란 바로 철도 개통이었다. 당시 나는 5년 안에 러일전쟁이 일어난다고 예상했기 때문에 1년 안에 전쟁이 벌어지리라고는 전혀 예상하지 못했다. 천신만고의 상황에 있으면서 미래를 기다린 사람은 기도 다다지로 씨만이 아니었다. 모두 2~3년의 손해는 각오하고 있었다. 2~3년 동안 버틸 수 있는 준비도 없고 아무 목적과 하는 일도 없어 조선에 와서 숙박비도 없어서 고생하는 부랑 서생과 같은 사람은 당시 대구에는 없었다.

기도 다다지로 씨는 1904년 1월에 남문 밖에서 여관업을 시작해 3월에는 일본식 2층 건물을 신축했다. 이것이 대구에서 일본가옥의 효시이다. 같은 해 9월에 칠성리, 즉 지금의 니시키초로 이전했는데 1907년 2월에 불행하게도 불길이 옮겨 붙어 타버렸다. 이후 6월에 일본식과 양식을 절충한 큰 건물을 지었다. 바로 지금 있는 건물이다. 다다야 여관의 특징은 소박함과 친절함에 있다. 주인 부부가 정직하기 때문에 자연히 종업원들도 정직한 사람들이 모인다. 고객은 조선주차군朝鮮駐箚軍 장교 및 고급 관리부터 각 방면 실업가에 이르기까지 단골손님이 많다.

기도 다다지로 씨는 1906년부터 일본인 거류민회 의원, 초기 민단의원 및 그 밖의 위원으로서 공공사업에 많은 공헌을 했다.

쓰지 상점 연초 제조소

- 쓰지상점 연초제조소都路商店煙草製造所
- 고급 궐련紙卷煙草

  우아한 풍미가 있고 불이 오래가며 내구력이 강해 금전적인 면과 실용적인 면에서 최고품
- 특약점이 전국에 걸쳐 있으므로 가까운 판매점에서 구입요망
- 가격 1전 5리

쓰지 상점 주임인 쓰지 소노지로辻園次郎 씨는 오사카에서 태어나 오사카에서 일을 배운 상업가이다. 1904년 5월에 하라다 지점原田支店 주임으로 대구에 와 서문시장에서 청주 하쿠로쿠白鹿를 비롯한 잡화 판매점을 열었다. 이듬해인 1905년 가을에 하라다 지점이 폐쇄되자 일단 오사카로 돌아가 독자경영 준비를 한 후 1906년 1월에 다시 대구에 와서 쓰지 상점을 열고 청주, 양주, 간장 및 일용잡화를 판매했다. 조선에는 '辻'라는 한자가 없어서 '都路'로 한자를 바꾸었다. 1907년 3월에 담배제조공장을 세워 궐련 및 살담배를 대량으로 제조하기 시작했는데 지금도 계속 하고 있다. 1907년에는 담배가 매우 잘 팔려 모든 제조자가 큰 이익을 얻었지만 반대로 1908년과 1909년에는 동업자 모두 막대한 손실을 입었다. 5만 원의 자본금을 가지고 창립한 남한연초주식회사南韓煙草株式會社조차 폐쇄되는 상황이다 보니 쓰지 소노지로 씨 혼자만 순조로

울 수가 없었다. 한때 매우 어려운 곤경에 빠졌지만 천신만고 끝에 사업을 유지해 지금에 이르렀다. 시대의 추세를 감안해 올해 1910년 8월에 동지들과 협의해 새롭게 합자회사로 전환해 오로지 담배제조에 전력을 쏟기로 했다. 백학白鶴은 쓰지 소노지로 씨 스스로 자랑하는 상품이며 이 밖에 진학眞鶴, 금학金鶴, 은학銀鶴 등을 준비 중이라고 한다.

앞선 1904년 6월에 일본동포회 창립위원을 지냈고 이를 개명한 일본거류민회 의원으로서 자치기관을 위해 진력했으며 각종 집회와 축하 모임에는 반드시 위원으로 추천받아 역할을 맡았다.

쓰지 소노지로 씨는 성품이 강직하고 고집이 세다. 깊이 생각해 결정한 것은 쉽게 바꾸지 않았다. 그러나 스스로 아니라고 인정하면서도 끝까지 주장을 굽히지 않는 것은 절대 아니다. 단지 양심에 거스르면서 다수 의견을 따르지는 않았던 것이다.

화물운송업 초호샤 광고

- 무한책임 초호샤重寶社 운송부
  총독부 철도국 승인 화물 취급점
  대구역 구내. 전화 44번
- 초호샤 용달부
  육군납품, 제관아 납품
  대구 니시키초 1정목. 전화 13번

나가이 고타로永井幸太郎 씨는 요코하마 시横浜市 사람이다. 1904년 10월에 처음 대구에 와서 운송업에 종사했다. 초호샤는 상호일 뿐 회사조직이 아니라서 그 책임은 무한했다. 당시 철도가 개통되기는 했지만 아직 영업을 시작하지 않아 얼마 안되는 인원만 탈 수 있었다. 화물은 모두 청도에서 팔조령을 넘어 운반해야만 했다. 인부는 모두 조선인 부랑자뿐이었다. 방심하면 물건을 가지고 도망가는 일이 다반사여서 이들을 감독해 화물주가 불평하지 않도록 하는 데에는 많은 어려움이 따랐다. 지금 생각해도 전율할 정도이다. 나가이 고타로 씨는 고용인에게 맡기지 않고 항상 스스로 감독했다. 성실하게 책임을 다한 결과 점차 신용이 쌓여 사업이 융성했다. 1905년 10월에 만주 출정 군대가 귀환할 때 군대 용무 담당으로 출장을 갔다가 이듬해 1906년 10월에 용무를 마치고 대구로 돌아온 이후로는 사업에 전력을 쏟아 신용은 이전보다 몇 배나 높아졌다. 지금의 위상은 나가이 고타로 씨가 본인의 성실함과 근면함만으로 만들어 낸 것이다. 그의 성격은 활달해서 가슴 속에 숨기는 비밀이 없고 교우 관계가 넓었다. 그는 기꺼이 주변 사람들을 위해 충고하고 조력하면서 일년 365일 가운데 절반은 지인들을 위해 일했다.

나가이 고타로 씨에 대한 일본인들의 신용은 시간이 갈수록 높아져 세 번이나 민단의원 후보자로 추천 받았지만 단호하게 거절하면서도 매번 사재를 털어 동지들을 도왔다. 그는 단지 일본인들과만 친교가 있었던 것이 아니다. 조선인들도 그를 깊이 신뢰했다. 한 번 이야기를 하면 밤낮에 상관없이 3~4시간 만에 2~300명의 인부와 말을 모으니 상황에 맞추어 움직여야 하는 군대의 용무를 맡기기에 나가이 고타로 씨만한 사람이 없었다.

제5장

현재의 대구

대구는 변함없이 경상도 중앙에 위치해 있다. 팔공산 산맥은 예나 지금이나 변함없고 서쪽으로는 멀리 가야의 영봉을 바라보며 남쪽 가까이로는 비슬산과 마주하는 것도 옛날과 조금도 달라지지 않았지만 대구의 내용적인 부분은 옛 요소가 하나도 남아있지 않을 정도로 변했다. 최근에 대구에 처음 온 사람은 지극히 살풍경인 대구를 보고 아무 감흥도 못느낀다고 하지만 10년 전을 아는 내 눈에는 마치 활동사진처럼 비친다. 바라건대 제2장 및 제3장과 대조하면서 흥미를 환기시키기를 바란다.

특히 독자들이 잘 살펴봐야 할 대목이 있다. 그것은 이번 달의 대구가 다음 달의 대구와 같지 않다는 점이다. 본서 『대구일반』이 인쇄되어 독자들이 읽을 시점에 책 속의 대구는 이미 옛 대구가 되어 있을 것이다. 현재 대구는 마치 질주하는 기차처럼 잠시도 멈춰서는 일이 없다. 게다가 머지않아 전속력으로 질주하라는 명령이 내려질 것 같아 더욱 그런 느낌이 든다.

경상북도 관찰도 : 경상북도청을 새롭게 함

관찰도觀察道는 단지 이름이 부府에서 도道로 바뀌었을 뿐 건물은 옛날 큰 건물 그대로이다. 그러나 이것은 외형적인 측면이고 내실을 살펴보면 예전의 흔적은 조금도 찾아볼 수 없다. 예전에 관찰부의 주요 정무는 재판과 세금 징수였다. 징청각의 넓은 정원은 억지로 죄인이 된 백성의 엉덩이를 쳐서 고혈을 짜내는 일종의 재원지財源地였다. 관찰사 머리 위 큰 액자에는 '爾俸爾祿民膏民脂下民易虐上天難欺'라고 적혀 있다. 많은 일본인들이 아는 『당시선唐詩選』의 한산사寒山寺 시에 '달은 오제산으로 지고 서리는 하늘에 가득한데月落烏啼霜滿天'라는 첫 구절이 있다. 많은 일본인들은 이 구절을 '달이 지고 까마귀가 울고 서리가 가득하다'라고 읽는다. 나는 시를 전혀 모르지만 '달이 지고 나서 까마귀가 울고 하늘에 서리가 가득하다'라는 것이 무슨 말인지 전혀 알 수 없었다. 그런데 가까운 지인 가운데 와타나베 우조渡邊烏城라는 서예가가 있었다. 남청과 북청에서 4년간 머물렀다. 어느 날 밤 이야기가 소주蘇州의 한산사에 이르러 시 이야기를 시작했다. 그 때 와타나베 우조 씨가 웃으면서 일본의 선학들은 글자만 읽어서 곤란하다고 했다. 한산사 서쪽에 산이 있는데 그 이름이 오제산烏啼山이라는 것이다. 따라서 위 시는 달이 오제산 서쪽으로 지고 서리가 가득한 한 밤의 적막을 읊은 것으로 시인이 한밤에 종소리가 객선에 울려 퍼질 때 느꼈던 심정을 토로한 것이다. '달은 오제산으로 지고 서리는 하늘에 가득한데'라고 읽어야 비로소 시가 된다. 이처럼 한문은 작자가 아니면 왕왕 잘못된 해석을 초래한다. 종래 관찰사들은 자신의 봉록은 인민의 고혈이라고 여겼기 때문에 자신의 봉록으로 주어진 인민의 고혈은 짜낼수록 득이라고 생각했다. 관찰사들은 액자에 있는 문구를 "하늘이 내린 것을 취하지 않으면 오히려 벌을 받는 원인이 된다. 하민은 너무나 괴롭히기 쉽고 아무리 못살게 해도 조금도 반항하지 않는다. 하늘은 속이기가 힘들고 상천의 대업은 사람의 지혜로 어찌할 수 없다. 따라서 기근이 오지 않는 동안 얼른 백성을 괴롭혀 이익을 취하지 않으면 오히려 하늘의 벌을 받는다"라고 이해해 액자 밑에 편안히 앉아서 양민의 곤장을 쳤던 것임에 틀림이 없다.

기존에 관찰사는 재판의 종심권을 가지고 있어서 그가 내린 사형 선고를 깰 상급 재판이 없었다. 따라서 관찰사 마음대로 모든 것을 할 수 있었다. 또한 관찰사에게는 군대를 움직일 수 있는 병권이 있었다. 군대 장교는 모두 그의 부하였다. 병사는 모두 부랑자 용병이었다. 양민을 괴롭힐 제도는 빈틈없이 갖추어져 있었던 것이다.

오늘날의 관찰도는 이전의 관찰부와는 완전히 그 성격을 달리한다.

관찰사의 유일한 직무였던 징세 업무는 재정감독국 산하 재무서가 맡기 때문에 관찰도와 관계가 없고, 인민의 생명과 재산을 약탈할 수 있는 재판권은 일본정부가 가져가 생명과 재산 보호부로 바꾸었으며, 무법자 같았던 경무서도 일본인이 장관을 맡아 양민보호기관으로 탈바꿈했다. 예전의 관찰부 업무는 완전히 없어졌다. 현재 관찰도는 토목, 산업장려, 교육, 호적조사 업무를 담당한다. 관찰사가 꿈에도 생각하지 못했던 일이 오늘날 관찰사의 업무가 되었다. 예전에 관찰사는 민중을 짓눌러 자신의 부를 축적하는 것 이외에 아무 생각이 없었다. 오늘날 관찰도는 문명 교육을 장려하고 식산흥업을 진행해 민중의 축재를 도모한다. 이전의 관찰사는 대구 시내조차 순회한 적이 없고 외출할 때는 길에 황토를 뿌리고 군대가 앞뒤를 경호하면서 수 백 명에 이르는 행렬로 그 위세를 과시하는 데에 목적이 있었다. 관아에 있을 때는 수십 명의 관기가 주야 교대로 시중을 들었다. 식사는 물론이고 여름에는 사방에서 부채를 부쳐주며 담배 불 하나 자기 손으로 붙이는 일이 절대 없었다. 소변도 변기에 눈 다음 관기에게 건네면 관기는 하인에게 건네 버리도록 했다. 3~40명의 서기는 옆방에서 뒹굴뒹굴하면서 관찰사의 명령을 기다렸고, 5~60명의 하인은 문 안팎부터 마루 밑까지 가득했다. 1905년까지 관찰사는 이와 같은 존재였다.

1906년 7월에 당시 야마모토 신山本信이라는 일본 이름을 쓰던 박중양 씨가 대구 군수로 임명되었는데 때마침 관찰사가 공석이라 그 직무를 대리했다. 일본에서 10년 간 문명 교육을 받은 박중양 씨는 어처구니없는 구습을 존속시킬 수 없었다. 관찰부 및 관아에 있던 200명 전후의 서기, 하인, 관기를 모두 없앴다. 출입할 때도 절대 호위를 하지 않았다. 자신의 용무는 혼자서 보고 관의 업무를 볼 때는 서기 한 명과 하인 한 명만 대동했다. 자연히 예전 관찰사 가운데 대개혁을 실행한 사람이 되었다. 당시 재판권은 여전히 관찰사에게 있었지만 박중양 씨는 이를 극도로 싫어해 죄인은 모두 경찰로 보내어 절대 자신이 재판하는 일이 없었다. 박중양 씨는 죄인을 문책하고 곤장 때리는 것을 견딜 수 없었던 것이다.

현재 관찰사는 박중양 씨로 과도기 행정관으로서는 최고 적임자이다. 그는 경기도 양주 사람으로 나이는 겨우 36세이다. 1895년 8월에 몰래 고향을 빠져나와 도쿄로 가서 갖은 고생을 하며 일본에 머물렀다. 정치학과 경찰학을 약 10년 간 연구하고 1904년에 러일전쟁이 발발했을 때 고국으로 돌아왔지만 아직 때가 무르익지 않았다. 대구에서 약 2년 간 한거하면서 본명을 쓰지 않고 '야마모토 신'이라는 이름을 썼다. 1906년 3월에 이토 히로부미伊藤博文 공이 통감으로 부임하던 도중 기차에서 통감을 배알했다. 통감은 비범함을 알아보고 의친왕을 시중하던 경무관에게 천거해 그 해 7월에 대구 군수로 전임되면서 동시에 관찰사 대리를 겸했다. 1907년 6월에 평안남도 관찰사로 영전했다가 1908년 7월에 경상북도 관찰사로서 다시 대구에 돌아왔는데 이것은 모두 이토 히로부미 공이 추천한 것이다.

박중양 씨가 대구에서 세운 공적 가운데 가장 큰 일은 성벽을 파괴한 것이다. 당시 오카모토 리헤 부이사관과 가게야마 히데키 민단장은 무용지물인 성벽을 없애고 대로를 신설한다는 의견서를 만들어 관찰사 서리 박중양 씨를 통해 내무대신에게 건의하려고 했다. 그러나 박중양 씨는 "지금 대신의 재결을 구하는 것은 산에서 물고기를 잡으려는 것과 같은 일"이라며 바람직한 사안이니 자신이 책임을 지고 진행하겠다고 약속한 후 내무대신에게 서류를 보내는 것과 동시에 인부 수 백 명을 모아 성벽 파괴에 착수했다. 8일 후에 불허한다는 명령이 내려왔지만 그 때는 이미 성벽을 없앤 다음 날이었다. 박중양 씨 앞으로 일신상 무서운 칙서가 왔지만 이토 히로부미 통감의 알선으로 취소되었다고 한다. 이것이 1906년 11월 초순의 일이다. 이후 1908년에 관찰사로 부임하자마자 성벽이 있던 자리를 정리하기 시작해 1909년에 지금의 도로를 만들었다.

1906년 9월에 이세 신궁伊勢大廟 요배소 건설과 관련해 달성산을 부지로 정했지만 당시 재무고문관과 경무고문관 모두 내무대신의 허락 없이는 안된다고 주장했다. 이에 박중양 씨는 내무대신에게 출원해도 절대 허락하지 않을 것이라면서 단행하라는 의견과 함께 기발한 계획을 알려주었다. 우리는 박중양 씨의 기발한 계획을 이용해 결국 이세 신궁 요배전을 건설했다. 이는 그야말로 박중양 씨의 공로로 돌려야 할 부분이다.

박중양 씨는 1908년에 폭도가 창궐하는 상황에서 관찰사로 부임했다. 그러나 그는 아무렇지 않게 관내 41개 군을 순회하고 도중에 낙동강의 수원을 탐구하기 위해 조령산 깊이까지 들어가기도 했다. 때는 1908년 12월로 북풍이 살을 에는 날씨였다. 이 때 호위순사가 추위로 쓰러진 것을 돌봐서 데리고 오는 일화를 남겼다. 그 후 관내 전지역을 2회 순회했는데 이것을 통해 그의 용기와 생각을 잘 알 수 있다.

관찰사 밑에는 내부부장內部部長과 경무부장警務部長이 있다. 당시 내부부장은 다케우치 마키타로竹內卷太郎 씨였다. 그는 나가노 현長野県 미나미사쿠 고오리南佐久郡 사람으로 1908년 7월에 도서기관으로 부임했다. 서기관은 관찰사 다음의 지위이다. 차관이라고 할 수 있는데 상관인 관찰사를 대신해 하급관리 전체를 감독하는 큰 임무를 맡았다. 서기관은 관찰사의 실책과 부하의 과실을 모두 책임져야 했다. 실례를 들면 경상남도 서기관과 경찰부장은 회계담당 부하의 과실 때문에 함께 면직되었다. 이것으로 서기관의 책임이 막중하다는 것을 알 수 있다. 다케우치 마키타로 서기관은 부임 이후 지금까지 관찰사와 충돌한 적이 없다. 부하들의 신뢰도 두텁고 정무를 원만히 처리해 불평하는 소리를 들은 적이 없다. 특히 거류민들에게 친절하고 조선인을 대하는 정 또한 깊다.

그러다보니 일본인과 조선인 모두 다케우치 마키타로 씨를 깊이 신뢰하고 이에 더해 관료들 사이에서도 평판이 좋아 그를 비난하는 소리를 듣지 못했다. 많은 거류민들은 다케우치 씨가 민단장 직을 겸임하기를 원한다. 이는 민간의 조심스러운 희망으로 아직 공식적으로 움직일 시기가 아니지만 지금과 같은 제도가 이어진다면 틀림없이 실현될 가능성이 높다. 그만큼 그에 대한 거류민들의 믿음은 크다.

경무부는 관내 10개 경찰서를 통괄하고 경무 사무 전체를 관장한다. 처음에 시마다島田 경시가 부장으로 왔고 이어서 나가타니永谷 경시가 왔으며 이와사岩佐 경시와 오카다岡田 경시가 그 뒤를 이었다. 경부무장은 경질이 빈번해 소개할 만한 공로를 찾기 어렵다. 그러나 올해 1910년 6월 24일에 '일한협약'이 맺어져 헌병대장이 경무부장을 겸임하는 제도로 바뀌었다. 이시이 곤조石井權藏 헌병중좌가 경상북도 경무부장을 겸임하게 되면서 면목을 일신했다. 관찰도 정면 선화당에는 헌병대 본부와 경상북도 경찰부 표찰 두 개가 걸려 있고 이시이 중좌 이하 헌병대가 대부분의 공간을 사용하고 있다. 활기찬 상태에서 집무를 보고 있다.

이시이 헌병중좌는 아직 부임한 지 얼마 되지 않아 인품을 비롯해 소개할 재료가 없지만 만나본 사람은 모두 그의 인격에 탄복하면서 오랫동안 대구에 머물기를 원했다. 나는 미천한 농민이라 중좌를 가까이서 대면할 자격은 안되고 조용히 그의 건강과 함께 대구에 오래 머물기를 바랄 뿐이다.

(어쩔 수 없는 사정 때문에 못나고 식견이 부족한 내가 『대구일반』을 써야 하는 처지가 되었다. 그런데 대구의 상황은 시시각각으로 진보해 모든 일이 예상 이상의 속도로 진행되고 있다. 이러한 상황에서 특히 문필에 소양이 없는 나의 고심은 식자들이 상상하지 못할 것이다. 그래서 원고 순서를 바꾸어 본 장 '현재의 대구'를 마지막에 집필하기로 하

고 나머지 부분은 7월 18일에 먼저 탈고했다. 본 장은 7월 19일 아침부터 쓰기 시작했다. 그런데 장녀와 차녀의 홍역 잔열이 가시지 않은 상황에서 가장 사랑스러운 장남이 전날부터 아프기 시작했다. 두 딸이 얼음주머니를 이고 누워 있는 가운데 환자가 또 한 명 늘어난 것이다. 하는 수 없이 집필을 멈추고 아픈 아이들을 돌보았다. 그런데 장남이 7월 20일 저녁에 세상을 떠났다. 한 아이는 죽고 두 아이는 아팠다. 게다가 나는 기독교 신자여서 장례식 준비가 다른 집들과 다소 달라 많은 벗들이 전력을 다해 도와주었지만 그들 가운데 같은 종교를 가진 이가 없었기 때문에 장례 도구 주문에서 목욕과 입관, 그리고 관을 땅에 묻는 것까지 모두 내가 직접 했다. 죽은 아이의 누나들인 두 딸은 사랑하는 동생의 출관도 보지 못한 채 병상에서 신음했다. 특히 장녀의 병세는 죽은 아이보다도 위독해졌다. 나는 열흘 안에 또 다른 불행이 이어질 것이라고 마음의 준비를 했다. 애써 참으면서 식욕이 없어도 든든히 먹고 건강을 유지하려고 했지만 부지불식간에 정신적으로 지쳐 심한 불면증에 걸렸다. 거의 40일 동안 꼭 써야할 편지 하나도 쓸 수가 없었다.『대구일반』집필은 말할 것도 없었다. 밤낮을 통틀어 2시간 이상 숙면할 수 있게 된 것은 8월 28일경이었다. 이렇게 약 50일 동안 붓을 놓는 동안 한국은 멸망해 조선이 탄생하고 한국 민중 1천 5백만 명은 우리 동포가 되었으며 정치기구는 그야말로 대변혁을 겪었다. 정치 제도를 어떻게 개혁하든 대구 자체는 아무런 악영향을 받을 일이 없었다. 아니, 이제부터 대구는 조선 남부의 대 부원으로서 장족의 발전을 할 일만 남았다.

대구는 조선에서 재원이 가장 풍부하고 조선에서 기후가 가장 온화하다. 풍부한 미곡 산지이자 사과, 포도, 배, 감 생산지로 가장 적합하며 잠업에는 그야말로 최적지이다. 게다가 주변 지역이 넓고 교통이 편리하기로는 조선에서 제일이다. 영원히 일본 영토로 있는 이상은 정치 제도는 제대로 개선될 것이고 군대도 영구 주둔할 수 있도록 설비를 갖출 것이며 도로는 빠르게 개선될 것이다.

본서 발간을 조금 연기해 모든 것이 정돈된 후에 출판하는 것이 좋다는 충고도 있었지만 원래 5월에 출판할 예정이던 것이 차질이 생겨 지금에 이르렀다. 대구의 체제가 완성되면 그 때 완전한 안내서가 다시 출판될 것이다. 나와 같은 무학문맹은 장차 대구에서 집필 등을 할 수 없을 것이다. 모든 것이 혼란스러운 때가 아니면 본서와 같이 조잡한 글을 읽을 사람들은 없을 것이다. 정신이상 증상이 완쾌하지 않았음에도 집필을 이어간 이유는 이 때문이다. 독자들이 나의 의중을 헤아려 주시기를 바란다.)

1910년 8월 29일에 '일한병합조약'이 발표되었다. 군대, 헌병대, 경찰이 주도면밀하게 경계해서 아무 사건도 일어나지 않았다. 이것은 경비 기관의 활동이 적절했기 때문이다. 나는 진심으로 당국자의 노고에 감사한다. 나는 8월 27일에 돌연 지인 두 명과 함께 경찰부장 이시이石井 중좌의 호출을 받았다. 우리 세 사람은 응하기로 했지만 취지는 알지 못했다. 설마 퇴한처분 명령은 아니라고 생각했다. 지금까지 정치범이나 일반 범죄자로 포박된 적이 없었기 때문에 특별히 전전긍긍할 일도 없이 경찰부장을 처음 만났다. 경찰부장 이시이 헌병중좌의 온화한 용모는 노상에서 본 적은 있지만 가까이서 대면한 것은 처음이었다. 무슨 질책이 있을 것으로 생각했는데 친절하고 정중하게 의자를 권했다. 지인 한 명은 게타를 신은 채 입실했지만 중류 이상의 인사를 대하듯 했다. 용건은 다음과 같았다. 일본인들은 일한병합이 몹시 기뻐 일대 축전을 벌이고 싶은 심정이지만 조선인들에게는 결코 경사롭다고 할 수 없다. 일본 본토의 축하연은 당연하지만 조선에 있는 이들은 조금 자제하면서 조선인들을 동정하는 것이 온당하다고 생각한다. 만일 조선인들의 감정을 해치게 되면 시골에 산재한 일본인 동포가 어떤 피해를 입을 지 예측할 수 없다. 이런저런 것을 고려해 이번에 축하회 같은 행사를 열고 싶지 않다는 내용이었다. 나는 이시이 중좌를 처음 만나 사려 깊은 이야기와 함께 위엄이 있으면서도 온화한 얼굴을 대하며 세간의 평판이 틀리지 않다는 것을 확인했다. 경상북도, 그리고 특히 대구에 이와 같은 헌병대 대장 겸 경무부장이 있다는 사실이 기뻤다. 건강과 오랜 재임을 바라는 마음이 간절해졌다.

경상북도 관찰도는 명실상부 일본의 지방관청이 되었다. 박중양 관찰사를 비롯한 관리 전체는 일본인이 되는 동시에 일본 관리가 되었다. 가까운 장래에 총독부 관제 발포와 함께 지방 관청에도 변혁이 있을 것이라고 하지만 이것은 관아와 관리 이름을 바꾸고 이사청理事廳과 관찰도를 합병하는 것일 뿐이다. 대구가 조선 남부의 주요 지역이라는 점에 변화가 생길 이유는 없다. 통일되지 않았던 종래 정치 제도는 모든 면에서 통일된 모습을 갖추고 임시방편이었던 일들은 모두 영구불변의 본 사업으로 바뀔 것이다. 대구의 장래는 유망하다.

대구이사청 : 폐지된 후 청사는 대구부청이 됨

이사청은 1905년 11월 17일의 '일한협약'에 기초해 일본인 보호를 목적으로 설치한 관아로 영사관 권한을 확장한 것이다. 1903년 11월 이전에 우리는 아무 보호기관 없이 이른바 잠복시대를 살면서 온갖 고생을 했다. 1903년 11월 1일부터 순사 1명이 파견되었지만 그는 경부철도회사京釜鐵道會社의 청원순사였다. 부산영사관이 대구 거류민을 공식적으로 인정한 것은 1904년 8월 이후이다. 다행히 1904년 8월에 부산영사관 경찰서 출장소가 생기고 모든 소원 신청서를 접수했지만 모두 부산영사관의 재결을 받아야 했다. 그 불편과 불이익은 지금 사람들이 도저히 상상할 수 없다. 1906년 1월에는 대구 일본거류민회 대표자를 통감부에 보내 이사청 신설을 요청했다. 그러자 같은 해 8월 중순에 대구 이사청 신설이 결정되고 9월 15일에 개청식을 거행했다. 초대 장관은 오카모토 리헤 부이사관이 맡았는데 동부지역 사설도로 건설, 소학교 신축, 이세 신궁 요배전 건설은 오카모토 씨가 진력한 결과이다. 오카모토 리헤 씨는 관찰사 서리 박중양 씨의 성벽 파괴를 적극 응원하고 민단장 가게야마 히데키 씨의 철도용지 임차 청원에 힘을 보태 민단의 재원을 마련했으며 이세 신궁 요배소 건설 선후책으로 달성공원기성회를 조직하는 등 대구의 장래를 위해 많은 공적을 남겼다. 1907년 1월에 나카오지 마사오仲大路正雄 씨가 이사관으로 부임했는데 오카모토 리헤 씨와 모든 일에서 의견이 일치했다. 여기에 민단장 가게야마 히데키 씨가 있었고 상업회의소 회장 이와세 시즈카 씨가 있었으며 관찰사 서리 박중양 씨가 있었다. 이 다섯 명의 일치된 활동은 대구에 예전에 없던 활기를 불어넣었다.

1907년 6월에 나카오지 마사오 이사관과 오카모토 리헤 장관이 전근 발령을 받아 우지노 도쿠타로氏野德太郎 씨가 왔다. 1908년 7월에는 우지노 도쿠타로 씨를 대신해 히사미즈 사부로久水三郎 씨가 왔다. 지금의 대구유치원은 히사미즈 일가가 심혈을 쏟은 후 남기고 간 선물이다. 히사미즈 사부로 씨는 대구민단의 큰 분쟁이 일어난 다음에 왔기 때문에 관찰자처럼 6개월을 보낸 후 대구유치원 사업을 계기로 본격적으로 활동하려던 차에 아쉽게도 원산 전근 발령을 받았다. 히사미즈 사부로 씨의 후임이 정해지지 않은 동안에는 부이사관 오카모토 마사오岡本正夫 씨가 업무를 대리했다. 오카모토 마사오 씨는 사법관 출신으로 온후하고 정이 많은 사람이라 거류민들의 신임이 두터워 그가 이사관으로 승진하기를 바라는 사람들이 많았다. 이후 일본이 사법권을 갖게 되어 11월에 대구공소원 판사로 전직했다. 1909년 7월에 노세 다츠고로能勢辰五

郎 씨가 왔고 그가 현재 이사관이다.

노세 다츠고로 씨는 이토 히로부미 전 통감이 대구이사관으로 특별 추천한 사람이라 대구의 장래는 그의 두 어깨에 놓여 있다. 노세 다츠고로 씨 또한 마찬가지 결심을 하고 있다는 것은 평소 이야기에 잘 드러난다. 그는 부임하자마자 '일한일가설日韓一家說'을 주장하고 대구에서 일한병합의 모범적인 제도를 창출하겠다는 희망을 피력했다. 그는 관련 조사를 위해 경성과 평양을 방문했다. 그런데 불행하게도 이토 히로부미 공작이 하얼빈에서 흉악한의 손에 쓰러져 모든 일을 중단하게 되었다. 그러나 현재 노세 다츠고로 씨의 실험적 계획은 영구불변한 지역의 안건이 되었다. 머지않아 이사관 지위는 폐지될 것이다. 나는 노세 씨가 행정부 요직에 머물면서 그 포부를 펼치기를 간절히 바란다.

노세 다츠고로 씨는 오카야마 현岡山県 추비 아시모리中備足守에서 태어나 소년 시절에 오사카에서 배우고 이어서 도쿄에서 수학했다. 1887년에 부산영사관 일등서기관으로 부임하면서 관계에 발을 들였다. 1889년에 부이사로 임명되어 청국 즈푸芝罘에서 근무한 후 1892년에 인천영사로 승진하고 1895년에는 캐나다 밴쿠버, 1897년에는 시카고 부, 1899년에는 부산 영사를 역임했다. 1902년에는 캐나다 몬트리올 총영사를 지내고 1904년에 오타와로 전근한 후 1908년에 귀국해 외무성 통상국 제2과장으로 일하다가 1909년 7월에 대구 이사관으로 왔다.

그는 사람을 대할 때 격의가 없어 마치 옛 지인을 대하는 것 같다. 이야기는 학자처럼 딱딱하지 않고 모두 실제적이다. 특히 조선과 북미에서 근무한 기간이 길어 견문이 넓다. 그는 북미 사회제도의 장점을 조선에서 시험 해보고 싶어 했다. 흉금을 터놓는 노세 다츠고로 씨는 상대에 따라 말을 바꾸지 않았고 이야기의 완급을 잃어버리는 일이 없었다. 억지로 학자인 척하는 가짜 신사가 많은 신개척지에는 겉보기에 훌륭한 신사처럼 보여도 노세 다츠고로 씨의 이야기를 소화하지 못하는 사람이 많았다. 가슴 속에 조금도 사심이 없는 노세 다츠고로 씨는 상대의 마음을 탐색하지 않고 성의를 다해 이야기하다보니 몇 시간 동안 상대를 피로하게 만드는 경우가 있어서 '이사관의 장시간 담화'라는 놀림을 받기도 했다. 그러나 스스로에게 다소간 소양과 포부가 있다면 노세 다츠로고 씨의 이야기는 흥미진진해서 시간 가는 줄 모를 것이다.

대구이사청의 관할구역은 관찰도와 다소 다른 부분이 있다. 경상북도 가운데 연일, 홍해, 청하 등의 북쪽 해안은 부산 이사청 관할에 속하고 충청북도 황간 및 영동은 대구 이사청 관할에 속한다. 이것은 초기 이주민의 관계를 지속시킨 것으로 다른 이유는 없다.

대구이사청의 주요 업무는 대구거류민단 및 기타 관하 일본인의 보호, 감독, 재판, 토지매매 증명이었다. 그런데 1909년 11월에 사법 사무는 재판소로 옮겼기 때문에 이사청 업무는 매우 한산해졌다. 조선은 이제 일본 영토이다. 이사청과 관찰도의 양립을 허락하지 않는다. 가까운 시일 내에 새로운 지방관청이 설립되어 만사가 통일되어야 한다. 본서가 출판되어 독자들이 읽을 무렵에는 이미 새로운 관아가 개청한 이후일 것이다. (1910년 9월 7일 탈고)

대구재무감독국 : 경상북도로 합병

1905년 7월말 재정고문이 지부에 배치되어 이토 쓰네조伊藤恒藏 씨가 재무관으로 부임했다. 중앙 즉 경성에는 메가타 다네타로目賀田種太郎 남작이 한국 재정고문으로 있었는데 이 고문 지부가 재무감독국이 된 것이다. 때는 1908년 1월이었다. 재무감독국 업무는 범위가 매우 넓어 경상북도에 있는 58개 재무서를 지휘 감독하는 것이 직계 사무이며 구 한국 측 은행 및 금융조합도 감독했다. 엽전 정리부터 신화폐 보급, 경상남북도 내 건축사무 감독, 국유지 정리에서 국토 재원 조사와 물산 및 민도民度 조사에 이르기까지 모두 재무감독국의 업무이다. 구 한국의 관아 가운데 사무가 많아 극도로 분주했지만 다른 한편 재무감독국의 업무는 흥미로운 일이 많았다. 1908년 즉 재무감독국 신설 첫 해의 성과와 그 밖의 것을 모은 『재무일반財務一斑』이라는 서적의 서언에 있는 두세 페이지를 발췌해 독자들에게 참고 삼아 소개한다. 아래 내용은 가와카미 쓰네오 재무감독국장의 이야기이다.

현재 한국의 상황은 정무를 혁신하는 시기라기보다 여전히 건설 중이라고 하는 것이 적절하다.

애초에 한국의 정무 가운데 재정財政은 옛 제도의 잘못과 위정자의 간악함이 합쳐져 폐해를 거듭하면서 지리멸렬하고 추잡하여 방만한 정도가 마치 병들어 썩어문드러진 것 같다. 이러한 때에 재무고문 제도를 설치한 것은 암담한 재무계에 한 줄기 광명을 던져 재정 개혁의 계기가 되었다.

재무고문의 엄정한 감독과 열성적인 지도가 현저히 그 효과를 나타내 재무 전반에 확고한 기초를 제공하면서 면목을 새롭게 하려던 찰나인 1908년 1월에 신관제가 발포되어 고문제도가 폐지되었다. 이에 지방재정 감독은 모두 재무감독국이 관할하게 되었다. 당시 병오년 7월의 정변으로 발생한 군사적 혼란은 이미 지방으로 널리 확산되었고 이에 더해 재무감독국 개국 초창기라 제반 준비가 되지 않은 상태에서 과거 1년의 실적 가운데 크게 눈에 띄는 것이 없어 부끄러웠다. 하지만 어쩔 수 없는 부분이 있었다. (이하 생략)

대구 재무감독국은 경상남북도 두 개 도를 관할했으며 재무소는 58개가 있다. 대구 재무감독국 관할 지역이 조선 전체에서 차지하는 실세를 소개하면 다음과 같다.

(1908년도 조사)

종별	조선 전도	경상북도	경상남도	경상남북도 합계
인구	9,781,671(명)	1,062,991	1,270,258	2,333,249
호수	2,333,087(호)	274,338	283,817	558,155
면적	14,000(方里)	1,147	867	2,014
조세 수입	10,340,604(원)	1,344,324	1,259,123	2,603,447

제2장에서 약술한 바와 같이 악덕하고 부패한 관리가 자신의 배를 불리는 방법으로 은닉 조세를 징수하는 경우가 많았고 팔도를 더 이상 분할하지 않아서 민중의 부담은 더욱 가중된 반면 구 중앙정부의 수입은 갈수록 감소했다. 이와 같은 폐해가 가장 많은 지역이 경상도였다. 이는 토지가 넓고 오곡이 풍부하기 때문이다. 경상, 전라, 충청 지역 6도를 정리하면 조선의 세수는 현저하게 증가할 것이다. 대구 재무감독국은 조선 남부 삼남 지역의 모범 감독국으로 가와카미 쓰네오 국장의 고심은 다른 사람들이 도저히 상상할 수 없다. 조선 남부의 폭도들이 삼남 지역의 부원을 휩쓸기 위해 경기도와 강원도 각 방면에서 숨어 들어와 징세를 못한 지역이 매우 많았음에도 불구하고 전체 금액이 예상치에 근접한 것은 기존에 중앙에 납부하지 않은 은결을 찾아냈기 때문이다. 중앙정부는 재정난을 겪고 8도의 민중은 생활고를 겪고 있다. 이러한 가운데 한 번 관찰사가 되면 10대가 부를 누리고 한 번 군수가 되면 3대가 안일하게 지낼 수 있다는 것은 세간의 평판인 동시에 사실이기도 하다. 대구를 비롯해 상당한 자산이 있는 사람들은 모두 전직 관리들이다. 무관무직이면서 부자인 사람은 절대로 없다. 경상도에는 재산보호를 위해 거금을 내고 관명을 매수해 관찰사와 군수의 박해를 벗어나는 부자가 많다고 하지만 그 부의 원천을 따져보고 관명 매수 후의 행동을 살펴보면 이들 또한 양민의 고혈을 빨아먹는 악귀라고 단언할 수 있다. '일한병합'의 결과 양반의 공로를 운운하는 설이 있지만 이조

520년 동안 임금의 덕화는 민중에 미치지 못해 8도의 민중은 모두 왕조를 원망하기에 이르렀다. 농민들이 일한병합을 기뻐하고 풍년에 추는 춤을 추면서 몰래 이조의 멸망을 축하하기에 이른 것은 과연 누구의 죄인가. 양반이라는 종족이 500년 동안 왕의 이름을 깔보면서 민중을 학대한 결과이지 않은가. 조선 팔도가 일본 영토가 되고 1천 5백만 민중이 환희하는 원인을 생각할 때 일본이야말로 양반의 공로에 감사해야 하는 것인가. 개인적으로 일진회의 공로를 인정하지만 팔도의 악귀인 양반의 공로는 조금도 인정할 수 없다.

대구와 기타 지역 재무감독국은 부정한 관리의 폐정을 수습하고 민중의 부담을 가볍게 하며 중앙의 수입을 늘리는 것이 임무이다. 국장의 책임이 얼마나 막중한 지 짐작할 수 있다.

재무감독국장 가와카미 쓰네오 씨는 에히메 현愛媛県 우마 고오리宇摩郡 사람으로 1898년 2월에 오쿠라 성大藏省 속관屬官이 된 후 12월에는 사세관司稅官으로 승진해 교토 세무감독국 간세과장間稅課長이 되었다. 1899년 12월에는 임시 오키나와 현 토지정리국 사무관으로 임명되어 몇 년 간 류큐에 머물면서 사츠마薩摩 원로 가운데 까다롭기로 유명한 나라하라奈良原 노지사 밑에서 류큐 지역 토지정리라는 큰 임무를 수행했다. 그 후 1904년에 고등관 5등으로 승진해 가나자와金沢 세무감독국장이 되었다. 1906년 12월에 고등관 4등으로 승진해 통감부 서기관 겸 오쿠라 성서기관이 되었다. 1907년 1월에 한국정부 재정고문부財政顧問部로 보촉되어 4월에 통감부 재정감독관이 되었으며 5월에 대구 재정고문지부 재무관 관원財務官官員으로 사무처리 명령을 받고 1908년 1월에 대구 재무감독국장으로 임명되었다. 통감부 서기관 직위는 그대로 유지되었다. 1909년 4월에 통감부 서기관으로서 고등관 3등으로 승진했다. 가와카미 쓰네오 씨는 1872년에 태어나 올해로 39세이다. 그의 관직 약력을 직접 물었지만 웃으며 이야기해주지 않았다 하는 수 없이 각 방면으로 조사한 것이라서 임명 날짜에 다소 착오가 있을 수 있다. 단 현재 관직에는 조금도 오류가 없으니 양해를 바란다.

가와카미 쓰네오 국장은 엄격하면서도 원만함을 잃지 않는다. 변설에 소양이 많지만 말을 많이 하지 않는다. 한 마디 한 마디를 소홀히 하지 않으며 얼굴에 감정을 드러내지 않는다. 직무 상 오해를 사서 비난을 받는 일도 있지만 지금까지 일언반구 변명한 적이 없다. 각종 연회에는 가능한 출석하지만 한 번도 흐트러진 모습을 보인 적이 없다. 가와카미 쓰네오 씨 부하 가운데는 프랑스파와 독일파가 있다. 영국통이 있는가 하면 미국통도 있다. 그는 전문 부하 직원들에게 꾸준히 각국 식민정치사를 조사하도록 지시한다. 특히 영국의 이집트 정책에 관심을 두면서 전 이집트 통감이었던 크로마 경의 새로운 저서 『이집트 근세사埃及近世史』가 일본에 유입되지 않은 상황에서 런던에서 직접 구매해 영국 전문 부하에게 번역을 맡겨 현재 마무리를 눈앞에 두고 있다. 가와카미 쓰네오 국장은 직무를 소중히 하고 열심히 하지만 작은 부분에 매몰되는 식견 좁은 사무관이 아니다. 항상 대세를 주목하고 세계정세를 살피면서 고금의 정치사를 섭렵하고 연마하기를 게을리 하지 않는다. 특히 부하들을 따뜻하게 대하면서 적재적소에 배치할 뿐만 아니라 능력이 탁월한 부하는 밑에 두지 않고 중앙에 추천해 그 사람의 출세를 즐겁게 지켜본다. 이러한 이유로 부하들 가운데는 법학사도 있고 문학사도 있으며 한학자도 있고 서도가도 있지만 모두 자식이 부모를 대하는 것처럼 가와카미 국장을 공경하는데, 그 정은 그야말로 깊다.

가와카미 쓰네오 씨는 부임한 이래로 항상 대구의 발전을 도모했다. 가와카미 쓰네오 씨는 화려하게 진두에 서서 공적을 세우는 것을 가장 기피했기 때문에 겉으로 이름을 드러내지는 않았지만 중요한 사안에는 항상 그의 도움이 있었다. 그가 민간에서 큰 신용을 얻은 것은 이러한 이유 때문이다. 특히 그의 공적은 재정 정리 부문에서 가장 두드러졌다.

직간접으로 민간이 누린 혜택은 아주 크다.

가와카미 쓰네오 씨는 독서가 취미이고 그 밖의 것은 사교를 위한 것에 지나지 않는다. 주로 재정 관련 서적을 보지만 정치서와 문학서도 읽고 정신수양을 위해 고금의 철학서도 읽는다. 특히 노장 사상은 그가 가장 좋아한다. 맹자의 학설에 대해서는 참신한 견해를 갖고 있다. 저승에 있는 맹자의 혼령이 가와카미 쓰네오 씨의 해설을 들으면 쾌재를 부를 것이다. 가와카미 쓰네오 씨가 24시간 내내 엄정하게 행동하는 것은 그가 좋아하는 독서의 영향인 것 같다.

가와카미 쓰네오 씨의 직위는 주임奏任 가운데 최고 지위이며 그 위는 칙임勅任이다. 그가 감독국장으로서 남긴 공적은 세상이 공히 인정하는 부분이라 거류민 모두는 가까운 장래에 반드시 영전 소식이 있을 것으로 예상한다. 그러나 영전과 함께 가와카미 쓰네오 씨가 대구를 떠나는 것은 거류민들에게 매우 애석한 일이다. 거류민들은 가와카미 쓰네오 씨가 고등관 2등으로 승진해 대구에 유임하기를 기대하고 있다. 일한병합으로 관아가 통폐합되는 것은 당연한 결과이지만 감독국과 같은 핵심부서는 점차 확장될 것이다. 관아의 명칭이 바뀌더라도 사무를 책임질 실력자는 필요할 것이다. 조선의 장래 발전을 위해 조선 남부의 재정을 정비하는 일은 매우 중요하다.

재판소

재판소란 대구공소원, 대구지방재판소, 대구구재판소 세 가지를 총칭하는 것이다. 1908년 8월 1일에 한국재판소로 개청하면서 원장 도이 요타로土井庸太郎 씨, 검사장 구로카와 미노루黑川穰 씨, 지방재판소장 도리야마鳥山 씨가 왔는데 이들은 모두 한국법관 자격으로 부임했다. 1909년 11월부터 사법권은 일본정부로 넘어와 원장, 검사장 및 그 밖의 조선인 판관까지 그대로 일본의 재판관이 되어 현재에 이르고 있다. 변화라면 도리야마 지방재판소장이 부산으로 전보 발령을 받고 공소원 부장이었던 마쓰시타 나오미松下直美 씨가 지방재판소장이 된 정도이다. 조선의 통감부 재판소 체제는 다음과 같다.

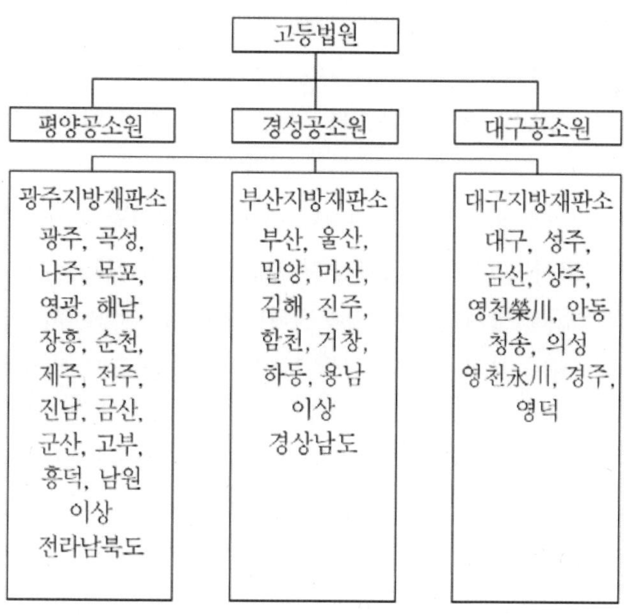

도이 요타로 원장과 구로카와 검사장 이하 모두 품격이 있어 민중들이 법관으로서나 신사로서나 한결같이 존경한다. 세상에 소개할 만한 이야기가 많지만 직위도 없는 내가 사법부를 비평하는 것은 온당하지 않은 것 같다. 동시에 행정관과 달리 엄정중립의 태도를 지켜야 하는 위치에 있으므로 상세한 소개는 독자들에게도 이익이 되지 않을 것이다. 재판관들의 공적과 명망을 소개하는 대신에 9월 1일 현재 직위와 성명을 소개하는 것으로 마치겠다.

- 대구공소원장 도이 요타로土井庸太郞, 대구공소원 검사장 구로카와 미노루黒川穣, 대구공소원 부장 스즈키 고사부로鈴木伍三郎 , 대구공소원 검사 오무라 다이요大村大代, 대구공소원 판사 미야기 긴지見矢木銀爾, 대구공소원 판사 요코타 사다오横田定雄, 대구공소원 판사 나가누마 나오마사永沼直方, 대구공소원 판사 오토모 우타지大友歌次, 대구공소원 판사 사이토 쇼자부로斎藤庄三郎, 대구공소원 검사 스기무라 이츠로杉村逸樓, 대구공소원 통역관 히자츠키 마스키치膝付益吉, 대구공소원 서기 마스다 기요타增田喜代太, 대구공소원 서기 다키하라 기타로瀧原儀太郎
- 대구지방재판소장 마츠시타 나오미松下直美, 대구지방재판소 검사장 기타무라 고시치로北村五七郎, 대구지방재판소 부장 모리시마 야시로森島彌四郎, 대구지방재판소 검사 후지와라 사부로藤原三郎, 대구지방재판소 판사 와다 시로和田四郎, 대구지방재판소 판사 고미 가즈이츠五味一逸, 대구지방재판소 검사 다카무라 에츠조高村悅藏, 대구지방재판소 판사 하라다 류센原田隆仙, 대구지방재판소 검사 요시다 신사쿠吉田眞作, 대구지방재판소 서기 후쿠나가 도라시로福永寅四郎
- 대구구재판소장 다나카 요시하루田中芳春, 대구구재판소 판사 모로하시 가즈요시諸橋一義, 대구구재판소 검사 요시다 신사쿠吉田眞策

대구감옥

대구감옥은 전라와 경상 4개도 가운데 가장 큰 감옥으로 조선인을 천명이상 수감하고 있다. 일본인 또한 40여명 있다. 종래 조선의 제도는 수인에게 식사를 제공하지 않고 친척 또는 지인들이 넣어주었다. 그래서 친척이나 가까운 지인이 없는 수감자는 다른 수인이 남긴 밥을 먹으면서 겨우 목숨을 유지했다. 그 잔반은 양이 한정되어 있으므로 동정을 받지 못하는 수인은 하루에 한 끼도 먹지 못한다. 결심까지 가지 않은 수인에게는 관찰사 또는 군수가 이틀에 한 끼 정도를 지급해 목숨을 유지시켰다. 따라서 내가 목격한 사형수들은 뼈와 살가죽만 남아 형장인 시장으로 끌려가는 동안 걷기조차 힘들어 거의 혼수상태에 가까웠다. 교수형에 처해질 죄수가 마지막에 주는 탁주를 대량으로 마시는 것도 허기와 갈증 때문이고, 남녀 모두 침착한 태도로 스스로 교수형 밧줄에 목을 내미는 것도 혼수상태에서 무의식적으로 하는 동작일 것이다. 한편 먹을 것을 주지 않는 감옥에 많은 사람을 수용하는 것은 어렵기 때문에 벌금, 곤장, 사형 중 하나를 신속히 결정해야 한다. 재산이 없는 수인이 빨리 출옥하는 것은 이 때문이다. 지금의 법률은 이와 같은 편법을 허락하지 않고 일본 본토와 마찬가지로 재판 결과에 따라 1개월 이상에서 무기징역에 이르는 수인들은 관에서 지급하는 식사에 입맛을 다신다. 경상북도는 110만 명을 통치하고 대구공소원 관할구역에는 약 450만 민중이 있다. 대구감옥의 수인이 나날이 증가하는 것은 이 때문이다.

형무소장 가미오 도라노스케神尾虎之助 씨는 죄인을 깊이 동정해 본파 본원사本派 本願寺 포교사 누노카와 히로아키布川宏哲 씨에게 교회사 일을 부탁해 매일 교화에 힘썼다. 나는 가미오 도라노스케 형무소장을 아직 만나본 적이 없어 상세히 소개할 자료가 없다. 또한 실업에 관심이 있는 독자들에게 형무소장 비평은 실질적인 이익이 되지 않으므로 더 이상의 서술은 생략하겠다.

군대

1904년 7월에 나카무라 군조中村軍曹가 이끌고 온 일개 소대가 대구에 주둔한 일본 군대의 효시였다. 8월에는 중대 규모가 되어 히타카 사이지日高才二 대위가 중대장이 되었다. 1907년 8월에 조선의 군대가 해산되고 일본 군대가 이를 대체하면서 남한의 폭도 토벌 임무를 맡은 제12여단이 파견되었다. 요다 소장依田少将이 여단장으로 와서 대구에 사령부를 두었다. 그러나 불행히도 요다 소장은 병에 걸려 귀국하고 대신 쓰네요시 다다미치恒吉忠道 소장이 여단장을 맡았다. 쓰네요시 다다미치恒吉忠道 소장은 부지런히 군사업무를 공부하는 중에도 항상 대구에 관심을 기울여 각종 집회에는 반드시 출석했고 중요한 일에는 스스로 위원이 되어 알선과 수고를 아끼지 않았다. 유명인사가 올 때마다 솔선해서 초대해 대구를 소개하는 데에 힘썼다. 쓰네요시 소장은 관민일치와 거류민 융화를 희망하면서 스스로 중화제 역할을 맡았다. 소학교에는 특히 신경을 써서 기회가 있을 때마다 아이들에게 교훈담을 들려주면서 즐거움으로 삼았다. 그는 남녀노소 할 것 없이 대구 거주 일본인들에게 깊은 인상을 남겼다. 제12여단은 1909년 7월에 귀환 명령을 받고 임시파견대와 임무 교대를 하면서 고쿠라小倉로 돌아갔다. 나는 2년 동안 가까이서 친분을 나눈 쓰네요시 다다미치 소장, 장교 및 사병들과 헤어지는 것이 애석했고 혁혁한 공을 세운 제14연대 깃발과 이별해야 하는 것이 슬펐다.

임시파견대 사령관은 와타나베 스이사이渡邊水哉 육군 소장으로 제1연대는 대전에 사령부를 두고 제2연대는 대구에 주둔하면서 미와 미츠요시三輪光儀 육군보병 대좌가 연대장을 맡았다. 와타나베 스이사이 소장은 매우 엄정하게 처신하는 동시에 부하들을 엄격히 감독했다. 화류계에 병사들이 그림자도 안보여 요리점의 불만이 컸다. 미와 미츠요시 연대장도 품행이 방정했고 자신의 행동이 부하 장교와 사병들의 모범이 되도록 노력했다.

대구 주둔 파견대는 이른바 삼남 지역인 전라남북도, 충청남북도, 경상남북도 전체를 관할했다. 조선 13도 가운데 폭도가 창궐하는 곳은 강원도와 삼남지역이다. 이것은 삼남지역 민중이 조선왕조에 충성했다거나 일본 배척 사상이 강해서가 아니라 고래로 삼남지역이 조선의 부원이었기 때문이다. 예부터 강도는 가난한 집에 들어가지 않고 부잣집을 노렸다. 조선의 산적도 추위가 심하고 오곡이 풍요롭지 않은 지역에는 가지 않는다. 항상 따뜻하고 의식주에 크게 고생하지 않는 삼남 지역으로 오는 것이다. 만일 진정으로 이씨 조선의 쇠운을 만회하기 위해 일본에 항거하려 했다면 조선 서북지역의 깊은 산 속에 모여 대사를 도모했어야 할 것이다.이러한 이유로 삼남 지역의 도적만 사라지면 다른 지역은 걱정할 필요가 없다. 일본 정부가 제12여단과 파견대를 조선 남부에 주둔시킨 이유도 바로 이 때문이다. 일한병합 이후 삼남지역은 일본의 부원이 되었다. 이 부원을 보호하기 위해서는 강한 군대가 주둔해야 한다. 가까운 시일 안에 임시파견대를 대신해 상주 수비대로 바뀔 것이다.

헌병대

대구는 헌병대와 가장 관계가 깊다. 1895년에 '일청강화조약'이 맺어져 주둔군이 돌아간 후 군용전신 수비 명목으로 경성과 부산 사이 28㎞ 지점마다 헌병을 배치했다. 대구에는 헌병 10명 이외에 통신부가 별도로 있었다. 일본인들이 항상 관헌의 박해를 받으면서도 맞아죽지 않은 것은 암암리에 헌병의 보호가 있었기 때문이다. 겨우 15~6명의 일본인이 500백 명이나 되는 진위대와 맞서 한 발도 물러서지 않은 것은 헌병의 후원이 있었기 때문이다. 1903년 이전부터 대구에 거주했던 일본인들이 지금까지 생명을 유지할 수 있었던 것은 그야말로 헌병 덕분이다.

통감부는 어떤 필요 내지는 자신이 있어서 한일 양국 민중이 신임했던 헌병을 모두 귀환시켰을까. 이후 헌병대가 다시 파견되었을 때 대구는 분대가 되었고 지금은 헌병대 본부가 설치되었으며 이시이 곤조 헌병 중좌가 대장이었다. 이시이 중좌에 대해서는 관찰도 경찰부 관련 부분에서 이미 소개했기 때문에 여기서 다시 쓰지는 않겠다. 나는 조선의 모든 민중이 신뢰하는 헌병대가 영원히 치안을 유지해 주기를 간절히 바란다.

대구헌병대가 관내 여섯 분대와 다수의 분견소를 총괄하고 대장인 이시이 곤조 중좌가 경무부장을 겸하기 때문에 경비기관 전체는 대구헌병대 지휘 하에 활동하는 격이다. 일한병합이 되었지만 아무 사건이 일어나지 않은 것은 헌병대의 공로 덕분이다.

대구경찰서

대구경찰서는 경북 열 개 경찰서의 수반이다. 청사는 시가지 중앙 네거리에 있다. 고층 건물이라 화견대火見臺에 오르면 대구 시내 전체가 눈 아래에 펼쳐진다. 경상북도 경찰서라는 명칭을 대구경찰서로 바꾼 이후에 서장이 세 번 바뀌었다. 초대 서장 아마노 아키시로天野章四郎 경시는 가장 명성이 높아 거류민의 신뢰가 깊었고 부하 경관들이 부형처럼 믿고 복종했다. 그가 함경북도 나남 경찰서장이 되어 대구를 떠날 때 많은 사람들이 석별의 정을 나누며 눈물을 흘렸다. 사람들이 아마노 경시를 얼마나 신임했었는지 알 수 있는 대목이다. 1909년 말에 아마노 경시를 대신해서 고래사와 신이치로是澤真一郎 경시가 왔다. 그의 집무 방식은 예전의 다나카 경찰총감 방식이었다. 서장 스스로 접수창구 옆에 앉아 모든 것을 즉결했다. 구두 신고 범위를 대폭 확장했다. 전당포, 고물상, 요리점 단속은 매우 엄중했지만 일반인을 대할 때는 매우 친절했다. 아마노 경시를 보내고 슬퍼하던 민중이 고레사와 경시 를 맞이해 보상 받은 기분을 느낀 것은 잠깐이었다. 경비기관을 조정하면서 고레사와 경시는 원산으로 전근 발령을 받았다. 지금 서장인 안도 세지로安藤正次郎 경부도 고레사와 경시 못지 않게 명성이 높다. 나는 좋은 서장이 오랫동안 재임하기를 바란다.

대구경찰서에는 소개해야 할 경부 한 사람이 있다. 바로 기요미야 센노스케清宮仙之助 경부이다. 기요미야 경부는 조선 사정에 정통하고 온후하며 독실한 군자이다. 민중을 대할 때 너무 친절해서 전혀 경찰로 보이지 않는다. 그는 한적에 대한 소양이 깊어 착안하는 것이 모두 고상하고 머릿속에 학술상 참고가 되는 것을 많이 축적하고 있다. 그는 명소와 고적 조사를 가장 좋아한다. 본서 출판과 관련해서도 경주와 기타 지역에 대한 유익한 재료를 제공해 주었다. 기요미야 경부는 누구와 만나도 흉금을 터놓고 즐겁게 이야기하지만 절대 이야기가 방종하지 않고 요점이 명확하다. 그와 이야기하면 유익하고 흥미진진해서 시간 가는 줄을 모른다.

대구측후소

측후소는 1907년 1월에 설치되어 3년 9개월이 경과했다. 기상관측 국가의 주요 업무이다. 기상정보는 항해 종사자에게도 필요하고 농사를 지을 때는 특히 주의를 기울여야 한다. 후쿠다 가쿠헤福田覚平 소장은 3월까지의 추이를 보고서 올해는 비가 많을 것이라고 했다. 1905년 봄과 양상이 비슷하다는 점에서 나도 그렇게 생각한다. 그날그날의 날씨를 미리 아는 것만으로도 이익이 되는데 한두 달 혹은 반년 뒤 날씨를 예측한다면 막대한 이익이 될 것이다. 올해 강우량은 1905년을 웃돌았다. 이것을 미리 아는 것과 모르는 것 사이는 막대한 이익 차이가 발생할 것이다. 기후 조사는 장래 유망한 산업을 조사할 때도 반드시 필요하다. 그런데 대부분의 사람들은 실업을 조사하러 오면서 기후에 대해 묻지 않는다. 지난 2~3년 간의 정보만 기준으로 삼기 때문에 뜻하지 않게 실패하는 사람들이 많다. 1904~5년에 무라이村井 씨가 군산 지방과 경상도 낙동강 연안에서 펼쳤던 대계획을 비롯해 많은 실패가 발생한 것은 기후조사를 소홀히 했기 때문이다. 그러나 당시에는 기후를 조사하는 기관도 없어서 공을 세우려고 서두른 사람들이 뜻밖의 실패를 겪었던 것이다. 이렇게 말하는 나도 그 중 한 사람이다. 지금은 각 주요 지역에 측후소가 설치되어 있고 담당 기사들은 실업가들이 참고해야 할 정보를 정리해 대기하고 있다. 농사를 50년 지은 일본 본토의 노련한 농민들도 측후소를 신뢰한다. 하물며 아무 경험이 없는 조선에서는 어떠하겠는가? 대구측후소 후쿠다 가쿠헤 소장은 도치기 현栃木県 사람으로 측후소가 생길 때부터 업무를 맡고 있다. 성격이 온화하고 기품이 있어 사람들이 깊이 신뢰한다. 본서를 발간하는 데에도 많은 도움을 주었다.

토지조사국 대구출장소

토지조사국에서는 조선 전체 토지를 실측해 토지대장을 작성하는 것이 목표이며 6년 안에 완성할 계획이다. 470여 년 전인 이조 제4대 세종대왕 때에 전국을 측량해 세법을 정했다고 하는데 지금은 아무 흔적도 남아 있지 않다. 토지조사국은 시가지 택지, 심산유곡, 불모의 황무지와 무수한 섬 모두를 새롭게 측량해 토지대장을 작성하기 위해 설치했다. 대구출장소는 조선 남부의 부원을 조사해 국가재원의 기초를 다지는 큰 임무를 맡고 있다. 아직 소장이 임명되지 않아 모든 일은 도요다豊田 기사가 지휘하며 작업을 시작했다. 대구출장소의 관리는 산적이 있는 산각 벽지나 쌀 한 톨도 나지 않는 불모의 들판도 기피해서는 안 된다. 추위로 땅이 얼어붙고 온 몸에 동상을 입어도, 혹은 폭염이 쏟아지고 모기떼가 덮치는 한여름에도 휴양할 여유가 없을 것이다. 돼지우리 같은 지역민 집에서 수십일 동안 기숙하는 동안 병에 걸려도 약을 구하지 못하는 일은 다반사이다. 때때로 산적과 폭도 때문에 목숨을 잃는 사람도 있을 것이다. 나는 토지조사국의 대사업과 관련해 희생자가 많지 않기를 간절히 빈다.

동양척식회사 대구출장소

동척 출장소는 1909년 5월에 설치할 예정이었지만 회사 사정으로 연기되어 올해 1910년 8월에 설치되었다. 이민 사업이 동척의 업무이지만 아직 집단 이민은 없다. 북한에서 역둔토를 인수했다고 하지만 조선 남부 최고의 역둔토를 아직 수령하지 않았다. 동척의 주요 목적이 일본 본토 농민의 이주라면 왜 최고의 역둔토가 많은 조선 남부 지역에 늦게 착안하는지 모르겠다.

올해는 일본 본토의 많은 사람들이 수해로 생명과 재산을 잃었다. 어제까지 지주였던 사람이 하루아침에 주먹밥 하나로 겨우 목숨을 부지해야 하는 불행에 빠진 사람들이 많다고 한다. 처음부터 재산이 없었던 사람을 조선에 보내는 것은 백해무익하다. 일정한 재산을 갖고 있다가 갑작스러운 재해로 어려움에 빠진 사람들을 조선에 보내는 것이 가장 좋다. 품성이 바른 무산자를 보조해 '신영토'에 보내는 것이야말로 동양척식회사의 직무이다.

대구임업사무소

기존의 농상공부 직할로 1907년 4월에 설치되었다. 동운정 동쪽에 인접해 있으며 2만 6천여 평 규모의 모판이 있다. 3년에 걸쳐 일본 각지에서 가져온 각종 종묘의 적응 여부를 실험하고 있다. 올해부터는 실험 결과가 좋은 것을 골라 실제로 키우기 시작했다. 실험단계의 종묘가 말라죽는 것을 보고 사무소가 실패했다고 말하는 사람이 있는데 이것은 잠업강습소의 병든 누에를 보고 기사의 미숙함을 비웃는 어리석음과 같다. 임업사무소는 수 십 종에 달하는 종묘의 적응 여부를 계속 시험하는 단계에 있다. 결과가 3년 연속 좋은 것은 적합한 종으로 판정해 대량 파종하고 결과가 좋지 않더라도 절대로 폐기하지 않고 소량으로 실험을 계속한다. 작년에 파종하거나 꺾꽂이해서 올 봄에 채취한 것은 거의 대부분 경성의 농상공부로 보냈다.

모리타 무츠오守田六男 소장과 이토 구마사부로伊藤熊三郎 촉탁기사는 사무소 설립 당시부터 자리를 지키면서 충실하게 업무에 힘쓰고 있다. 1908년 5월에 야마모토 히로시山本廣 씨가 와서 일본인이 세 명이 되었고 이 밖에 세 명의 조선인 기수가 있다. 모리타 소장은 오이타 현大分県 사람이고 이토 씨는 이와테 현岩手県 미즈사와水澤 사람인데 두 사람 모두 임업에 소양이 깊다. 작업시간에는 손수 노동복을 입고 인부들 사이에 들어간다. 종묘의 성장에 관해서는 새싹 하나하나의 성장과정을 주의 깊게 관찰해 그 원인을 연구한다. 사무소가 설치된 이후 작업 내용은 아래와 같다.

1908년 조림

- 조림 면적 30만평 : 1.5평방미터당 한 그루 비율
- 적송 17만 2,800 그루. 상수리나무 25만 9,200 그루

1909년 조림

- 조림 면적 9만평.
- 적송 4,400 그루. 상수리나무 44,000 그루. 아카시아 1,000 그루. 물오리나무 1,000 그루. 밤나무 150 그루. 흑송 49,450 그루.

1909년 조림

- 조림 면적 6만평.
- 상수리나무 종류 6섬, 시험 조림지는 비슬산.

1909년도 모판 작업

- 총 58석 9두 파종. 적송, 흑송, 상수리나무, 아카시아, 느티나무, 개암나무 등 24종. 꺾꽂이 갯버들 2만 그루, 백양나무 500 그루. 못자리이식 87만 6천 그루(전년도 파종 묘목).
  조림 후 고사 비율은 첫 해에 약 10%, 2년 간 약 15%.
- 2~3년간 실험 결과 임시 적합 종 : 적송, 흑송, 상수리나무, 아카시아, 갯버들, 백양나무 5종.
- 2~3년간 실험 결과 부적합 종 : 삼나무, 전나무, 낙엽송

삼나무와 전나무는 대구보다 추운 리쿠추陸中 지역과 우고羽後 지역의 경계 히노키 산檜山에서는 울창한 숲을 이루고 있다. 눈이 많고 바람이 강한 홋카이도 및 사할린에는 유명한 낙엽송 삼림이 많고, 산 전체가 전나무로 가득한 기소木曾 지역 산들은 조선 남부보다 더 춥다. 임업사무소의 이토 구마사부로 기수는 더 추운 지역에는 적응하면서 대구 지역에 적응하지 못하는 이유가 가장 큰 의문이었다고 한다. 그는 가설을 전제로 다음과 같은 의견을 피력했다. "조선은 여름철에 성장이 더딘 반면 가을에 성장이 빠르다. 그런데 여전히 성장이 왕성한 10월 중순

내지 하순에 갑자기 첫 서리가 내리고 얼마 후 기온은 영하 가까이로 떨어지면서 서북풍이 4~5일 이어진다. 부드러운 잎과 딱딱한 잎이 아직 완전히 성장하지 못한 상태에서 차가운 바람이 갑자기 불기 때문에 검은 색으로 변해 말라 죽는다. 게다가 겨울과 봄철에 매우 건조해서 관목까지 고사한다. 오우奧羽와 홋카이도 지역은 찬바람이 강하다고 하지만 더위에서 추위로 서서히 이행하고 첫 서리 다음날에 얼음이 어는 기이한 광경은 벌어지지 않는다. 가을 추위에 성장을 멈추고 첫서리이후 한겨울 준비를 할 수 있는 여유가 있다. 이와 달리 조선은 가을에 거의 춥지 않다가 갑자기 겨울로 넘어가기 때문에 길고 부드러운 가지 눈을 가진 삼나무, 전나무, 낙엽송은 도저히 견디지 못하는 것이다."

앞서 서술한 바와 같이 임업사무소 사업은 여전히 시험단계에 있기 때문에 실험 결과와 그 사람의 능력은 별개이다. 따라서 하나도 숨기지 않고 모두 공시한다. 이 방면에 뜻이 있는 사람은 귀 기울여 들을 필요가 있다.

권업모범장 대구출장소

권업모범장勸業模範場은 수원에 있고 농학박사 혼다本田 씨가 장을 맡고 있다. 대구출장소는 1909년에 설립되었고 소장은 헤라이 히데타로戸来秀太郎 씨이다. 대구출장소는 농사나 원예와 같은 식산 사업의 지도자 역할을 맡고 있다. 임업사무소와 마찬가지로 실험에 중점을 두기 때문에 시험작물로 적합 여부를 판단해야 한다. 보고할 때는 시비를 그대로 밝혀 관련 사업자들이 참고하도록 하고 실패를 미연에 방지하도록 한다. 설립된 지 얼마 지나지 않았기 때문에 시험 범위가 매우 좁지만 본부에 해당하는 수원의 시험 결과와 관련 기관인 경성원예모범소의 보고 내용을 자세히 조사할 수 있는 편리함이 있다. 특히 대구의 관련 사업 상황을 자세히 조사해 두었기 때문에 특정 개인의 부정확한 이야기를 듣는 것보다 대구출장소를 방문해 사실을 파악하는 것이 옳은 방법이다. 대구출장소는 관립이기 때문에 관공서의 하나이지만 복장 등을 신경 쓸 필요 없이 평소대로 방문해도 괜찮다.

대구우편국

대구에서 일본 우편은 1903년 11월 1일에 부산우편국 대구수취소가 생기면서 취급하기 시작했다. 당시에는 조선인 우편은 받지 않고 일본인 우편만 취급했다. 일본인은 겨우 20여 명이었지만 일체 배달을 하지 않았기 때문에 6일마다 수취소에 가서 우편물이 왔는지 확인했다. 그 이전에는 한국의 대구우체사가 있었지만 분실과 불착이 빈번했다. 내가 대구에 왔을 때 보낸 편지 수 십 통 가운데 일본에서 답신이 온 것은 겨우 5~6통이었고 그것도 모두 엽서로 보낸 것뿐이었다. 편지봉투로 보낸 20여 통은 하나도 답장이 오지 않았다. 그러던 어느 날 우표를 샀는데 뒷면에 얇은 청색 종이가 부착된 5~6장이 있었다. 자세히 보니 그 가운데 한 장에는 내가 쓴 글씨가 희미하게 남아 있었다. 그리고 그 때야 비로소 봉투에 넣어 보낸 편지만 도착하지 않은 이유를 깨달았다. 즉 우표 한 장을 두 세 번씩 팔기 위해 관리가 편지 봉투의 우표를 뜯어내면서 내가 붙인 우표는 다시 나에게 돌아온 것이다. 이후 일본으로 보내는 편지는 부산으로 가는 인편에 맡겼고 일본에서 오는 편지는 58은행 부산지점에서 수취해 인편으로 대구에서 받았다. 이런 상황에서 한 달에 여섯 번씩 대구에서 우편을 수발신할 수 있게 된 것은 그야말로 신기원이 열린 것과도 같았다. 1904년 4월경부터는 3일에 한 번씩 수발신할 수 있게 되었고 건축열차가 다니기 시작한 8월부터는 매일 수발신이 가능해졌다. 1905년 봄부터 부산우편국 대구출장소로 바뀌어 법학사 야기 다츠마八木辰馬 씨가 소장으로 왔다. 1906년 6월에 현재 건물이

준공되면서 대구우편국으로 바뀌었고 전화도 가설되었다. 6월 25일에는 우편국 낙성과 전화 개통 축하연을 거행했는데 해당 건물은 당시 대구에서 제일 큰 건물이었다. 그러나 이제는 매우 좁은 느낌을 준다. 별도로 서부 혼마치 수취소本町收取所가 있지만 서둘러 개축할 필요가 있다.

1906년 6월에 개국했을 때는 전화가입자도 100여 명 미만이었지만 지금은 거의 400명에 달한다. 더욱이 신규가입 신청이 많아 500명이 될 날도 멀지 않았다. 현재 국장인 이쿠하시生橋 씨는 가가加賀 사람으로 러일전쟁 전에는 성진에 있다가 원산으로 전근한 뒤 1907년에 대구로 부임했다. 많은 사람들이 깊이 신뢰하고 좋은 국장이라고 평가한다. 부인은 애국부인회 회원으로 자선 사업에 늘 참여하고 군대 위문과 유치원 설립 등에도 크게 진력했다.

대구거류민단 현황

거류민단의 역사는 제4장에서 소개했기 때문에 여기서는 재정표를 통해 발전의 실상을 제시하고자 한다.

대구거류민단 5년간 세입세출표

(단위 : 원)

연도/종별	경상세입	임시세입	계	경상세출	임시세출	계	세입초과
1906년	5,338.50	12,221.05	17,559.55	5,851.77	10,968.90	16,823.67	736.88
1907년	11,419.06	2,737.86	14,156.92	10,214.15	3,371.51	13,585.66	571.26
1908년	19,318.73	3,731.26	23,049.99	13,187.08	5,401.38	18,588.45	4,461.53
1909년	26,037.00	11,431.00	37,468.00	22,555.00	14,913.00	37,468.00	2,000.00
1910년	30,463.00	1,850.00	32,313.00	26,339.00	5,974.00	32,313.00	미상

✿ 연도별 일본인 증가표

1903년 12월말 76명

1904년 12월말 730명

1905년 12월말 1,508명

1906년 12월말 1,646명

1907년 12월말 2,675명

1908년 12월말 3,501명

1909년 12월말 4,936명

1910년 3월말 5,329명

1910년 8월말 6,430명

(비고) 1910년 8월말 현재 조선인 인구 약 28,000여명

한국은행 대구지점

한국은행의 전신은 제일은행이다. 1905년 1월에 제일은행 부산지점 출장소 형태로 영업을 개시해 같은 해 4월 제일은행 출장소로 바뀌었다. 8월에는 한국 지금고 사무를 취급하기 시작했다. 이후 대구의 발전과 함께 사무는 점차 확대되었다. 현재 건물은 1906년 가을에 시가지 중앙에 토지를 매입해 기공한 후 1907년 1월에 준공했다. 초대 주임은 야마모토 간자부로山本勘三郎 씨였다. 대구에 다른 금융기관이 없어서 일본에서 보낸 돈을 부산까지 찾으러 가야했던 시절에 생긴 은행이기 때문에 다른 어떤 회사보다도 환영받았다. 그러나 토지소유권조차 확인할 수 없는 상황에서 은행 활동은 거의 불가능했다. 어려웠던 과도기에 실패 없이 신용을 쌓은 야마모토 씨의 공적을 결코 잊어서는 안된다. 야마모토 씨는 1905년 10월에 인천으로 전근했고 이즈미 스에지泉末治 씨가 왔다. 이즈미 씨는 온후하고 성실하며 유능한 사람이다. 모든 것

이 혼돈스러운 때에 은행 업무를 원만히 수행했다. 한국 지금고이면서도 사무 범위는 우매한 민중을 상대로 한 엽전 정리부터 제반 흥정에 이르기까지 다른 지역에서는 찾아볼 수 없을 정도로 복잡했다.

나는 이즈미 스에지 씨와 만날 때는 반드시 오후 6시를 넘어서 방문한다. 그런데 그 시각에도 그를 포함한 은행원 모두는 업무를 보고 있다. 영업을 마치는 오후 3시는 앞문을 닫는 시각일 뿐이고 은행원들은 매일 밤이 되어서야 업무를 마친다. 게다가 은행원이 겨우 3~4명이었기 때문에 설령 요즘과 같이 업무가 많지 않다고 해도 복잡함은 오히려 지금보다 훨씬 더했다. 총재인 시부사와 에이치渋沢栄一 남작이 대구에 온 것도 이즈미 씨가 있을 때였고 현재 부지와 사택부지도 모두 시부사와 총재가 직접 지정했다고 한다. 은행 건물과 사택도 이즈미 씨가 있을 때 지었다. 항간에는 이즈미 씨의 수완을 운위하는 사람이 없지 않았지만 은행규칙에 따라 신용대출을 하지 않는 것은 이즈미 씨의 죄가 아니다. 모 은행원처럼 원가가 100엔 미만인 약품을 담보로 300엔 가까이 대출해주고 그 담보 물품을 인수하는 것은 결코 은행가의 수완으로 칭찬할 것이 못된다. 혼란스럽고 모든 것이 복잡했던 이즈미 씨 재임 시절에는 본점도 매우 신중했기 때문에 일반 상업가가 만족할 수 없었던 것은 어쩔 수 없었다. 이즈미 씨는 완고하고 융통성이 없는 지배인이라는 평가도 있었지만 나는 단언컨대 인정에 휩쓸리지 않는 이즈미 씨의 인격을 경애한다.

1908년 1월에 이즈미 스에지 씨가 부산으로 전근하고 군산출장소 주임이었던 다케카와 세지武川盛次 씨가 제3대 주임으로 부임했다. 다케카와 씨는 인천에 있을 때 새로운 개척지 사정을 잘 알게 되었고 군산에 가서는 지역 발전을 도왔다. 『부유한 군산富之群山』과 같은 저술도 다케카와 씨의 후원으로 출판할 수 있었다. 이것으로 다케카와 씨가 지역을 위해 크게 진력했다는 사실을 확인할 수 있다. 그는 대구에 온 이후 날로 신뢰를 쌓았고 거래 범위는 확실하게 확장되었으며 대구 경제계의 중진으로서 실업계를 중시했다. 1908년과 1909년에 상업회의소 회장으로 추대되었지만 두 번 모두 수락하지 않았다. 추천인이 무리하게 요청하는 것을 총지배인의 비밀명령이 있었다는 말로 모면했다. 1909년 11월에 전부서가 한국은행에 양도되어 한국은행 대구지점으로 명칭을 바꾸었고 다케카와 씨가 지점장이 되었다. 다케카와 씨는 듣기 좋은 말로 인기를 끌려는 성격이 아니라 온화하고 착실하며 실천력 있는 사람이었다. 지역 발전에는 특히 신경을 써서 가슴 속에 사람들이 모르는 책략을 품고 있었다. 자선사업 및 기타 사회사업은 부인에게 맡기고 조용히 도왔다. 본서『대구일반』을 발행하는 데도 적지 않은 도움을 주었다.

1910년 6월에 다케카와 세지 씨는 경성으로 전근해 조사담당관이 되었고 원산지점장이었던 이케다 가키치池田嘉吉 씨가 대구지점장으로 왔다. 이케다 씨는 효고 현兵庫県 사람이다. 원산 지점장 시절에 명성이 높았으나 대구의 중요도가 올라가면서 전근발령을 받았다. 이는 이케다 씨의 영전인 동시에 대구의 위상이 높아진 것이라는 점에서 축하할 일이다. 이케다 씨는 부임한 지 얼마 되지 않았고 나에게도 본서 발행을 연기해야 하는 불행이 닥쳐 자주 방문해 의견을 듣지 못해 소개할 만한 재료를 준비하지 못했다. 겨우 두세 차례 이야기 나눈 것을 가지고 독자들이 만족할 만큼 그의 인격을 잘 전달할 수는 없지만 그는 한마디 한마디를 소홀히 하지 않으면서 항상 근엄하고 강직하며 과묵했다. 사람을 대할 때 귀천을 가리지 않았고 이야기할 때 흥정하는 기색이 없었으며 재계의 장래에 관해 참신한 의견을 가지고 있었다. 나는 이렇게 좋은 지점장이 대구에 온 것을 기뻐하는 바이다.

대구 지점에는 시오카와 고고鹽川孝吾라는 사람이 있다. 다케카와 세지 씨가 재임할 때부터 만사에 걸쳐 지점장을 빈틈 없이 보좌했고 직접 거래도 담당하면서 고객을 만족시켰다. 실업계 종사자들은 모두 그가 인격과 실력 면에서 보다 높은 사람이 될 자격이 있다고 평한다. 시오카와 고고 씨는 나가노 현長野県 기타사쿠 고오리北佐久郡 미오카 무라三岡村 사람으로 부형 모두 은행업에 종사한다. 고인이 된 법학박사 다구치 우키치田口卯吉 씨의 형님이자 메이지 여학교明治女学校 창립자인 기무라 구마지木村熊二 선생 밑에서 한적과 영문서 읽기를 배우면서 이미 소년시절에 정신 측면의 교육을 마쳤다. 도쿄로 나와 공부하면서도 경박한 시대 조류에 휩쓸리지 않았다. 부유한 집에서 태어났지만 금전을 낭비하지 않고 부형 신세를 지는 것이 싫어서 혼자 힘으로 독립하고자 했다. 그는 청년의 모범이자 실업계의 모범으로서 소개할 가치가 있는 인물이다.

한국은행은 한국중앙은행으로 설립되었기 때문에 재계에서 보통은행과 같이 활동할 수 없다. 겨우 상품을 담보로 단기 대출을 하는 정도이다. 환어음 거래와 예금 업무를 한다는 점에서는 보통은행과 다르지 않지만 환어음 거래 범위는 매우 좁다. 이 때문에 상업계 종사자들이 불편해 하는 점도 많지만 은행 자체의 성격상 어길 수 없는 내규가 있으니 어쩔 수 없다. 한국은 일본과 합쳐져 조선이 되었고 황제는 '이씨왕李王'으로 바뀌어 일본의 일개 귀족이 된 오늘날 한국은행을 처리해야 하는 문제가 있지만 대만은행과 유사하게 조선의 특종은행特種銀行이 될 가능성이 높다.

경상농공은행

1906년에 일본의 농공은행을 본떠 만들었다. 처음에는 대구농공은행이었지만 경상남도의 진주농공은행과 합병하면서 경상농공은행으로 이름을 바꾸었다. 주주는 모두 조선인이며 일본인을 포함한 외국인은 주주가 될 수 없다. 은행장 이하 중역은 모두 조선인이고, 지배인 이하 주요 사무원과 기술자는 대부분 일본인이다. 그런데 조선인은 이제 모두 일본인이 되었다. 앞으로 어떤 조직으로 바뀔 지가 관심사이다. 초대 지배인은 법학사 쓰치야 히코타로土屋彦太郎 씨였고 이어서는 마찬가지로 법학사 이시이 미츠오石井光雄 씨가 맡았다. 현재 지배인인 법학사 야스카와 와사부로安川和三郎 씨는 치바 현千葉県의 부호 출신으로 부친은 치바 현에서 손꼽히는 명사이다. 야스카와 씨는 고향에 있을 때부터 이미 실업가로서 소양이 깊어 학교를 졸업한 후 바로 실업계에 발을 들였다. 그의 실력이 탁월한 것은 이러한 이유 때문이다. 야스카와 씨가 경상농공은행에 입사한 것은 1909년 봄이다. 그가 오자 반신불수 상태에 있던 자본이 움직이기 시작하고, 과거장過去帳의 한 페이지가 되려고 했던 오래된 대출금도 금고로 돌아왔다. 1906년에 창립한 이래로 방만하게 운영해 폐쇄되었던 농공은행은 야스카와 씨가 지배인으로 오면서 은행 창립의 본 목적을 펼쳐 사회를 이롭게 하기에 이르렀다. 과거에 방만했던 것은 사람의 죄라기보다는 시대상황 측면에서 어쩔 수 없었다. 폐쇄라는 극단 조치는 과실이라고만 할 수 없고 정리를 위해 불가피한 사정이 있었을 것이다. 내가 토지소유권을 인정받은 것은 최근 일이고 성실한 농업 종사자가 이주해 살기 시작한 것도 요즘이다. 토지소유권을 인정받고 성실한 농업종사자가 오기 시작한 때에 맞추어 야스카와 씨와 같이 뛰어난 지배인이 왔다. 이는 경상농공은행만의 행운이 아니라 실로 대구와 경상도에 거주하는 실업가 전체의 행운이라고 해야 할 것이다.

경상농공은행 본점은 대구에 있다. 지점은 진주, 마산, 김천에 있다. 출장소는 초량과 상주에 있다. 농공은행은 보통은행 업무 이외에 다음과 같은 대출업무를 하는 것이 특징이다.

1) 연납 또는 정기상환 방식으로 부동산을 저당으로 대출
2) 법령에 의거해 조직된 공공단체에 앞의 방식으로 무저당 대출

3) 20인 이상의 농업 또는 공업 종사자가 연대책임 형식으로 차용을 신청하고 신용이 확실한 경우에 한해 5년 이내 상환 조건으로 무저당 대출

위의 대출은 다음 사항에 해당하는 자에 한한다.

1) 개간, 배수, 관개, 농경지 토질 개량
2) 농경지 도로 축조 또는 개량
3) 조림사업
4) 종묘, 비료, 기타 농공업 원재료 구입
5) 농공업용 기구와 기계, 선박과 수레, 가축 구입
6) 농공업 건물 축조 및 개량
7) 기타 농공업 개량

연납 기한은 10년 이내로 하고 1천엔에 대한 이자 및 상환방법은 다음과 같다. 이자율은 8.5%이다.

1천원 기준 이자, 상환원금, 연납입금 표 (단위 : 원)

연차	원금잔액	이자	상환원금	연부금	연차	원금잔액	이자	상환원금	연부금
첫해	1,000,000	85,000	67,410	152,410	7년	499,220	42,440	109,970	152,410
2년	932,590	79,270	73,140	152,410	8년	389,250	33,090	119,320	152,410
3년	859,450	73,060	79,350	152,410	9년	269,930	22,950	129,460	152,410
4년	780,100	66,310	86,100	152,410	10년	140,470	11,940	140,470	152,410
5년	694,000	58,990	93,420	152,410	계		524,100	1,000,000	1,524,100
6년	600,580	51,050	101,360	152,410					

1천원을 빌려 모두 경영에 사용하고 매년 152원 41전씩 상환하면 10년 후에는 실물만 남는다. 현재 법학사 이리야 호코노스케入谷鉾之助 씨

가 부지배인으로 있고, 아리카와 젠타로有川善太郎 씨가 기사로 있다. 아리카와 씨는 대출 관련 조사업무를 맡고 있다. 기사는 일반 농공업자의 청구가 있으면 토지와 기타 사항을 조사해 지도하는 일도 한다. 단 실비는 의뢰자가 부담해야 한다. 그리고 대출사업 조사 때문에 여가가 없을 때에는 청구가 있어도 이에 응하지 못한다.

주요 상업조합 및 거래 지역

✿ 석유조합

자본금 11만원. 원래 부산조합의 지부였지만 지금은 분리되어 부산과 관계가 없다. 미국 스탠다드 석유 즉 송함석유松函石油를 독점 판매한다. 조합원은 19명이고 야스마츠 구마키치安松熊吉 씨가 조합장이다. 거래는 연간 약 3만 5천 상자이고, 거래대금은 약 10만 5천원이다.

✿ 사나다구미 끈목조합眞田組紐組合

자본금 6,500엔. 연간 거래액은 약 1만 4~6천원. 조합대표자는 사카모토 슌스케坂本俊資 씨이다.

✿ 염료조합

자본금 6천원. 연간 거래액은 약 1만 6~7천원. 염료사업은 금액이 아주 작다고 하지만 기존에 중국 상인이 독점하던 것을 지금은 일본인이 상권을 장악해 중국인은 겨우 1/10 정도만 유지하고 있다.

위 상품들은 경상북도 전역은 물론이고 경상남도 밀양, 삼랑진, 창원, 울산부터 충청북도 영동, 황간, 대전 지역까지 거래되고 있다.

주요 거래 상품

✿ 옥양목

1909년까지 계산한 것을 보면 연간 판매량이 약 18만 필이다. 1필당 가격이 5원 50전으로 총 99만원이다. 이것은 대구 시장에서만 거래되는 물량이고 이 밖에 부산과 기타 지역에서 직접 구매하는 양도 많다. 그런데 옥양목은 대부분 외국 제품이고 일본 제품은 품질이 좋지 않아 판매가 저조하다. 일본에서 대구역으로 직접 도착하는 화물 가운데 목면과 옥양목이 적은 것을 보아도 이를 알 수 있다. 영업 종사자는 생각해 보아야 할 대목이다.

✿ 목면

연간 거래량은 5만 5천 필. 1필당 1원 60전, 총액은 8만 8천 원.

✿ 방적사

연간 거래량은 4천 섬俵. 1섬은 60원, 총 24만 원.

✿ 성냥

연간 거래량은 1만 2천 상자. 1상자는 4원, 총 4만 8천 원.

이 밖에 양산, 양주, 맥주, 사이다, 일용잡화 등 품목을 모두 헤아릴 수 없다. 일한병합의 결과 조선인들이 일본의 일용품을 선호하고 일반 학생과 청년은 머리에서 발끝까지 모두 개조해 진정한 일본인이 되려고 한다. 품질이 좋은 일본 본토 제조품은 앞으로 수요가 무궁무진할 것이다.

금융기관 및 이율

은행 이외에 일본인 신용조합이 있고 조선인 금융조합이 있다. 이 밖에 개인 금융업자와 전당포가 있는데 모두 이자가 높다. 금융업자 가운데 자본금이 5만 엔 이상인 사람은 겨우 3~4명에 지나지 않고 1만엔 전후의 자본가가 가장 많다. 저당물건은 시가지 택지가 가장 많고 그 다음은 시가지에 인접한 전답이며 화재보험에 가입된 가옥과 시외 4㎞ 이내 전답이 그 뒤를 잇는다. 저당물건은 모두 감독관청의 증명을 신청해 권리를 확보한다. 다섯 번째는 신용대출인데 회수가 빠르다. 이자는 다음과 같다.

3천원 이상 : 월 이자 1부5리~1부8리
2천원 이하 : 월 2부 이내
1천원 이하 : 월 2부 5리
5백원 이하 : 월 3부
약속어음 : 월 3부 전후
전당포 물건 : 월 5부

시가지에서 4㎞ 이상 떨어진 지역에 투자하면 1천원 이상에 월 3부~5부 이자인데 빌리려는 사람이 많다. 은행이 있는데도 이렇게 금리가 비싼 이유는 무엇일까. 한국은행은 토지를 저당 잡지 않고 농상공은행은 목적 이외 토지담보를 선호하지 않기 때문에 금융대출업자가 전성기를 초래하게 되었다. 일본인 대출자도 있지만 조선인이 특히 많다. 현재 대구시 내외에 금융대출업자가 투자한 것은 2백만 원 가깝다고 한다.

시가지 택지 및 인근 전답 가격

1910년 1월~7월의 평균 가격은 다음과 같다.

1) 시가지 중앙 특등지 큰길가 : 택지 1평당 25원~35원
2) 시가지 중앙 1등지 큰길가 : 택지 1평당 20원~28원
3) 시가지 중앙 2등지 큰길가 : 택지 1평당 15원~20원
4) 시가지 3등지 : 택지 1평당 8원~15원
5) 시가지 4등지 : 택지 1평당 3원~8원
6) 시가지 5등지 : 택지 1평당 2원~3원
7) 시가지 밭 가운데 장래 시가지 편입 예상지 : 3백평당 300원~500원
8) 시가지에서 1.5km 이내 밭, 시가지 편입 예상지 :
   3백평당 50원~150원
9) 시가지에서 2km 안팎 밭 : 3백평당 10원~100원
10) 시가지에서 3.5km 안팎 밭 : 3백평당 5원~50원

(비고) 논은 밭 가격의 중간 정도로 3백평당 최고 150원이고, 평균 100원~120원.

대지주들의 계산에 따르면 택지와 전답 모두 연이자 15%~20% 정도라고 할 수 있다. 단 시가지 편입 예정인 경우 현재 금리는 의미가 없다. 토지소유권은 감독관청에서 확실하게 증명-등록할 수 있다.

화물 발착 상황

아래 사항은 기차로 발송-유입되는 화물에만 한정한 것이다. 조선인 인부와 소나 말로 운반하는 것은 조사기관이 없어서 소개할 수 없지만 적어도 아래 표의 1/5은 될 것이다.

✿ 2년간 대구역 발송 화물 대조표

1) 경부선 각 역으로 발송한 품목

(단위 : 근)

품명	1909년	1908년	품명	1909년	1908년
쌀	7,273,567	3,509,411	식료품	142,296	106,503
잡곡	787,887	461,689	주류	147,459	82,038
건어물	112,881	266,341	담배	372,564	93,094
해초	91,544	54,838	약품	771,665	509,706
대두	1,219,590	477,555	소가죽	145,763	66,317
설탕	86,540	98,020	기타	6,923,953	6,838,321
야채	139,220	133,198	합계	18,214,929	12,697,031

2) 일본으로 발송한 품목

(단위 : 근)

품명	1909년	1908년	품명	1909년	1908년
쌀	327,752	424,823	소가죽	56,328	58,867
보리	179,212		식료품	44,158	37
밀	8,400		종이류	35,130	85
대두	753,035	415,180	기타	8,860	미상
잡곡	367,444	72,044	합계	1,780,319	미상

✿ 2년간 대구역 도착 화물 대조표

1) 경부선 각 역에서 도착한 품목

(단위 : 근)

품명	1909년	1908년	품명	1909년	1908년
목면	116,289	144,175	간장	105,796	180,230
옥양목	444,708	437,166	식염	2,428,483	2,142,204
방적사	121,991	640,231	목재	4,338,431	5,250,899
쌀	294,521	257,922	석유	2,199,928	1,126,469
청주	357,553	232,100	약품	307,941	332,248
맥주, 양주	197,969	177,781	기타	14,175,799	11,060,048
담배	173,153	138,623	합계	25,262,562	24,059,315

2) 일본에서 도착한 품목 (단위 : 근)

품명	1909년	1908년	품명	1909년	1908년
목면	64,983	45,793	설탕	301,723	424,151
옥양목	14,531	10,044	밀가루	128,206	157,544
방적사	260,094	250,656	야채	180,535	73,351
청주	169,989	74,090	과일	124,942	168,849
맥주, 양주	237,544	105,800	기타	2,968,727	1,452,735
식초, 간장	77,605	106,410	합계	4,524,879	2,869,423

주요 일용품 가격 및 인부 임금

❀ 일용품 가격

1) 쌀 : 상등 백미 한 되 14~5전
2) 술 : 일본 상등품 한 홉 60전, 조선 현지 상등품 40전
3) 간장 : 상등품 한 홉 40전, 보통 30전
4) 석유 : 소나무상자들이 한 통鑵松函 1원엔 80전
5) 설탕 : 백설탕 상등품 한 근 12전, 중등품 11전
6) 된장 : 상등품 375g匁 4전, 보통 3전
7) 맥주 : 12병 1다스 2원 30전, 한 병 25전
8) 두부 : 한 모 4전
9) 곤약 : 하나 2전 5리
10) 목탄 : 8관1관=3.75kg 들이 한 가마니 65전
11) 이발 : 25전
12) 면도 : 15전
13) 목욕 : 3전

✿ 임금

1) 하녀 : 월 5~7원
2) 보모 : 월 3~5원
3) 목수, 목재기사 : 하루 1원 30전
4) 석공 : 하루 1원 50전
5) 일본인 일용인부 : 하루 60전 이상
6) 조선인 노동자 : 하루 35전
7) 여인숙 숙박료 : 1박 1~3원
8) 점심 : 40전 이상
9) 고급 하숙 : 한 달 30원
10) 하급 하숙 : 한 달 12원
11) 예기 화대 : 1시간 60전
12) 요리점 술 : 한 병 12전
13) 요리점 맥주 : 한 병 35전

신문 및 잡지 부수 (1909년 7월 조사)

✿ 신문

1) 『오사카 마이니치 신문大阪每日新聞』 : 매호 320부
2) 『오사카 아사히 신문大阪朝日新聞』 : 매호 240부
3) 『요로즈 조보萬朝報』 : 매호 140부
4) 『오사카 신보大阪新報』 : 매호 150부
5) 『경성일보』 : 매호 110부
6) 『조선일보』 : 매호 135부
7) 『조선시보』 : 매호 110부

(기타) 『산요 신문山陽新聞』, 『규슈 일일신문九州日日新聞』, 시모노세키와 모지 지역 각 신문, 『도쿄 마이니치 신문東京每日新聞』, 『마이니치 전보每日電報』, 『부산일보』 등을 합쳐서 총 300부 이상.

✿ 잡지

1)『실업지일본實業之日本』: 매호 130부
2)『부인세계婦人世界』: 매호 125부
3)『여학세계女學世界』: 매호 110부
4)『문예구락부文藝俱樂部』: 매호 60부
5)『태양太陽』: 매호 75부
6)『소년세계少年世界』: 매호 65부
7)『소녀세계小女世界』: 매호 60부
8)『소녀의 벗小女の友』: 매호 60부
9)『조선』: 매호 45부 · 경성 발행
10)『만한지실업滿韓之實業』: 매호 85부 · 비매품

(기타) 10~20부씩 배포되는 각종 잡지가 7~8종류 있다. 또한 우편으로 직접 배달 받는 것이 200부 이상에 달한다. 조선인의 경우 경성에서 발행하는 조선어신문을 구독하는 사람이 400명 이상이라고 한다. 특기할 사항은 조선 중류 이상 가정에서는 일본 본토 신문을 구독하는 경우가 매우 많다는 사실이다.

위생기관

✿ **자혜의원慈惠醫院**

자혜의원의 전신은 동인의원同仁醫院이다. 동인의원은 1906년 가을에 대구 동문 밖 부지를 확보해 1907년 4월에 개원했다. 동인의원은 대구의 고참 일본인 의사 가운데 신임이 가장 두터운 후지나와 분준藤縄文順 씨가 도쿄에 가서 애쓴 결과로 설립되었고, 사토佐藤 박사가 대구에 와서 현장을 조사 병원 입지 등을 직접 선택했다. 의원이 설립된 후 이케가미池上 의학사가 원장으로 부임했다. 후지나와 분준 씨는 다른 어떤 병원보다 잘 되던 후지나와 의원藤縄醫院을 접고 동인의원 부원장으로서 이케가미 씨를 도왔다. 이케가미 원장은 4년 동안 병원을 위해 전심전력하면서 이름이 널리 알려졌다. 그런데 일한병합 후 총독부가 조선 각지에 자혜의원을 신설하기로 결정하면서 대구 동인의원은 총독부에 병원을 양도했다. 4년 동안 한결같이 한일 민중의 신뢰를 받았던 동인의원의 표찰은 사라지고 자혜의원으로 이름을 바꾸었다.

원장인 마츠모토 시게마사松本繁正 군의정은 예전에 제12연대 소속으로 대구에서 공로를 쌓은 인물이다. 그는 대구에 근무하는 동안 매우 많은 일반 위생사업에 힘썼다. 동인의원은 그 상담 상대였고 민단에 와서는 관리를 독려해 소독에 빈틈이 없도록 했다. 부산이나 경성에서 악성 전염병이 창궐했을 때 대구 악성 전염병 환자가 한 명도 없었던 것은 전적으로 마츠모토 씨가 진력한 덕분이다. 대구 거주 일본인들은 이처럼 인연이 깊은 마츠모토 군의정을 대구 자혜의원 원장으로 맞이하게 되어 모두 만족하고 있다.

자혜의원의 목적은 조선인 구제에 있다. 지금까지 조선인들은 위생이 무엇인지 모른 채 전염병 환자와 같은 방을 쓰고 같은 음식을 먹었다. 이러한 조선 민중이 일본인처럼 위생 사상을 갖도록 하는 것이 목적인 것이다. 이것은 간접적으로 일본인 사회에 좋은 영향을 끼칠 것이다. 마치 옆집의 화재를 방지해 자택의 안전을 도모하는 것과 같다. 조선의 위생기관 가운데 자혜의원이 가장 훌륭하다고 확신한다.

✿ 격리병원避病院

격리병원은 작년까지 민단 시설이었지만 올해 1910년부터는 한일 합동으로 설비하기로 결정해 이미 환자를 수용하고 있는데 이제는 토지와 사람 모든 면에서 구별이 없어졌다. 앞으로 행정부 감독 하에 완전한 격리병원이 갖추어져야 할 것이다.

✿ 개업의

대구 의료계 최고참인 후지나와 분준 씨는 고지마치幸町 2정목에 있는 자택에 후지나와 의원을 열었다. 전도유망한 의사로서 신용이 높은 히사노 도시오久野敏雄 씨는 동성정에 넓은 병원을 신축했다. 새로운 이론을 연구해 실제 의료에 응용해 온 나스 득업사那須 得業士 : 의학 전문학교 졸업생에 대한 호칭는 야마토초大和町에서 가업을 잇고 있다. 노련하면서 온화하고 성실한 소다 고하치相田小八 씨는 동성정에 있는 십자당의원十字堂醫院 원장으로 있는데 개원 당시부터 명의라는 평판을 들었다. 이 밖에 에자키江崎 씨와 오치越智 씨가 있다. 대구의 위생기관은 완벽에 가깝다고 해도 좋다.

종교

조선은 예부터 불교가 왕성하다고 하지만 신라와 백제가 멸망한 이후로는 예전 같지 않다. 조선시대의 불교 박해는 그 효과를 발휘해 사민은 모두 승려를 거지 취급하면서 빈축했다. 승려 스스로도 최하급 종족과 같은 위치를 감수하면서 밥을 얻기 위해 사민에게 머리 숙여 애걸하는 것을 부끄럽게 여기지 않았다. 그러다보니 산간에 큰 사찰이 있고 수 십 명의 승려가 있어도 아무도 종교가로서 존경하지 않았다. 조선 민중의 종교는 대천교, 천도교, 기독교뿐이다. 나는 대천교와 천도교에 대해서는 모른다. 대구에는 아직 두 종교 교당이 없지만 대천교와 천도교 신도 가운데 진실하게 교의를 믿고 행동거지를 분명히 하는 신도가 많다. 내가 두 교파를 종교로 인정하는 것은 이 때문이다. 현재 대구의 종교와 교세는 대략 다음과 같다.

✿ 천주교

로마 가톨릭파이다. 대구 개교는 1890년으로 프랑스인 로베르保祿,Robert 씨가 신부로 있다. 성당은 시내 계산동에 있다. 고층 종루는 대구 시내 어디에서나 볼 수 있다. 성당 구내에 성립학교聖立學校가 있어서 문명교육을 하고 있다. 대구의 부호 서상돈 씨를 비롯해 시내에만 신도가 1,300여명 있다.

✿ 장로교회

일본에서 기존에 일치교회一致教會라고 부르다가 기독교 교회라고 개칭한 교파와 같다. 교회당은 시내 서상면 남일동 입구에 있다. 1899년에 교회를 열었고 수석 선교사 아담스Adams 씨 이외에 남자 6명과 여자 9명이 선교 활동을 하고 있다. 교회 부속으로 중학교, 소학교, 병원이 있다. 중학교 1개교는 1910년 5월 현재 학생이 52명이고, 소학교는 시 안팎에 68개교가 있으며, 학생 수는 1910년 5월 현재 총 673명이다. 조선인 전도사가 74명인데 교회의 원조를 받지 않고 모두 자급자족하고 있다. 신도는 대구 시 안팎을 모두 합쳐서 3,690명이다.

✿ 본파 본원사本派本願寺

시내 야마토초大和町에 있다. 철도가 개통되지 않아 부산까지 도보로 왕래하던 1904년 4월 무렵에 누노카와 히로아키布川宏哲 씨는 본산의 명령으로 대구에 왔다. 온돌방에서 자고 조선식 식사를 하면서 2년 넘게 혼자서 자취 생활을 했다. 병에 걸려도 돌봐줄 사람이 없었고 의사의 진찰을 받지 못한 일도 몇 차례나 있었다. 나도 우연히 누노카와 씨가 병에 걸려 있는 것을 발견하고 돌봐 준 적이 있다. 마찬가지로 누노카와 씨는 내가 혼자 병으로 신음하는 것을 발견하고 의사에게 약을 받아오며 음식까지 날라다 준 일이 두세 차례 있었다. 이런 고초를 겪으면서 마침내 지금의 기초를 다졌다. 지금은 구 관유 건물에 있다. 이렇게 터를 잡을 수 있었던 것은 전적으로 조선의 관리들이 누노카와 씨를 깊이 신뢰했기 때문이다. 천신만고 끝에 누노카와 씨는 청년 종교가로서 신용을 얻고 동시에 종파도 융성해 졌다. 누노카와 씨는 항상 감옥전도의 필요성을 주장했고 지금은 대구감옥 교회사를 겸하고 있다.

1909년 7월에 본당과 부속건물을 짓기 시작해 12월에 준공했다. 건축비는 총 4,400엔이 들었는데 그 가운데 850엔은 본산에서 보조했고 나머지 3,550엔은 대구, 부산, 경산, 왜관, 김천 등지의 신도와 유지들이 기부했다.

정토종

슈토 시즈야首藤静也 씨는 1905년에 대구에서 개교를 하는 한편 일본어 야학교를 열어 조선인 아이들을 교육했다. 슈토 씨가 귀국하자 사토 겐쇼佐藤玄性 씨가 이를 계승했다. 작년 1909년 봄에 본당을 지었다.

- 진언종은 1908년부터, 일연종은 1909년부터 교당을 세워 포교 활동을 벌이고 있다.

제조업

주조업

순수 일본술 양조업자가 4명 있다. 가장 큰 곳은 양조량이 약 350석이고 작은 곳은 약 180석 정도로 총 1,100석 전후의 양조량이다. 여기에 4~50석 규모의 소규모 양조장까지 더하면 총 1,500석은 될 것이다. 수요는 주로 대구 시내이고 인근 소 도회지로 보내는 것이 300석을 넘는다.

✿ 간장 양조업

대규모 양조가는 다섯 곳으로 양조량을 합치면 500석 이상이다. 판로는 시내가 80%이고 기타 지방이 20%이다.

✿ 제분업

자본금 10만 엔 규모의 합자회사를 준비하고 있다.

✿ 일본기와 제조업

다섯 곳이 있다. 모두 직공을 20명 이상 고용해 밤낮으로 일하지만 수요를 따라가지 못하고 있다. 삼랑진과 황간에도 수요가 있다. 점점 더 전도가 유망해질 사업이다.

✿ 벽돌 제조업

한 곳밖에 없어서 수요의 1/10도 공급하지 못한다. 관공서은 용산과 기타 지역에서 구매하고 있다.

✿ 담배 제조업

경작하는 사람도 많고 제조업자도 6~7호 있다. 경작 면적은 15~18만 평 정도이다. 대구에서 제조해 경성과 인천 및 기타 지역으로 보낸다.

✿ 한국제연합자회사韓國製莚合資會社

조선 유일의 신사업으로 전례가 없어 전도가 매우 유망하다. 대구의 고참 명사인 법학사 오구라 다케노스케小倉武之助 씨는 조선산 왕골에 깊은 관심을 갖고 장래를 내다보면서 3년간 연구했다. 30회 이상의 시험을 거쳐 마침내 회사를 세우기로 결심하고 도쿄와 요코하마의 지인들과 협의해 공장을 세우고 간판을 걸었다. 1908년 11월에 신사업을 시작했다. 1910년 8월에 회사 설립취지를 밝혔는데 독자들이 참고할 수 있도록 그 내용을 밑에 전재한다.

조선의 산업은 발달하지 않았는데 특히 공업이 그러하다. 이로 인해 재원이 고갈되어 국력이 약해졌다. 세상 사람들이 개탄하는 부분이다. 폐사의 창립 목적은 이를 구제하는 데에 있다. 무위도식하는 조선인들에게 살아가는 방법을 가르치기 위해 미력하나마 분발해서 식산흥업 계획을 수립했다. 조선의 물산 가운데 왕골은 조선 특산인데 이것으로 돗자리나 다다미 겉을 짜보니 내구성이 다른 제품보다 월등했다. 그 내구성은 일본 국내산 가운데 가장 튼튼하다는 류큐 산 다다미 겉 원료보다 족히 몇 배는 강하다는 사실로부터 충분히 짐작할 수 있다. 게다가 왕골에는 특수한 천연 광택이 있어서 가공을 전혀 하지 않아도 뛰어난 재질과 찬연함을 한 눈에 알아 볼 수 있다. 여기에 염색을 하면 한층 고상하고 우아해 진다. 실용 면에서나 장식 면에서 가장 뛰어난 돗자리이다. 폐사는 설립 이래로 조선인 도제 양성에 힘썼는데 폐사가 예상한 대로 수요가 날로 증가해 지금은 원료가 부족할 정도로 성황이다. 한국 농상공부는 폐사의 창립 취지를 칭찬하면서 작년부터 특별히 보조금을 지급해 사업의 확장 발전을 장려했다. 그리고 전 한국 황제폐하가 남행했을 때 폐사 이야기를 들으시고 특별히 은사금을 내려주셨다. 소네 아라스케曾禰荒助 전 통감과 오쿠보 하루노大久保春野 육군대장 각하는 친히 폐사 공장에 와서 작업 현장을 지켜본 후 크게 칭찬하고 격려를 아끼지 않으셨다. 폐사는 오로지 조선의 산업진흥을 목적으로 하며 제품이 더없이 양질이라는 점을 명예롭게 생각한다. 너무나 감사할 따름이다. 이처럼 명예로운 폐사 제품은 빈번히 전 한국 탁지부, 전 한국주둔군 사령부, 전 한국철도 관리국을 비롯한 여러 관아에 납품하다보니 마침내 원료가 부족한 상황에 이르렀다. 또한 시즈오카 현静岡県에서 개최된 동양수출품 공진회와 한국중앙농회 경북지부가 개최한 품평회 등에 출품

해 모두 상을 수상하는 영예를 안았다. 이와 같이 왕골 직조사업은 조선의 산업진흥에 유익하고 앞으로 판로가 무한하다. 폐사는 안정적인 원료 산출 방법을 강구하는데 힘쓰는 동시에 해외에서도 널리 찾는 돗자리를 만들어 조선의 부원을 키우는 데에 힘쓸 계획이다. 즉 폐사는 순수 영리회사로서가 아니라 스스로 국가사업을 경영한다는 자세로 임할 것이다. 따라서 여러분들이 뛰어난 품질의 제품을 시용해 보기를 간절히 바라는 바이다.

위와 같은 회사 설립 취지는 결코 과장된 것이 아니라 진실하다. 지금은 데라우치寺內 총독이 특별최상품으로 무수히 주문한다. 이것은 총독보다 높은 분들이 사용한다는 것을 의미한다. 이에 사무원과 직공들은 모두 목욕재개하면서 작업하고 있다. 제품은 천하일품이라고 해도 결코 과언이 아니다.

왕골은 골풀과 달리 삼각형 모양을 한 수초이다. 나는 아직 원재료에 대해 잘 알지 못한다. 줄기 하나를 5~6갈래 내지는 10여 갈래로 길게 자른 것과 일본 재래의 골풀 줄기 속과 닮았으면서도 크기가 3~4배에 달하는 줄기 속의 실물을 보았을 뿐이다. 줄기 안에 있는 왕골속은 각종 끈으로 사용되는데 시장에 있는 상품을 보더라도 그 외피가 강하고 견고하다는 것을 쉽게 알 수 있다. 종래 조선인의 제품은 폭 4척, 길이 5척 4~5촌 정도의 큰 것이 50~70전이다. 작은 것은 보통 명주실을 이용한 상등품으로 가격은 80전~2원 정도이다. 예전에 시골을 여행할 때 직조하는 모습을 보고 완성하는 데 며칠이 걸리는지 물어보니 원료를 쪼개서 말리는 것부터 직조하는 데까지 한 장당 5일 걸린다고 했다. 이런 제품이 6~70전 정도인 것이다. 나는 1903년 10월에 처음 사서 사용했는데 1909년 10월에야 찢어져서 버렸다. 일본의 류큐 다다미 겉은 한 번 사용하면 일 년이 되지 않아 찢어진다. 내구성이 도저히 비교가 안된다. 제연회사 제품은 일반 다다미 겉 1장에 1원~1원 20전 정도이고 최상품은 2원 이상이다. 이번에 총독 각하가 주문한 제품은 특별한 것으로 10관에 이르는 원료 가운데 5~600목目을 선별해 고급 명주실로 짰는데 원료 선별에서 직조에 이르기까지 1장당 7명이 매달렸다고 한다.

✿ 대구양잠전습소

본 항목과 다음에 이어질 항목은 별도의 장을 설정해야 하지만 사정상 여기에 병기한다. 양잠전습소는 1904년 3월에 건물을 지어 그 해 봄부터 양잠을 시작했다. 창립자는 경성 사람인 이종국李鐘國 씨로 나가노長野와 군마群馬 지역에서 4년 동안 양잠을 연구했다. 귀국 후 고향에서 뜻을 함께 할 동료를 만나지 못하고 대구에 와서 서상돈 씨를 비롯한 유지와 협의해 양잠전습소를 세웠다. 이곳은 조선 남부 양잠전습소의 원조에 해당한다.

1905년부터 나가노 현 사람인 시노하라 이마조篠原今藏 씨가 이종국 씨를 도왔고 지금도 사무원으로 있다. 1908년 4월부터 경성전습소 출신인 고가노 세조小賀野清蔵 씨가 교사로 왔다. 소장인 이종국 씨는 군수로 발탁되어 신녕新寧으로 부임했다. 지금은 고가노 씨와 시노하라 씨 두 사람이 전습소 업무에 전념하고 있다. 제6장에서 소개할 '양잠일지'는 본 전습소 일지에서 발췌했다. 전 한국정부는 특별히 연 600원을 지원했다.

✿ 실업전습소

기직 전습소로서 전 한국정부에서 연 600원을 보조했다. 창립자이자 원장인 후루소 간지츠古莊幹實 씨는 구마모토熊本 지역 정계에서 이름이 알려진 유지이다. 1906년 봄에 대구에 와서 1907년부터 견사를 조사하고 베 짜기를 실험한 후 마침내 전습소를 세우기로 결심했다. 제품은 주로 나나코오리斜子織:무늬없는 견직물, 치리멘縮緬:오글쪼글한 비단, 하부타에羽二重:얇고 부드러운 순백색 비단, 후토오리太織:굵은 실로 짠 견직물이다.

'일한합병'과 대구

한국은 이름이 조선으로 바뀌고 일본 영토가 되었다. 한국 황제폐하는 일본의 귀족으로서 일본 황족 대우를 받는 일개 명가로 바뀌었다. 그러나 대구는 변함없이 조선 남부의 중심이다. 조선총독부의 방침은 중앙 관리를 줄이고 지방의 관리를 늘리는 데 있다. 합병 결과 경성의 정치기구는 축소되었고 지방 정무는 확장되었다. 앞으로 진행될 국도 신설과 개수, 산업 장려, 토지조사는 모두 지방의 업무이다. 폭도를 진압하는 최상의 방법은 도로를 개수하고 식산흥업을 장려하는 것이다. 의병이나 독립과 같은 말은 산적도 대의명분을 필요로 하는 양심이 존재한다는 것을 보여주는 것일 뿐이다. 그들은 산적이 되지 않았다면 굶어 죽었을 것이다. 산업을 장려해서 일거리가 생긴다면 누가 나서서 폭도가 되겠는가. 식산흥업의 첫 걸음은 도로 개수에서 시작해야 한다. 실제로 그 근거를 들자면 약 68km에 이르는 대구-경주 간 새 도로는 매일 수 십 대의 마차와 수 십 량의 우차가 왕래하지만 아직 한 번도 폭도의 피해를 입은 일이 없고 연도에는 많은 일본인이 자리를 잡아 농업과 상업에 종사하고 있다. 관리의 부패도 교통이 불편한 지역에서 많이 일어난다. 도로 상태에 따른 민중의 손익을 비교해보면 다음과 같다.

- 마차 운임 : 대구-경주 간 새도로 4km당 10전, 경주까지 1원 60전
- 지게 삯 : 지게꾼 한 명 당 경주 이외 옛길 8km당 35~40전
- 조선말 운임 : 4km당 25~30전. 마부 한, 쌀과 콩 1석石을 운반
- 조선인 인부 : 4km당 12전. 쌀은 4두, 대두는 5두 운반

대구 북쪽 안동에서는 대두 1석에 3원 이하인데 대구까지 운반하는 운임이 4원이다. 쌀도 1석당 운임이 4원 이상 든다. 대구-경주 간 도로와 비교하면 운임이 거의 3배에 이른다. 대구-안동 간 도로가 개수되면 쌀과 대두 모두 1석당 2원 50전 이상의 운임을 줄일 수 있다. 20여 년 전에는 일본 본토에서도 이런 경우가 많았다. 도쿄에서는 3등미 1두가 1원 3~40전인데, 동북의 리쿠추陸中:현재 이와테 현 지역 지역과 서부의 야마구치 현山口県에서는 상등 백미 1두가 50전 내외인 적이 있었다. 1875년 무렵에 리쿠추 모리오카盛岡 부근에서는 상등 논 300평이 1엔 이하에 매매되었다고 한다. 이것은 모리오카 지역 명사이자 전 귀족원 의원이었던 사토 세우헤몬佐藤清右衛門 씨의 부친 도쿠세德淸 옹한테 직접 들은 이야기이다. 현재 조선은 교통이 불편해 쌀농사를 지어도 가격이 너무 낮아 세금을 내지 못한다. 하루 24시간을 쉬지 않고 일해도 가족을 먹여 살리지 못하는 가난한 백성은 대부분 교통이 불편한 곳에 있다. 그러한 사람들이야말로 선조 대대로 전해오던 전답을 내던지고 폭도 무리에 가담하기를 꺼리지 않는다. 도로를 개수하면 적어도 부동산이 있는 가난한 백성은 구제할 수 있다. 교통이 불편한 지역에 사람이 많으면서도 황무지 또한 많은 것은 이 때문이다. 조선의 1,500백만 민중을 일본식으로 올바르게 이끌기 위해서는 도로 개수부터 시작해야 한다. 데라우치 총독은 교통기관을 신속히 구축할 계획이라고 한다. 일단 교통이 편리해지면 폭도도 진정되고 나라의 부는 일시에 늘어날 것이다. 농민의 수입이 늘어난다면 누가 늘어나는 조세를 불평하겠는가.

교통 기반 완비에 따른 이익은 농촌 민중만 누리는 것이 아니다. 물자를 집산하는 도시는 농촌 이상의 이익을 누릴 것이다. 경상도의 중심에 해당하는 대구는 적어도 조선 남부 제일의 대도시가 될 자격을 갖추고 있으므로 새로운 정치에 따른 이익을 가장 많이 누리는 지역이 될 것이다.

신생 대구

1910년 10월 1일부터 총독부는 새로운 관제를 실시했다. 대구의 정치기구는 다음과 같이 개편되었다. 관아의 감소는 축소가 아니라 이른바 개인 단위의 작은 상점을 합쳐 합자회사를 만드는 것과 같다. 정무는 점점 확장되고 사무관은 감소하지 않았다.

✿ 경상북도청

관찰도를 개편한 것이다. 재무감독국 사무는 도청 재무부로 이관했다. 그리고 대구이사청의 행정사무도 도청으로 옮겼다. 지방관 관제 제2조에 따른 도청 직원은 다음과 같다.

장관 : 칙임
참여관參與官 1명 : 칙임 또는 주임
사무관 2명 : 주임
통역관 : 주임
기사技師 : 주임
서기, 기수技手, 통역생 : 판임判任

관제 제12조에는 각 도에 장관관방, 내무부, 재무부를 두고 관방 및 각 부의 사무분장은 조선총독부가 정한다고 되어 있다. 토지조사국 출장소, 권업모범장 출장소, 임업사무소, 측후소 등은 한국 정부 아래에 있다가 소속이 총독부로 바뀌었을 뿐이다.

✿ **대구부청大邱府廳**

대구 군아와 민단을 합친 것이다. 일본 본토의 시청을 확대한 것으로 생각하면 된다. 관할 구역은 대구 시내 및 사방 20㎞에 걸친 대구군 전역이며 일본 본토와 마찬가지로 프랑스인, 미국인, 청국인 등 모든 외국인도 관할한다. 장관은 주임으로 부윤이라고 하며 도장관의 지휘 감독을 받아 법령을 집행한다. 대구의 수뇌부 인사는 다음과 같이 임명되었다.

도장관 : 전 평안남도 관찰사 이진교李軫喬
참여관 : 전 충청남도 관찰사 최연덕崔延德
대구부윤 : 다케자키 로쿠사부로竹崎六三郎

대구에서 많은 공로를 세운 재무감독국장 가와카미 쓰네오 씨, 관찰사 박중양 씨, 이사관 노세 다츠고로 씨는 아래와 같이 영전했다. 대구의 인사들은 자신의 지역에서, 그것도 가깝게 교제하던 사람들 가운데 도장관이 3명 배출된 것을 자랑스러워한다. 유일하게 원망스러운 점은 세 사람 가운데 한 명을 경상도 장관으로 배치하지 못한 것이다.

평안북도 장관 : 전 대구재무감독국장 가와카미 쓰네오
충청남도 장관 : 전 경상북도 관찰사 박중양
전라남도 장관 : 전 대구이사청 이사관 노세 다츠고로

위 세 사람은 대구를 위해 많은 공적을 쌓았을 뿐만 아니라 본서를 출간하는 데에도 특별히 힘을 보탰다. 본서 첫 머리에 있는 지도 두 장은 가와카미 쓰네오 씨가 기증한 것이다. 만일 가와카미 씨의 도움이 없었다면 본서 간행은 중단되었을 것이다. 나는 진심으로 세 사람의 건강을 기원함과 동시에 이들이 훗날 또 다시 나를 지도하는 자리에 서기를 간절히 바란다. 독자들이 기억하기 편하도록 조선총독부 주요 관헌의 이름을 다음과 같이 소개한다.

(부기) 가와카미 쓰네오 씨는 평안북도로 떠나면서 소학교에 일금 100원, 상업회의소에 일금 100원을 기부했다.

조선총독 (겸임) : 육국대신 육군대장 자작 데라우치 마사다케寺內正毅
총독부 정무총감 (친임) : 야마가타 이사부로山縣伊三郎
총무부장관 : 아리요시 추이치有吉忠一
내무부장관 : 우사미 가츠오宇佐美勝夫
탁지부장관 : 아라이 겐타로荒井賢太郎
사법부장관 : 구라토미 유자부로倉富勇三郎
농상공부장관 : 기우치 주시로木內重四郎
토지조사국 부총재 : 다와라 마고이치俵孫一
철도국장관 : 오야 곤페이大屋權平
통신국장관 : 이케다 주사부로池田十三郎
취조국장관 : 이시즈카 에조石塚英藏
중추원 부의장 : 김윤식金允植

관제는 정무총감이 토지조사국 총재 및 중추원 의장을 맡는 것으로 규정하고 있다. 지방장관은 일본인이 7명 조선인이 6명인데, 개항지 및 개시장이 있는 지역, 외국과 접촉하는 지역에는 일본인 장관을 배치하고 외교와 관계없는 지역에는 조선인을 배치했다.

광 고

나카데 약방

✿ 나카데 약방中出藥店

조선 대구부 동성정, 전화 119번

✿ 약재 및 약 판매, 화장품 및 사진 재료

나카데 세타로中出清太郎 씨는 이시카와 현石川県 고마츠초小松町 사람으로 1905년 2월에 대구에 왔다. 그는 오랫동안 오사카 제약업계의 태두로 명성이 높았던 청쾌환清快丸 제조원 다니카이슌도谷回春堂에서 제약 기술을 배우면서 주인 다니 씨의 신임을 크게 얻었다. 나카데 씨가 대구에 온 것은 전적으로 다니 씨의 권유와 원조에 따른 것이다.

처음에 조선을 시찰하러 와서 각지를 돌아본 후 장래 대구의 발전을 예견하고 토지를 매입해 가옥을 신축하는 동시에 이전부터 해오던 제약업으로 가게를 열었다. 그가 개업했을 당시에는 동부 지역에 사는 일본인이 아주 적어 고객은 대부분 조선인이었다. 그러나 그는 미래에 희망을 걸고 있었기 때문에 황량한 밭 가운데에 집 한 채를 지은 채 때가 오기를 기다렸다. 지금 있는 곳 맞은편 자리였다. 그의 예견은 적중해서 지금은 가장 번성한 곳이다. 나카데 씨는 제약업자로서 실력이 뛰어날 뿐만 아니라 상업계 다방면에 정통해서 약 이외에 폭넓게 상거래를 하고 있고 모든 방면에서 신용이 높다. 대구 유일의 상업기관인 대구권상장勸商場은 나카데 씨가 주창해서 20여 명이 공동으로 신축했고, 그가 이사를 맡아 성공시켜 지금도 이사를 맡고 있다. 그는 활달하고 음험하지 않으며 정이 깊고 남 돕기를 좋아한다. 그러다보니 각 방면에 걸쳐 교우 관계가 넓고 관계도 모두 돈독하다. 항상 평화를 주장하고 논쟁을 가능한 피하지만 자신의 의사에 반해 다수 의견에 복종하는 사람은 아니다. 어쩔 수 없을 때는 의견을 밝히고 자리를 뜬다.

나스 의원

- 나스 의원那須醫院
  원장 나스 도시오那須敏男, 조선 대구 야마토초大和町, 전화 240번
- 내과, 외과, 피부병 매독과黴毒科
  택진 오전, 왕진 오후

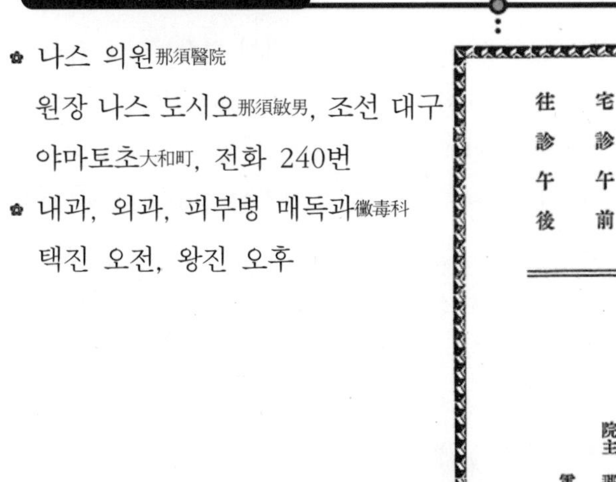

內科外科
皮膚病黴毒科
宅診午前
往診午後

朝鮮大邱大和町
那須醫院
院主 那須敏男
電話 二四〇番

나스 도시오 씨는 구마모토 현熊本県 사람으로 선대 준사쿠準策 옹의 유업을 계승해 1910년 3월에 대구 야마토초 자택에서 개업했다. 선대 준사쿠 옹은 1904년 6월에 대구에 와서 현 주소지에서 개업했다. 당시 그는 일흔 가까운 나이였기 때문에 많은 사람들이 한의사로 오해했지만 나가사키에서 난학을 배운 의사로서 탁월한 실력을 가지고 있었다.

준사쿠 옹은 예전에 다음과 같은 이야기를 한 적이 있다. 68살이나 되는 노인이 조선까지 돈을 벌기 위해 온 것은 면목이 없지만 실은 보증을 섰다가 재산을 모두 잃어버리면서 선대와 하나 있는 아들에게 미안해서 아들이 의학교를 졸업할 때까지 학비를 보내기 위해 큰 결심을 했다는 내용이었다. 이 이야기는 게으른 나에게 무한한 존경심을 불러일으키고 좋은 자극제가 되었기 때문에 잊을 수가 없다. 아들인 나스 도시오 씨는 1909년 11월에 구마모토 의학전문학교를 졸업하고 1년간 군의생을 지원해 제12사단에 입영했다. 준사쿠 옹은 작년 1908년 8월 23일에 아들이 개업하는 것을 보지 못한 채 영민했다. 옹은 눈을 감기 직전까지 자신이 돌보던 환자를 위해 양생법을 이야기했다. 나스 도시오 씨는 1909년 11월에 군의생 기간을 채우고 나서 견습의관으로 보병 제14연대에서 근무한 후 올해 1910년 3월 1일에 제대했다. 그의 의술은 신학문 이론과 구마모토 병원 및 군대 현장에서 쌓은 경험이 어우러진 것이다. 여기에 선대인 준사쿠 옹의 오랜 경험이 담긴 가보와 같은 처방기록이 있다. 올해 1910년 3월에 개업하자 준사쿠 옹이 돌보던 환자가 와서 진료를 받아보고서 나스 씨의 치료술에 감탄하며 기뻐했다. 개업 초기부터 환자가 많은 것은 선대의 덕이 크다고 하겠지만 나스 씨의 탁월한 능력에서 비롯된 부분도 적지 않다. 그는 중환자가 있으면 섣불리 속단하지 않고 반드시 선배의 입회를 요구한다. 겸손한 마음가짐이 존경스럽다.

우에다 포폭점

✿ 우에다 포목점上田吳服店
대구 모토마치元町, 전화 109번
✿ '확실한 정찰제'

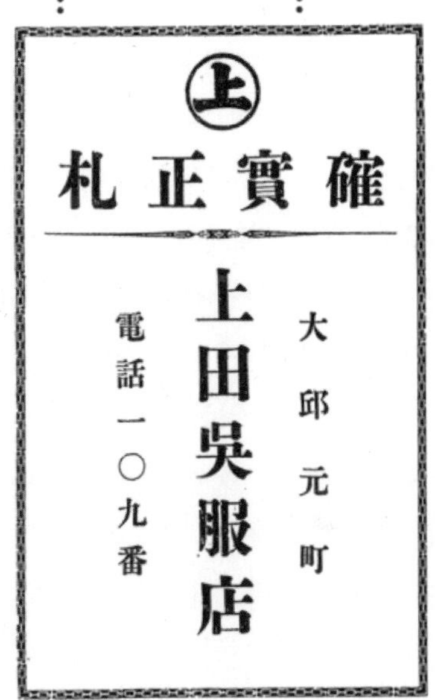

우에다 포목점 주인인 우에다 겐스케上田謙助 씨는 야마구치 현山口県 구마게 군熊毛郡 마리후麻里府사람이다. 1904년 8월에 점원을 파견해 지점을 내고 일본인용 직물을 전문으로 판매했다. 대구 포목점의 효시이다. 당시 일본인은 아직 1,500명이 되지 않았고 특히 공사장 인부와 막벌이꾼이 대부분이어서 옷에 신경을 쓰는 사람도 없었다. 영주를 결심한 사람도 전시 상황에서 더위와 추위만 견디면 된다고 생각해 의복 등에는 신경을 쓰지 않았다. 하오리나 하카마 같은 정장도 없이 귀한 사람들을 맞이하고 보내던 시절이다보니 포목 전문점으로는 점원들의 생활비 정도를 버는 것조차 힘들었다. 그러나 우에다 씨는 굳은 결심으로 물러서지 않았다. 직접 대구에 와서 고객을 확보하고 설령 조각 천 하나만 사더라도 불평하는 기색을 보이지 않으며 스스로 점원처럼 일해 지금의 기반을 다졌다.

그는 대구에만 머무르지 않고 철도 연선은 물론이고 먼 거리에 있는 안동과 상주부터 경주와 영천까지 돌면서 눈앞의 작은 이익을 신경 쓰지 않고 변함없는 신용을 쌓으려고 노력했다. 그 결과 지금은 그의 이름이 멀리까지 알려져 동쪽으로는 삼랑진, 밀양, 경산, 경주, 영천에서 서쪽으로는 김천, 영동, 대전, 그리고 북쪽으로는 안동, 상주 방면에서 매일같이 우편으로 많은 주문이 온다고 한다. 이것은 우에다 씨가 7년 동안 고심하며 한결같이 경영한 결과이다.

우에다 겐스케 씨는 성격이 온화하고 부드럽다. 고객에게는 특히 친절하고 정중해서 일본인들 사이에서 신용이 높다. 1909년 3월에 상업회의소 의원으로 뽑혀 공공기관에 참여했고, 본원사 잡무 담당자로서도 열심히 일했다. 법당에 항상 향내가 끊이지 않도록 했고 선조에 대한 예의가 깊었다. 이것으로 다른 부분들도 미루어 짐작할 수 있다.

요리점 야마토

- 야마토 화단やまと花壇
- 서양 요리, 회석 요리
- 본점 야마토
  니시키초錦町 2정목, 전화 35번
- 지점 야마토 화단
  니시키초 5정목, 전화 27번

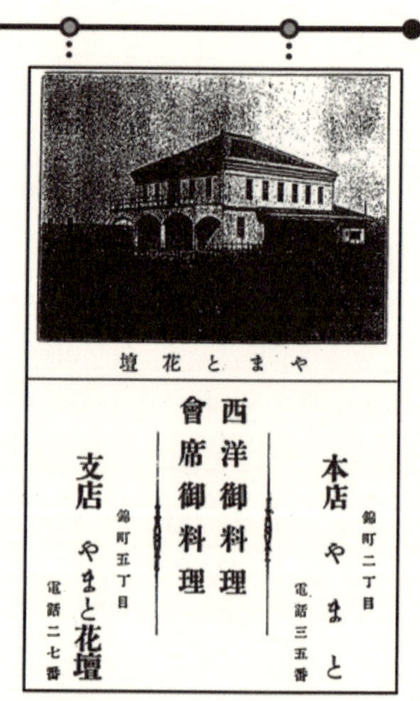

요리점 야마토의 주인 시모다 고키치霜田語吉 씨는 도쿄 태생으로 진정한 에도 사람이다. 처음에 제2은행에 입사해 마에바시前橋 지점에 근무하다가 도쿄 맥주회사東京ビール会社로 옮겼다. 지배인 기타무라北村 씨는 시모다 씨를 크게 신뢰해 중용했다. 그러던 중 기타무라 씨가 퇴사하면서 함께 퇴사했다. 이 때 봉급생활자 생활이 재미없다는 것을 깨닫고 오사카에서 서양요리를 시작했지만 만족하지 못하던 중에 1903년 11월에 만주 지역에서 풍운이 일기 시작했다. 원정에 대한 마음을 억제할 수가 없어서 추위를 아랑곳하지 않고 조선 시찰 길에 올랐다. 때마침 도쿄 맥주에서 함께 있었던 기타무라 씨가 부산에서 58지점五八支店 지배인으로 일하고 있었다. 기타무라 씨의 권유로 1904년 1월 1일, 눈보라가 심해 살을 에는 날에 대구에 왔다. 3일을 체류한 뒤 다시 오기로 약속하고 오사카로 돌아왔다. 1904년 4월에 다시 대구에 와서 서부 시장에 서양 요리점을 열었다. 이것이 대구 서양 요리점의 원조이다. 당시는 철도공사 중이라 일본인은 모두 서부 지역에 거주했는데 공사가 진척됨에 따라 북부 지역 밭 한 가운데에 식당 건물을 지었다. 이것이 지금의 본점이다. 1909년 봄에는 야마토 화단을 신설해 서양식 대연회장을 지었다.

1904년부터 일본인 동포회 발기인이 되고 일본거류민회 의원이 되었다. 1906년 12월에는 초대 민단의원으로서 공공기관에 참여해 많은 공헌을 했다. 그는 성품이 온화했다. 그러나 확실히 대쪽 같은 에도 사람 기질이 있었다. 강한 인내심으로 여러 어려움을 견디는 용기가 있어서 보통 사람들은 할 수 없는 신사업을 성공시켰다. 세상 사람들의 귀감이 되어 존경받는 부분이다.

마치다 회춘당 약국

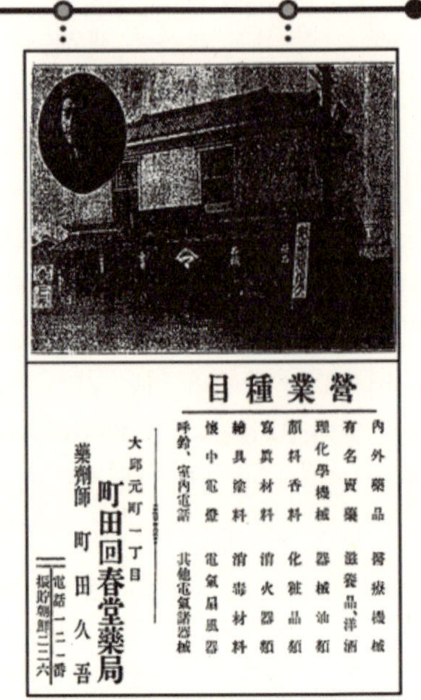

- 마치다 회춘당 약국町田回春堂
  약제사 마치다 규고町田久吾,
  대구 모토마치元町 1정목,
  전화 12번, 입금계좌 조선 226
- 취급품목
  내외과 약품, 유명 약품, 기계 이화학, 안료 및 향료, 사진재료, 물감 도료, 회중전등, 초인종, 실내전화, 의료기계, 자양품, 양주, 기계기름, 화장품, 소화기, 소독재료, 전기선풍기, 기타 전기 기계

마치다 규고 씨는 니이가타 현新潟県 다카다초高田町 사람으로 아직 기차가 안다니던 1904년 4월에 대구를 시찰하고 곧바로 뜻을 굳혀 6월에 개업했다. 그는 동업자 간의 친화와 권리를 보호하는 데에 힘쓰면서 1904년 11월 3일의 천장절 축하연 자리에서 약품업자 조직이 필요하다고 주장했다. 동업자 4명이 그 자리에서 동의해 그 날로 북쪽 경승지산 정상에서 발족식을 거행했다. 이것이 대구 약품업계 조합의 효시이다. 마치다 씨는 지금도 간사장을 맡고 있다.

천성이 강직하고 장사하는 사람들이 흔히 하는 교언영색을 가장 싫어한다. 정이 깊고 항상 상대방의 장래를 생각해 충고를 아끼지 않는다. 이 때문에 때때로 오해를 받는 일이 있어도 개의치 않는다. 공공사업에는 항상 마음을 쓰면서 노력해 통감부에서 벌써 2번이나 상패를 받았다. 이를 통해 그의 평소 모습을 짐작할 수 있다. 1906년 4월에 일본거류민회 의원 7명의 보결선거 때 후보자로 추대되었다. 이 때 그는 자기 한 명이 나서는 것으로는 아무 효과가 없으니 신뢰하는 동지 7명과 함께 입후보하겠다고 공언하고 정정당당하게 경쟁한 결과 7명이 모두 당선되었다. 그는 부의장으로 추대되어 자치기관을 위해 능력을 크게 발휘했다. 그는 세 번에 걸쳐 민단의원 후보자로 추천받았지만 모두 고사했다. 그러나 항상 동지를 도와 진력하고 당선자의 후원자가 되었다. 올해 1910년 3월에 갑작스럽게 상업회의소 의원으로 선출되면서 4~5일 동안 취임을 거부하고 종적을 감추었지만 많은 사람들의 바람을 거부하지 못하고 어쩔 수 없이 수락했다. 그는 37세로 전도가 유망하다.

마에카와 상점

- 마에카와 상점.
  각종 직물, 잡화 수입 도매상
  대구시장 북로
- 미국 스탠다드 제유 특약점
- 말표 백목면 발매원
- 에비스 세탁소다洗濯曹達 특약점
- 영동永同 목탄 특약점

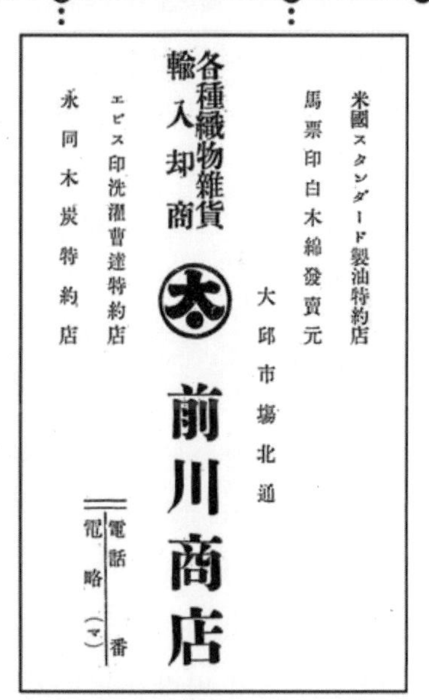

마에카와 도모지前川知二 씨는 요코하마 시横浜市 사람으로 오우미近江에서 태어났다. 학업을 마치고 오사카의 곤도 상점近藤商店에 상업견습생으로 들어가 2~3년 일하다가 곤도 상점이 대구에 지점을 내면서 특별히 주임으로 선발되었다. 1904년 가을의 일이다. 곤도 씨는 마에카와 씨를 신뢰하는 만큼 전권을 맡기고 아무 간섭도 하지 않았으며 모든 것을 결행하게 했다. 1906년 12월에 곤도 지점의 업무 일체를 계승해 마에카와 상점으로 새롭게 했다. 곤도 씨의 뜻은 여기에 있었던 것 같다. 나는 곤도 씨를 한 번도 만난 적이 없지만 그의 안식과 조치에 탄복한다.

마에카와 도모지 씨는 곤도 지점 주임으로 있을 때 독단으로 소학교 신축비 및 이세신궁 요배소 건설에 많은 돈을 내었다. 항상 본인과 관련해서는 절약하면서 공공을 위해서는 진력을 다했다. 입후보하지 않았지만 1908년 3월에 상업회의소 의원으로 추대되었고 올해 1910년 3월에 재선되어 지금은 상임위원으로 활동하고 있다. 그는 가능한 공직을 피하려고 하지만 지인들이 이를 허락하지 않아 어쩔 수 없이 맡고 있다. 그러나 일단 수락하면 책임을 다하기 전에는 그만두지 않는다. 그에 대한 신용이 깊은 것은 바로 이 때문이다. 그는 타고난 장사 솜씨가 있지만 개인적인 작은 이익에만 그 능력을 묶어두지 않았고 대구가 하나가 되어 움직이기를 희망했다. 따라서 항상 사회의 대세에 주의를 기울이고 수치에 기초해 조사하는 일을 게을리 하지 않았다. 게다가 조사한 내용은 누구한테나 공개해서 이익을 나누었다. 이 한 가지만 보더라도 그의 성격이 고결하다는 것을 알 수 있다.

공공사업에 열성적이고 정이 깊어 벗을 위해 자신의 이익을 돌보지 않는 경우가 종종 있다. 그러나 상업에 대해 기울이는 주의와 노력은 도저히 다른 사람이 따라가지 못할 것이다. 이제 겨우 27세로 앞으로 대성하는 일만 남았다.

아오키 상점

- 아오키 상점青木商店
  대구 모토마치元町, 전화 56번
- 조선총독부 도량형기 위탁 판매
- 각종 측량기계, 제도기류
- 전당포 및 얼음 저장 도소매업

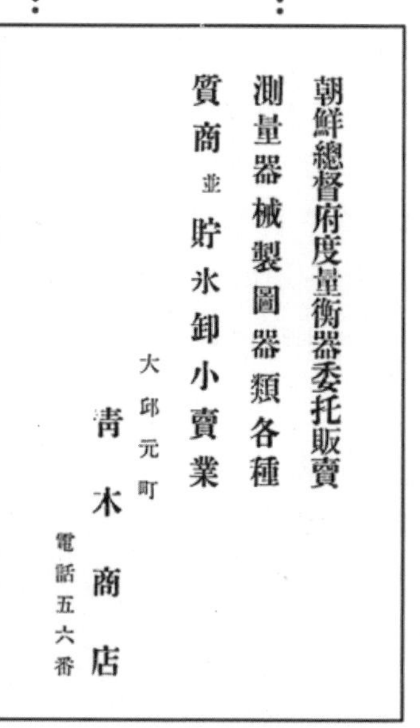

아오키 상점 주인 아오키 시게노부青木重信 씨는 오카야마 현岡山県 조토군上道郡 사람이다. 예전에 추고쿠中國 지방 실업계의 태두였던 오카야마 현 스기야마杉山 가문의 광산부에서 10년 동안 근무했다. 이 때 관련 업종 경험을 쌓았는데 특히 측량술에 능하다고 한다.

1905년 4월에 대구를 시찰한 후 영주하기로 결심했다. 그는 매사에 질서정연해서 작은 것에서 시작해 크게 키워가는 경영 방식을 취했다. 한 예를 들면 조선에 오기 전에 미리 서적으로 조선의 사정을 조사하고 의문스러운 점은 오카야마에 있던 조선 학생에게 물었다. 그리고 조선에 와서는 혼자 생활하면서 곤란을 참으며 확실한 기반을 다진 후에 가족을 불렀다. 그는 시작 단계에 많은 주의를 기울이기 때문에 중도에 좌절하는 일 없이 착실하게 성공을 향해 나아가고 있다.

그는 매사에 수수해서 동포들에게 늦게 알려졌다. 1907년 3월에 상업회의소 의원이 되면서 공직에 발을 들였는데 곧바로 부회장으로 추대되었다. 1908년 2월에는 최고득표를 기록하며 민단의원으로 선출되었고 그 해 12월에 재선되었다. 그는 의원으로서 학교증축위원과 회계감사위원으로 활동했다. 달성공원 기성회 간사 겸 회계로서 많은 애를 썼다. 그는 가업에 충실하면서도 동시에 공공의 업무를 게을리 하지 않는다. 회의가 공지되면 예정했던 여행도 취소하거나 연기하고 여행 중에 공지를 접하면 모든 것을 뒤로 하고 돌아온다. 그 열성과 성실함은 다른 의원들이 따라하지 못한다. 그는 성격이 온순하고 평화를 사랑하지만 공공사업에 관한 의견은 쉽게 양보하지 않았다. 그는 결코 자신을 버리면서까지 다수에 맹목적으로 복종하지 않았다.

제6장

장래의 대구

앞서 과거의 대구를 논하고 현재의 대구를 소개했는데 이것은 모두 장래의 대구를 소개하기 위한 수순이었다. 나의 본 취지는 장래의 대구에 있으므로 본 장을 특히 유의해서 읽기 바란다. 앞선 장을 읽은 독자들은 내 학문이 무학문맹일 정도로 일천하다는 것을 짐작했을 것이므로 애써 변명할 필요가 없다. 이와 같은 야인이 갑자기 땅파기와 벌채를 그만두고 익숙하지 않은 집필에 골몰하며 애태우는 것은 예로부터 조선반도의 부원으로 알려진 영남의 장래를 고국의 동지들에게 소개하기 위한 의도 이외에 다른 뜻이 없다. 그러므로 서툴러서 읽기 힘든 글이지만 익숙지 않은 붓을 잡고 남모르는 고민을 하는 저자의 심정을 헤아려 일독해 주기를 바란다.

정치기구와 장래의 발전

앞 장에서 소개한 관아는 이제 막 만들어져 이름을 붙였다. 아직 백일도 되지 않았으니 돐은 아직 멀었다. 사람은 요절에 대한 걱정이 있지만 대구의 정치기구는 그럴 필요가 없다. 이후의 정치체제 변화에 따라 타이완과 같이 이심제가 된다면 대구공소원은 폐지될 수 있지만 대구의 번영에 큰 지장을 초래하지는 않을 것이다. 설령 이심제로 바뀌더라도 공소사건이 지금보다 감소할 리가 없다. 만일 공소사건이 감소해 판관이 필요 없는 상황이 된다면 이는 국가와 인도 차원에서 크게 축하할 일이다. 대구 번영의 일부가 사라진다고 걱정할 필요는 없을 것이다.

'상황은 변하고 사람의 친화는 깨진다'는 말이 있다. 그러나 대구의 유리함은 절대로 변하지 않을 것이다. 만일 일한병합이 이루어진다면 경성의 정치기구는 축소되고 독립국으로서 필요했던 관아 및 왕실과 관계하던 상업가는 일대 타격을 입어 경성 경제계에 변동이 있을 것이다. 그러나 대구의 관아는 관찰도와 이사청을 합병하는 것 이외에 폐지할 관아가 없고 오히려 재무감독국은 확장해야 한다. 장래에 병영도 신축해야 할 것이다. 기타 관공서도 모두 확장해야 하므로 축소될 여지가 없다. 앞으로 대구는 정치체제 정비에 따라 확실히 발전할 것이다.

도로 개수와 대구의 발전

도로는 국가의 생존을 위해 하루도 소홀히 해서는 안되는 혈맥이다. 도로 파괴는 혈관의 파열이자 국가의 동맥이 막히는 일이다. 이 때문에 일본에는 국도가 있고, 현도가 있고, 리도里道가 있고, 사설도로가 있다. 국민이 부설한 사설도로조차 세금이 면제된다. 여기에 아직 불편하지만 철도와 전기 철도가 있다. 일본뿐만 아니라 문명국은 모두 도로를 적극적으로 확장하고 있다. 그러나 조선에는 도로가 거의 없어 우차와 마차가 다니지 못할 뿐만 아니라 몸집이 큰 말조차 다니기 어려워 모두 조랑말을 쓴다. 1910년 9월에 제12여단은 폭도 토벌을 위해 포차를 끌고 왔다. 많은 기병과 기마도 왔다. 그러나 포차가 지나갈 수 있는 길이 없고 기마가 달릴 수 있는 길이 없어 포와 기마는 목적을 이루지 못하고 돌아갔다. 군대의 역할은 국가의 평화를 유지하는 것인데 이러한 군대가 접근할 수 없는 벽지에는 반드시 산적이 횡행한다. 이와 같이 국가의 질서유지 측면에서 보면 도로 개수는 초미의 급선무이다. 국가의 부원을 개발해 나라를 부강하게 만들기 위해서는 도로 개수부터 착수해야 한다. 극단적으로 주장하자면 폭도를 토벌하기 전에 도로를 개선해야 한다. 도로가 완전한 지방에는 폭도들이 쉽게 오지 않고 설령 오더라도 말 두 마리로 산포와 야포를 끌고 가서 포를 한두 발 쏘면 전멸할 것이다. 실제로 조선의 폭도들이 봉기하는 지역은 공통적으로 교통이 불편한 지역이다. 국토의 안녕, 사람들의 지식개발, 식산흥업을 위해서라도 도로 개선부터 착수해야 한다. 도로 개선은 되고 안되고 할 문제가 아니라 시간을 다투어 추진해야 하는 문제이다. 가까운 장래에 반드시 수행해야 할 문제이다. 도로 개선 운동은 추진 속도를 다투는 문제인 것이다.

대구는 영원히 조선 남부 부원의 중심에 있을 것이다. 진주에 이르는 도로, 전주에 닿는 도로, 안동 이북과 강원도 해안으로 통하는 도로는 반드시 개선해서 적어도 우차와 마차가 통행하는 도로로 만들어야 한다. 이미 올해 착수한 현풍으로 통하는 길은 한 쪽으로는 마산을 통과하고 다른 한 쪽으로는 고령을 거쳐 진주에 닿을 것이다. 그리고 대구-안동 간 110㎞ 도로는 안동과 대구에만 이익을 가져다주는 것이 아니다. 군위, 의흥, 의성, 청송, 영양, 예안, 봉화, 영천 등 각 지방의 산업을 발달시키면서 물품과 재화를 대구로 모으는 도로이다. 수레와 말의 왕래가 빈번한 60여㎞ 경주-대구 간 신도로가 대구에 어떤 이익을 가져다 주었는지, 그 연도에 거주하는 일본인이 얼마나 증가했는지를 본다면 현풍 및 안동 간 신도로가 얼마나 이로울지 쉽게 짐작할 수 있다. 조선이 영원히 이씨 조선으로 남거나 합병해서 일본의 영토가 되거나에 상관없이 도로는 반드시 개선해야 한다. 그리고 그렇게 개선된 도로가 대구의 발전에 큰 영향을 끼치는 것은 두 말할 나위가 없다. 대구는 조선 남부 각 방면으로 통하는 도로의 요충지로서 번창할 도시이다.

농업의 전도

영국은 예외이지만 세계 80~90% 국가는 농본주의를 채택하고 있다. 입고 먹는 것이 족해야 예절을 안다는 말이 진부하다고 하지만 나무 열매만 먹는 고승을 예도의 모범으로 모시는 나라는 없다. 만일 있다고 해도 인도, 타이, 티벳 정도이다. 조선은 예부터 삼남 지역을 국가의 보고로 여겼고, 경상도는 항상 그 첫 번째로 꼽혔다. 농업에서 쌀과 대두가 중요하기는 하지만 미숙한 조선인의 수요가 쌀과 콩 뿐이었기 때문에 다른 작물은 재배하지 않았다.

정치 체제가 아직 개선되지 않았을 때 기근이라는 악귀가 종종 찾아왔다. 1년 흉년이 들었다고 굶어죽는 가난한 백성도 많았다. 그러나 정치를 개선한 결과 게으른 백성들이 근면한 백성으로 바뀌었다. 하루 벌어 하루 사는 생활 가운데서도 조금은 저축하려는 모습을 보이고 인부로 일하면서 5일 내지 10일분 식량을 모으는 이들이 나타났다. 편리해진 교통으로 서로 도울 수 있게 되면서 식량 부족이 많이 줄었고 근면한 농민들이 '부지런한 부자는 하늘도 못막는다'는 사실을 깨닫기 시작했다. 종래 조선 농민의 상태는 전답이 부족해서가 아니라 악정이 낳은 결과였다. 토지가 넓은 데도 불구하고 황무지가 많은 것은 이 때문이다. 대구를 중심으로 인근 80*km* 내외 지역은 일본인이 이주하기에 가장 적합하다. 기후가 온화해서 일본의 군마 현群馬縣와 사이타마 현埼玉縣에 비유할 수 있고 겨울이 조금 춥기는 하지만 나가노 현長野県에 비하면 훨씬 따뜻하다. 현재 일본인 이주자들 가운데 추고쿠, 규슈, 시코쿠 지역 이주자들이 가장 많은 것을 보더라도 추위가 견디기 어려울 정도가 아니라는 것을 알 수 있다. 작물은 간토, 도호쿠, 홋카이도에서 시코쿠, 규슈, 추고쿠 지역에서 경작할 수 있는 것이라면 어떤 것이라도 만족할만한 수확을 얻을 수 있다. 토지가 싸다는 것은 이미 앞 장에서 소개한 대로이다. 만일 대구 시내에서 40*km* 이상 떨어진 곳이라면 상등지 밭 300평을 20원 내외에 살 수 있다.

내 고향에서는 다른 사람의 전답을 빌려서 생활하는 농가를 빈농이라고 부르고 1,500여 평을 경작해 겨우 먹고 사는 농민을 '1,500평 농사꾼'이라고 불렀다. 나는 조선에까지 와서 소작농으로 사는 것은 절대로 반대하지만 1,500평 농사꾼은 재산을 매각해서 조선에 오는 것이 좋다고 생각한다. 일본에서는 1,500평을 경작해도 의식주를 해결하고 자녀를 교육시킬 만큼의 여유는 안된다. 새벽에 밭에 나가 밤에 집으로 돌아와도 저축을 한 푼도 못하고 찢어진 옷에 살이 드러나고 아파도 의료비가 없는 애처로운 농민은 1,500평의 전답을 팔아치우고 조선으로 오는 것이 좋다. 적어도 3000평 이상을 매입하면 1년 먹을 식량은 나온다. 조선에 와서 1,500평 농사꾼의 마음가짐으로 잘 견딘다면 금의환향은 못해도 선조를 잘 모시면서 처자식과 단란한 가정을 꾸릴 수 있다. 선조가 대대로 살던 곳을 떠나 조선까지 오는 것이 내키지는 않겠지만 선조대대로 물려오던 토지를 고리대금업자에게 빼앗기는 것보다는 낫다.

일본 제국의 신민이 더 이상 태어난 곳에만 칩거해서는 안된다. 매년 인구가 느는 것은 하늘이 우리의 전도를 축하하는 것이다. 신식민지를 만들라고 촉구하는 것이다. 일본 제국의 황조신은 자손을 휴가 국日向國에 내려 보내 신세계를 만들게 했고, 진무 천황神武天皇은 선조의 땅을 떠나 야마토 국大和國으로 옮기지 않았던가. 오늘날의 해외 이주는 기차가 있고 기선이 있으며 군함의 보호까지 받으니 식은 죽 먹기와 같다. 우리가 이주하지 않는다면 청일과 러일 양대 전쟁에서 10만 명이 목숨을 잃을 이유가 없었다. 넓은 반도 땅은 일본에서 근면 성실한 새 주인이 오기를 기다리고 있다.

아무 자산이 없는 사람은 조선에 오면 안된다. 조선에는 돈 열리는 나무와 같은 것은 절대 없다. 악정이 5백년이나 이어져서 1전짜리 동전 하나도 땅에 떨어져 있지 않다. 노역으로 먹고 살려는 사람은 하와이 혹은 남미로 가는 것이 좋다. 조선에는 노동자가 아주 많고 싼 임금을 받고도 일을 많이 하기 때문에 도저히 일본 노동자가 따라할 수 없다. 노동자가 되어 생계를 꾸리려는 사람은 자신의 나라보다 더 위에 있는 나라로 가야 한다. 중국과 조선은 모두 일본보다 아래에 있는 나라여서 특히 노동자가 많다. 그들은 게으르다고 채찍으로 때려도 화내지 않고 새벽부터 밤까지 일한다. 그런데 임금은 겨우 30~35전이다. 한 번 조선인을 써 본 사람은 절대 일본인을 못쓴다. 설령 조선인과 동일한 임금이라고 해도 노동량이 조선인 노동자에 미치지 못한다. 일본인 노동자에 대한 수요가 없는 것은 이 때문이다.

서생 출신의 하오리 입은 건달도 조선에는 금물이다. 일본에서 자산도 없이 의식주에 곤란을 느낄 정도로 의지가 없는 사람이 조선에 와서 할 수 있는 것은 아무 것도 없다. 중학교를 졸업한 정도의 사람이 조선에 온다 해도 아무 쓸모가 없다. 잘 해봐야 무급으로 대서방에서 일하는 정도이다. 조선에는 사립대학 졸업생이 수없이 많고 정식 법학사와 문학사가 하숙비를 못내 곤란을 겪는 경우도 많다. '정직하고 일을 잘하며 학력은 중학교 3~4년'이라고 쓴 지인이나 은인의 소개장을 들고 오는 사람들이 많지만 아무리 은인의 소개나 부탁이라고 해도 자신의 생활이 곤란한 상태에서 어떻게 도울 수 있겠는가. 그들은 '나는 농사를 목적으로 조선에 왔기 때문에 논이나 밭을 빌려 농업에 종사하고 싶다'고 말한다. 다른 사람의 토지를 빌려서 겨우 생계를 꾸리려는 농업 경영자는 아무도 상대해 주지 않는다. 독자들은 주위에 이와 같은 사람들이 있으면 깊이 주의를 주기 바란다. 조선에서 농사를 경영할 사람은 자신의 토지를 직접 경작하거나 많은 토지를 매입해 조선인을 고용하는 두 가지 방법 중 하나를 선택해야 한다. 다른 사람에게 신세를 져야만 먹고 살 수 있을 정도로 의지가 약한 사람은 조선에 와서는 안된다.

양잠업

잠업이 유익하다는 사실은 일본인들이 모두 인정하는 바이고 작업이 고단하다는 것 또한 잘 안다. 단순히 작업이 어려울 뿐만 아니라 인력으로 막을 수 없는 재해가 있을 수 있다. 그런데 어렵다는 것을 알면서도 국가 차원에서 잠업을 장려하고 사람들이 이에 종사하는 것은 무엇 때문인가. 그것은 대외 무역품에서 가장 많은 비중을 차지하고 잠업의 풍흉에 따라 국가 경제가 큰 영향을 받기 때문이다. 정부가 적극적으로 장려하고 국민이 잠업에 많이 종사하는 이유는 바로 이 때문이다.

인력으로 막을 수 없는 재해란 바로 서리이다. 나는 겨우 16년간 잠업에 종사했지만 그 동안 큰 서리 피해를 네 번이나 입었다. 그 중에 가장 심했던 것은 1893년으로 뽕나무 잎뿐만 아니라 나뭇가지 끝이 60㎝가량 말라 죽었다. 서리가 내리는 온도는 화씨 온도계로 40°F(4.4℃) 이하이지만 1893년 5월 6일에는 28°F(-2.2℃)까지 내려가고 1896년 5월 8일에는 30°F(-1.1℃)를 기록했다. 1900년 5월 14일과 1902년 5월 16일에는 영하로 떨어져 얇은 얼음이 얼었다. 이것은 내가 군마群馬에서 겪은 쓰라린 경험이다. 서리를 방지하는 데 연기를 피우는 방법이 있지만 35~6도 이하로 떨어지면 아무 소용이 없다. 군마 지역 잠업 농가가 해마다 어려움에 처하는 것은 서리 피해로 입은 손해의 여파이다. 한 번 서리 피해를 입으면 그 상처는 풍작이 5~6년 이어지지 않으면 아물지 않는다. 이러한 상황은 군마에만 한정된 것이 아니라 나가노長野, 도치기栃木, 후쿠시마福島, 야마가타山形 지역도 모두 마찬가지이다. 한꺼번에 앞의 모든 지역이 피해를 입는 일은 없다고 해도 해마다 1~2개 군, 또는 3~4개 군이 서리 피해를 보기 때문에 마치 3~4년마다 돌아가며 피해를 입는 것 같은 느낌이다. 간토関東 및 도호쿠東北 지역 잠업농가가 일 년 내내 골치를 앓는 것도 무리가 아니다.

서리 다음으로 위험한 것은 4면잠을 전후한 누에올리기 때에 찾아오는 습기이다. 군마, 나가노, 도치기 지역에서는 습기 피해가 적지만 간토 지역의 치바千葉, 이바라기茨城, 가나가와神奈川 세 개 현과 하코네箱根 서쪽의 추고쿠中国, 규슈九州, 시코쿠四国 지역은 모두 습기를 두려워한다. 습기가 심할 때는 그 피해가 습기 피해에만 그치지 않는다. 몇몇 누에에 잠복해 있던 병충해가 순식간에 발생해 전체 누에로 번져 뜻하지 않은 실패를 초래하는 경우가 적지 않다. 서리 피해처럼 넓은 지역이 전멸하지는 않지만 개인 단위 피해로는 오히려 서리 피해보다 크다. 따라서 군마와 나가노 지역 잠업농가는 평소에 서리 피해를 화제로 삼고 간사이關西 지방에서는 반드시 습기 방지법을 묻는다. 습기는 서리와 달리 막을 수 있지만 미숙해서 피해를 막지 못해 비참한 결과를 낳는 경우가 종종 있다.

다음은 경제적인 문제이다. 풍작을 목표로 하는 것이 아니다. 잠업에서 이익을 목표로 하기에는 최근 모든 물가가 오른 반면 생사 가격은 10년 전과 변함이 없는 상황이라서 쉽지 않다. 물가는 오르고 지조는 징수당하는 가운데 생산품 가격만 떨어져서는 도저히 지속할 수가 없다. 해가 갈수록 어려운 상황을 알려오는 고향 사람들이 많아졌다. 그야말로 동정을 금할 길이 없다. 그런데 다른 업종과 달리 살아있는 누에를 키우는 일이라서 기존에 군마 지방에서 개발한 기계 이상으로 일손을 덜어줄 발명품도 없다. 내가 16년간 겪었던 고충과 경험에 비추어 봐도 일본 잠업의 전도는 우려스러운 부분이 많다.

그런데 경상도는 고래로 조선의 잠업지로서 여전히 함창, 상주, 문경 지역을 중심으로 집집마다 누에를 치고 있다. 정부는 이미 함창에 양잠 전습소를 설치해 교사를 파견할 정도이고 농민들도 새로운 사육법을 시도하고 있다. 대구에는 1904년 4월에 경성 사람인 이종국 씨가 주임으로 와서 전습소를 설립해 해마다 좋은 결과를 얻고 있다. 조선의 다른 곳은 모르겠지만 경상북도는 장래 잠업지로 유망하다. 그 근거로 서리 피해를 걱정할 필요가 없고, 습기 피해가 절대로 없으며, 소요경비가 일본의 절반 이하라는 점을 꼽을 수 있다.

(1) 나가노 및 군마 지역 등은 예부터 서리 피해가 심했던 곳이 아니다. 산림을 벌채한 결과 지금처럼 서리 피해가 빈번히 일어나게 되었다는 것이 원로들의 일반적 견해이다. 그래서 조선도 지금은 서리 피해가 없지만 앞으로도 그렇다는 보장은 없다고 말하는 사람이 있을 것이다. 그러나 이러한 생각은 멀리 떨어진 곳에서 상상하는 것에 지나지 않는다. 한 번 조선에 와 본 사람들은 모두 안다. 조선 남부와 서부 지역의 산들에는 묘만 많고 수목이 없으며 '민둥산과 붉은 흙'은 조선의 악명으로 유명하다. 더 이상 남벌하면 풀뿌리만 남을 것이다. 조선의 산은 이미 벌채될 대로 벌채되어 있는 상태이기 때문에 위와 같은 것은 기우에 지나지 않는다. 보다 상세한 내용은 제7장 기후 부분을 참조하기 바란다.

내가 대구에 온 것은 앞에서 밝혔듯이 1903년 9월이었다. 일본에서 16년 동안 고생한 여파로 서리 피해에 대한 생각이 한시도 사라지지 않았다. 그래서 서리에 대한 조사를 게을리 하지 않았다. 그렇게 하면서 지켜보니 4월 중순 이후에 서리가 내리는 경우가 없었다. 기후 부분과 중복되는 내용이지만 대구측후소 기록을 보면 최근 3년 중 가장 늦은 서리 날짜는 아래와 같다. 측후소가 관측한 늦은 서리는 육안으로는 식별할 수 없을 정도로 적은 서리이다.

- 1907년 4월에 서리 3회. 마지막 날짜는 4월 7일.
- 1908년 4월에 서리 1회. 마지막 날짜는 4월 14일.
- 1909년 4월에 서리 2회. 마지막 날짜는 4월 16일.

뽕나무 잎이 발아하는 것은 4월 20일 이후이기 때문에 뽕나무와 서리가 만날 염려가 전혀 없다. 현재 조선 정부와 통감부가 모두 조림을 적극적으로 장려하고 있으니 민둥산과 붉은 흙이 사라지고 푸른 산에 백운이 걸리는 날이 반드시 올 것이다. 남벌로 인해 서리 피해가 발생할 염려는 전혀 없다.

(2) 다음 내용도 제7장에서 상세히 설명할 것이다. 나가노 현 스와諏訪 지역은 유명한 건조지대로 생누에고치 한 되 양이 60문匁 : 1匁=3.75g이나 된다. 바구니에 담아 선반에 올려둔 채로 저장했다가 차례차례 실을 실의 양이 많고 광택이 좋아 400㎞ 이상 떨어진 곳에서까지 생누에고치를 매입해 온다. 철도가 아직 개통되지 않았을 때는 많은 비용을 치뤄 미요다 역美代田駅이나 고모로 역小諸駅까지 운송한 다음 짐마차로 수십 리를 운반했는데 도중에는 험준한 우스이 고개碓氷峠와 와다 고개和田峠가 있다. 이렇게 많은 비용을 투자해도 군마 지역 제사농가보다 수익이 많은 것은 생누에고치를 장기간 저장할 수 있어 비용을 절약할 수 있었기 때문이다. 이처럼 공기가 건조한 지역은 단지 양잠뿐만 아니라 생사를 만드는 데에까지 관여한다.

양잠은 어린누에를 사육하는 일에 가장 손이 많이 간다. 누에를 사온 다음날부터 매일매일 면적을 넓히고 누에똥을 치워야 한다. 탈모 후부터 첫 잠 때까지 적어도 세 번 누에똥을 치우지 않으면 누에자리에 곰팡이가 생겨 병에 걸리는 누에가 나온다. 하루에 8번 이상 주는 부드러운 뽕잎에는 뽕 자체의 습기와 화력에서 생기는 습기 때문에 곰팡이가 쉽게 생기므로 뽕잎을 주는 것과 동시에 습기를 없애는 데 주의해야 한다. 습기 제거에는 불을 떼는 것이 가장 효과적이지만 뽕잎이 부족한 상태에서 불을 너무 많이 떼면 누에에게 큰 해가 되므로 습기를 제거한다고 무작정 화력을 높여서는 안된다. 그리고 이 단계에서 누에똥 치우는 횟수를 늘릴 필요가 있다. 첫 잠 전후로는 면적이 좁아 크게 손이 가지 않을 것 같지만 실제로는 상당한 수고와 기술이 필요하다. 만일 공기가 건조해서 누에똥 치우는 횟수가 적고 화력이 낮아도 곰팡이가 생길 염려가 없다면 작업량은 반감된다. 습기 피해는 단지 4~5세 기간뿐만 아니라 양잠 기간 전체에 걸쳐 피해를 낳을 수 있다. 그러나 경상도 지역은 조선 전체에서 특히 건조한 지역이기 때문에 나와 같은 게으

름뱅이는 조선에 온 이래로 옷을 햇볕에 말린 적이 없다. 원래부터 몇 안되는 옷가지라 햇볕에 널 것도 없었지만 조선인들조차 여름옷과 겨울옷을 두 벌 정도씩은 갖고 있다. 나는 일본에 있을 때는 도쿄에 있건 센다이에 있건 혹은 군마, 나가노, 시즈오카, 아이치 어디에 있건 항상 속옷 옷깃에 황록색 곰팡이가 생겨서 옷을 빨지 않고는 입을 수 없었다. 그러나 대구에서 만 7년을 머무는 동안 옷깃에 곰팡이가 생긴 일이 없다. 대구 양잠전습소 사무원인 시노하라 이마조篠原今藏 씨는 나가노 현 기타사쿠北佐久 사람이다. 시노하라 씨가 양잠과 관련해 기후 이야기를 하다가 "습기를 걱정할 필요가 전혀 없고 2~3일 누에똥을 치우지 않아도 곰팡이가 생기지 않으니 고향 나가노에서 했던 작업과 비교할 수 없을 정도로 수월하다"라고 말한 적이 있다.

군마와 나가노 지역은 6월 10일을 전후해 장마에 접어든다. 따라서 장마 전에 누에올리기를 하기 위해 화력으로 그 시기를 앞당긴다. 나가노 현의 남북 사쿠南北佐久 두 지역, 스와諏訪, 치쿠마筑摩 등지에서는 뽕잎의 발아가 늦어 도저히 6월 상순에 누에올리기를 할 수가 없어서 여름이 끝나고 치는 여름누에夏蠶와 가을누에秋蠶에 힘을 쏟는다. 군마와 사이타마에서는 봄고치春繭가 비싸고 여름고치는 거의 반값인 데 반해 나가노에서는 봄고치가 싸고 여름고치는 군마의 봄고치보다도 비싸다. 봄에는 힘을 기울이지 않다가 여름누에에 전력을 기울이기 때문에 뽕나무 밭을 일구는 것도 여름누에에 맞추는 경우가 많다. 이를 통해 습기가 양잠에 얼마나 큰 피해를 주는지를 미루어 짐작할 수 있다. 그러나 대구에서는 이런 걱정을 할 필요가 없다. 습기는 반드시 비와 함께 온다. 따라서 양잠 기간 중에 비가 적은 해는 뽕잎이 다소 모자라는 경우는 있어도 대부분 풍작이 된다는 것을 독자들은 잘 알 것이다. 대구 양잠전습소 일지를 참고해 최근 3년간 양잠 기간 중 최고, 최저 기온과 강우일 수를 적어둔다.

(단위 : °F, 괄호 속 섭씨)

		1살	2살	3살	4살	5살	종일 강우	한나절 이하 강우
1907년	최고온도	71(21)	73(22)	72(22)	77(25)	76(24)	없음	14회
	최저온도	60(15)	55(12)	65(18)	64(17)	60(15)		
1908년	최고온도	83(28)	82(27)	86(30)	86(30)	88(31)	1회	5회
	최저온도	42(5)	50(10)	52(11)	57(13)	60(15)		
1909년	최고온도	75(23)	78(25)	80(26)	88(31)	89(31)	1회	5회
	최저온도	55(12)	43(6)	45(7)	52(11)	60(15)		

온도는 화씨온도계로 측정했고 지붕 없는 실외에 걸어두었다. 강우는 우량에 관계없이 뽕잎을 따는 데 방해가 되고 1시간 이상 이어진 것은 안개비라도 횟수에 포함시켰다. 밤에 잠든 뒤에 내린 비는 포함시키지 않았다. 작업과 직접 관계있는 것으로 한정했기 때문이다.

제7장에 있는 측후소 조사내용은 강우의 경우 0.1㎜ 이상은 밤낮 구분 없이 정식으로 조사한 것이고 온도도 측후소와 전습소 간에 북향과 남향의 차이가 있어서 본 표와 다소간 차이가 있다. 독자의 양해를 구한다. 전문가와 비전문가의 차이일 뿐 결코 오류는 아니다.

잠업 기간은 1907년에는 5월 2일에 누에 채취를 해서 6월 9일에 누에올리기를 했고, 1908년에는 5월 8일에 누에 채취를 해서 6월 14일에 누에올리기를 했으며, 1909년에는 5월 2일에 누에 채취를 해서 6월 8일에 누에올리기를 했다.

1909년도 기준으로 양잠 가구 수는 안동군이 1,533 가구로 경상북도 조선인 전체 3,587 가구 가운데 가장 많고, 제사 가구 수는 상주군이 1,140 가구로 총 6,362 가구 가운데 가장 많다. 조선인은 사육할 때 선반 등을 만들지 않는다. 누에가 어릴 때는 종이 위에 두고 성장하면 돗자리로 옮기며 마지막에는 방안 전체에 펼쳐 놓는다. 남은 잎에 누에똥이 쌓일 수밖에 없는데 그것만 버릴 뿐 누에똥 제거 작업을 별도로 하지 않는다. 대량 사육한다고 해도 사방 240㎝ 크기 온돌방이라서 2~3말이 한계이다. 그러나 어린 누에를 대하는 마음은 예전의 일본과 같아 신충神虫으로 떠받들고 부정한 사람에게는 절대 보이지 않는다. 특히 여성이 작업을 하기 때문에 외부인에게 쉽게 보여주지 않는다. 한 가지 주의할 점은 조선의 재래종은 모두 3도 누에라는 사실이다. 일본에서는 건조한 해에 돌연변이처럼 2도 누에나 3도 누에가 고치를 틀지만 원래 종자가 3도 누에인 경우는 없다. 나는 예전에 3도 누에가 많았을 때 종자를 받아둔 적이 있는데 다음 해에는 평범한 4도 누에로 돌아왔다. 그러나 조선에는 3도 누에만 사육한다. 이상할 따름이다. 일본에서 3도 누에는 해마다 생기는 것이 아니라 건조한 해의 돌연변이로 여기는데 조선의 3도 누에는 기후에서 비롯된 돌연변이이자 조선이 잠업하기에 좋은 곳이라는 것을 증명해주는 존재라고 생각한다. 양잠업 관련 고참들이 한 번 생각해 볼 문제이다.

기후가 잠업에 적합한 것과 더불어 뽕나무 키우기에도 아주 좋다. 특히 낙동강 연안 수 백 리 지역은 기존에 보리만 경작해 거의 반 황무지 상태이다. 1년 혹은 2년마다 대홍수가 일어나 지상 90~150㎝까지 잠기는 일이 있다. 침수가 일어나는 홍수 때마다 점토가 남기 때문에 토질이 좋아 비료가 거의 필요 없다. 그러나 7월 하순부터 8월 하순 경에 홍수 위험이 있기 때문에 여름작물에는 위험하다. 군마 지역에 있는 이른바 모래톱과 같은 지형으로 뽕나무 밭으로는 최적지이다. 현재 4~5년 동안 뽕나무를 심어 소량의 잠업을 시험하는 일본인이 있다. 군마 현 시마무라島村 지역과 큰 차이가 없는 토양이고 군마와 나가노에서는 틀림없이 300평에 300원 정도는 할 토지임에도 불구하고 조선에서는 쓸모없는 땅으로 버려져 있다. 지금은 조선 정부와 통감부 모두 양잠 장려 방침을 세우고 있어서 가까운 장래에 낙동강과 기타 큰 하천 연안은 조선의 대 부원이 될 것이다.

(3) 공기가 건조해서 누에똥을 제거하는 횟수가 줄어들면 양잠 기간 전체에 드는 노동력이 30%는 감소한다. 화력을 쓰지 않아도 아무런 이상이 없다는 것은 몇 명의 지인들 집에서 실험했다. 만일 만전을 기한다고 해도 잠을 자는 5~6시간만 화력을 이용하면 충분하다. 실제로 대구 양잠전습소에서는 매일 아침 소량의 석탄만 사용한다. 화력 없이 40일 안에 누에를 올리는 것은 일본에서 그 예를 찾기 어렵다. 뽕나무를 재배할 토지는 싸고, 비료는 적게 들며, 잎은 많다. 지금 상황이 영원히 이어진다는 보장은 없지만 10~20년 후에도 지조와 기타 세금을 모두 합쳐서 300백평당 5원으로 계산하면 충분할 것이다. 특히 노상魯桑 고목을 심어두면 300백평에서 1,800관은 얻을 수 있다. 일꾼 비용과 석탄 비용을 줄이고 값싼 뽕나무를 이용할 수 있다면 그 수익은 틀림없이 클 것이다. 완성품인 제사에 대해서는 특히 독자들이 심사숙고하기를 바란다.

일본의 생사가 이탈리아와 프랑스 생사보다 가격이 많이 싼 것은 내가 항상 유감스럽게 생각하는 부분이다. 비단 이탈리아와 프랑스에만 뒤떨어지는 것이 아니라 중국 생사보다도 못해서 세계 생사 시장에서 최하위를 차지하다 보니 분발하려는 마음도 사라져 버린다. 일본의 생사는 왜 이렇게 뒤떨어지는 것일까. 광택이 부족한 것도 아니다. 신축성이 떨어지는 것도 아니다. 일본 생사가 이탈리아, 프랑스, 중국생사에 뒤처지는 유일한 이유는 마디가 많기 때문이다. 생사 마디가 많기 때문에 씨실로는 쓸 수 있어도 날실로는 쓸 수 없다. 이렇게 일본 생사는 고급 직물 원료로서는 가치가 없지만 이탈리아와 프랑스의 생사를 날실로 쓰고 그 씨실로 사용하는 데는 지장이 없다. 이탈리아와 프랑스 생사는 날실로도 쓸 수 있고 씨실로도 쓸 수 있기 때문에 다른 나라의 생사가 없어도 지장이 없지만 일본 생사는 두 나라의 생사와 함께 사용하지 않으면 고급 직물을 생산할 수 없는 것이다. 일본 생사 가격이 두 나라 생사 가격을 따라잡을 수 없는 이유는 이 때문이다. 생사 마디에는 두 종류가 있다. 하나는 구리부시繰節라고 하고 다른 하나는 시츠부시質類 또는 와부시輪節라고 한다. 구리부시는 숙련된 여공이라면 모두 제거할 수 있지만 시츠부시는 아무리 숙련된 여공이라도 제거할 수 없다. 그 원인이 고치 자체에 있기 때문에 시츠부시라고 한다. 시츠부시의 원인에 대해서는 여러 설이 있다. 나도 나름의 의견을 가지고 있지만 여기서 말할 필요는 없다.

나는 5~6년 전부터 조선인이 손수건으로 소지하는 150㎝ 정도의 명주 직물부터 남녀 의류에 이르기까지 조선에서 짠 견직물을 주의 깊게 살펴보면서 그 변변치 않은 생사에 대해서도 연구하고 있다. 그런데 지금까지 시츠부시를 찾아볼 수 없었다. 작년 1909년 11월의 경상북도 농산물 품평회 때에도 출품 품목 중에서 특히 고치와 생사를 주의 깊게 살펴보았는데, 섬세함과 조잡함의 차이는 있지만 시츠부시가 대부분인 일본의 경우와 달리 시츠부시가 있는 생사를 하나도 보지 못했다. 출품된 생사 두 타래를 사서 은사이자 요코하마 생사업계의 태두인 가키아게 준시로書上順四郎 씨에게 보냈더니 다음과 같은 답장이 왔다.

조선인이 출품한 생사 두 제품을 받아서 살펴보았더니 상을 수상하기에는 부족하지만 시츠부시가 전혀 없고 그 강력함은 비할 것이 없었다. 만일 실켜기 방법을 개량한다면 날실로 쓸 수 있다고 생각한다.

나는 은사인 가키아게 씨가 선발해 조선 정부 양잠교사로 고용된 이래로 가키아게 씨의 지시에 따라 각지의 제사장에서 신세를 졌다. 따라서 사제 관계 상 전력을 쏟은 생사는 반드시 가키아게 씨에게 보내어 평가를 부탁했다. 지금까지 한 번도 시츠부시에 대해 언급한 적이 없으니 날실 운운하는 이야기가 나왔을 턱이 없었다. 그런데 조선의 조잡한 제품을 보낸 후 위와 같은 답장이 온 것은 그야말로 의외였다. 왜 시츠부시가 없는 것일까. 결국은 공기가 건조해 사육이 용이해서 화력을 쓸 필요가 없다보니 누에가 고치를 트는 데 어려움이 없기 때문일 것이다.

그리고 제사작업에서 어려운 일에 해당하는 고치의 해서解舒도 양호해서 처음에 실마리를 찾으면 번데기만 남을 때까지 끊어지는 일이 없고 쓸모없이 버리는 실의 양이 아주 적어 고치 크기에 비해 실의 양이 매우 많다. 재조 : 켜낸 실을 다시 얼레에 감는 것 작업에서도 상처가 없는 한 절단할 때까지 끊어지지 않는다. 다소 끈기가 떨어지는 감은 있지만 이 부분은 물을 개량하고 여공을 숙련시키면 개선할 수 있다. 앞으로 조선 남부 지역이 일대 잠업지대가 되는 날에는 조선 생사를 날실로 쓰고 일본 생사를 씨실로 써서 일본 특유의 직물을 생산해 미국과 프랑스를 놀라게 만들 것이다. 조선 남부 지역의 잠업은 전도가 유망하다.

과수재배업

✿ 사과

사과는 과일의 왕으로 서양인들이 좋아할 뿐만 아니라 최근 일본인들도 배나 귤 이상으로 먹게 되었지만 아키타秋田, 아오모리青森, 이와테岩手 세 개 현과 홋카이도 이외에는 기후가 적합하지 않다. 따라서 값이 비싸서 가난한 집에까지는 보급할 수 없다. 동서양을 불문하고 사과를 항상 먹는 이유는 몸에 필요한 영양을 많이 보충해주기 때문이다. 몸에 이로운 것이라면 위로는 왕과 귀인부터 아래로는 일반 백성에 이르기까지 일상의 필수품이어야 한다. 그러한 것을 내가 먹지 못하는 것은 상관없지만 사랑스러운 자식이 조르는 것을 제지하는 것만큼 괴로운 일은 없다. 내가 1891년에 처음으로 조선에 왔을 때 인천에서 사과나무를 본 이후로 조선에서 사과를 키울 수 있다는 생각이 사라지지 않아 대구에 와서 얼마 안되는 넓이의 땅을 사자마자 곧바로 사과나무 다섯 그루를 심었다. 나와 같은 해 혹은 그 이듬해부터 사과를 심는 일본인이 늘어나 지금은 대구의 대표적 산물이 되었다. 대구의 사과재배 원조는 미국인 선교사 아담스 씨로 이미 10년 가까이 되며 한 나무에서 수백 개의 과실이 열린다. 가을에 아담스 신부의 정원을 들여다보니 그야말로 선망을 억누를 수 없을 정도로 아름다웠다. 조선에서 사과는 대구를 중심으로 동쪽의 삼랑진에서 서쪽의 경성에 이르기까지 거의 모든 지역에서 재배할 수 있다. 대구에서 사과를 실험하는 사람은 나카하라 후사이치中原房一 씨, 가게야마 히데키 씨, 미와 야키치三輪弥吉 씨, 가미야 호코神谷豊攻 씨 등이다. 이 밖에 나처럼 5~10그루를 재배하는 사람은 헤아릴 수 없다. 이것은 대구가 사과 재배에 최적지라는 것을 말해 준다. 사과는 아오모리와 아키타 산을 최고로 꼽고 홋카이도 산이 그 다음이다. 나는 작년 봄에 홋카이도 아사히가와旭川의 농업 경영자와 야마구치 현에서 만나 하루를 함께 한 일이 있다. 그는 사과 이야기가 나오자 홋카이도 산 사과가 아오모리 산에 미치지 못한다면서 그 원인을 나에게 물었다. 사과를 모르는 나는 판단할 도리가 없어 얼버무리지도 못한 채 헤어졌는데 이후 그 질문을 연구 재료로 삼았다. 사람을 만나보고 책을 찾아보는 동시에 홋카이도에 있었을 때의 기후 등을 떠올리며 내 나름의 결론을 얻었다. 즉 홋카이도 산 사과가 아오모리 산에 미치치 못하는 것은 온도 때문이라고 결론지었다. 홋카이도의 하코다테에 복숭아와 벚꽃이 피는 것은 5월 하순 내지 6월 초순인데 오타루, 삿포로, 아사히가와에서는 모두 하코다테보다 늦게 핀다. 사과 꽃은 복사꽃과 동시에 핀다. 내가 홋카이도에 있었던 1883년에는 10월 12일에 첫눈이 내렸고 14일부터 연말까지 매일 눈이 이어졌던 것으로 기억한다. 그래서 9월 말에는 사과와 배를 따야 한다. 6월 초순에 개화해서 9월 하순에 다 자란다고 했을 때 그 기간은 겨우 4개월뿐이다. 이와테, 아키타, 아오모리는 하코다테에 비해서 15일 정도 꽃이 빨리 피고 첫 눈은 15일 정도 느리다. 사과가 가지에 달려 있는 시간이 홋카이도에 비해서 한 달이나 길어서 햇빛을 받는 양에 큰 차이가 난다. 실례를 들면 홋카이도의 무, 가지, 참외는 모두 커서 과육이 단단하지 않다. 감초는 유명한 아키타 산보다 3~4배 크지만 육질이 단단하지 않아 맛이 없다. 사과 과육이 단단하지 않아 아오모리 산에 미치지 못하는 것도 마찬가지 이유 때문일 것이다.

대구 지역의 복사꽃과 벚꽃은 도쿄보다 약 2주 늦은 4월 중순에서 20일 사이에 핀다. 사과 꽃도 같은 시기에 핀다. 사과는 조생종이 7월 10일 전후에 익기 시작하고 늦게 자라는 국광과 유옥은 10월 중순에 익기 때문에 개화해서 익는 데까지 6개월이 걸린다. 전체적으로 온도가 높을 뿐만 아니라 도호쿠 지역과 홋카이도 지역에 비해 기온 변화폭이 좁다. 이 부분은 제7장에 적어 두었다. 도호쿠와 홋카이도 지역은 춥고 습도가 많은데 대구는 따뜻하고 건조하다. 어떤 기후가 과수에 적합한지 단정할 수는 없지만 짧은 시간에 좋은 과일과 곡물이 자라는 경우는 잘 보지 못했다. 풍작 여부와 관계없이 비가 많은 해에는 과일과 곡물 모두 비가 적은 해보다 품질이 떨어진다. 이 사실을 보더라도 건조하면서 따듯한 온도를 접하는 기간이 긴 지역일수록 좋은 과일이 열린다는 가설은 성립한다. 조선 각지의 사과를 모두 모아도 재조 일본인의 열흘간 수요에도 미치지 못해 99%를 일본과 중국에서 공급 받는 상황에서 조선의 사과를 오사카에 보내 홋카이도 사과와 비교하거나 저장해서 내구력을 점검할 수 있는 여유는 없지만, 도호쿠와 홋카이도에서 생산한 것은 나고야 동쪽 지역에 공급하고 조선에서 생산한 것은 나고야 서쪽인 교토, 오사카, 주고쿠, 시코쿠, 규슈 지역에 공급한다면 산출량이 아무리 많아도 결코 판로 개척이 어렵지는 않을 것이다. 지금은 생산량이 적어서 가격이 비싸다. 50문匁1=3.75g 크기 사과 하나가 소매로 5전이고 봄이 되면 값이 7~8전까지 올라 마치 보약과 같다. 이는 현재 수요가 적은 원인이기도 하다. 나는 사과가 평소 필요한 과일로서 가난한 집 아이들까지 맛 볼 수 있게 되기를 바란다.

사과는 조생종의 경우 4년째부터 한 그루당 20~30개가 열리고 6년째가 되면 150~200개가 열린다. 지금까지 내가 실험한 것과 아담스 신부의 정원에 있는 나무를 살펴보면 10년 정도가 되면 5~600개는 틀림없이 열린다. 늦게 열리는 종류는 조생종보다 2년 늦다고 보면 된다. 도쿄 지역 묘목 상점의 영업안내에 실린 이익을 얻을 수 있다고 생각해서는 안된다. 만일 묘목 상점의 주장대로라면 사과 100그루만 있으면 거뜬히 일가의 생계를 꾸릴 수 있을 것이다. 나의 결론은 300백평당 50그루, 즉 6평당 한 그루씩 심어 20년 동안 키우면 한 그루당 평균 200개, 무게로는 약 10관貫, 돈으로 환산하면 2원을 얻을 수 있으므로 300백평에서 총 100원을 얻을 수 있다. 비료와 제반 비용은 모두 합쳐도 한 그루당 1원이면 충분하다. 차액을 계산하면 50원이 된다. 막대한 이익이지 않은가.

나는 군마 현의 일개 평민이지만 태어난 고향은 야마구치 현의 하기萩에 인접한 곳이었다. 이곳 명상인 여름밀감은 1872~3년경부터 재배하기 시작했는데, 나는 1878년 무렵에 처음 맛보았다. 1879년 무렵에 한 개에 15~20전이나 해서 나와 같은 평민은 먹을 수 없었다. 하기에 있는 사촌 형 집에서 한 두 조각을 맛보았을 뿐이다. 1882년에 도쿄로 나왔다가 1886년에 돌아갔을 때는 한 개에 7~8전이었지만 아직 하기 지역의 명산품과 같은 가치는 없었다. 1891년에 귀향했을 때는 한 개에 4~5전이었다. 당시 백미 소매가가 한 되에 6전이었고 생가에서 현미 네 말을 넣은 한 섬을 1엔 70전에 팔았다는 이야기를 들었던 기억이 있다. 현미 한 되와 여름밀감 한 개 값이 같았지만 여전히 잠업 보다 수입은 떨어져 활발히 재배하지는 않았다. 그러나 작년 1909년에 오랜 만에 귀향했을 때 여름밀감 농사의 발전에 깜짝 놀랐다. 여름밀감이 36만석 영주인 모리 가毛利家 아래에 있으면서 60여 주에 이름을 알린 초슈長州 하기 지역을 완전히 점령하고 있었다. 단지 하기 지역뿐만 아니라 하기를 중심으로 동서 20㎞ 지역은 밀감으로 포위되어 있었고, 북쪽 바다에서는 밀감 전용 기선이 시모노세키下關 사이를 매일 왕복하고 있었으며, 그 밖에도 일본식 배와 서양식 범선이 오고 갔다. 인근의 대나무는 모두 잘려나가 밀감 바구니가 되었다. 낡은 집은 모두 부수어 밀감밭으로 만들었다. 민가뿐만 아니라 신사를 제외한 사찰 경내까지 노란색 여름밀감 밭으로 변해 있었다. 여름밀감 한 개에 소매로는 1전~1전 5리이고 도매로는 7리 내지 아주 가끔 1전에 팔렸다. 그 수확량을 물어보니 300백평당 잘 거두면 200원이고, 평균 160원 정도라고 했다. 나는 이 말을 신뢰할 수 없어서 여름밀감 수출조합 사무소에 가서 물어보니 1908년도에 300백평당 평균 150원 이상이었다는 대답을 들었다. 하기 지역은 고래로 신사와 불각의 명산지였다. 신사는 대부분 기본 재산을 적립해 기초를 견고히 다진다. 내가 친척의 위패를 모시는 절을 5~6곳 둘러보니 모두 30년 이상 지났지만 황폐한 느낌이 전혀 없고 묘는 모두 깨끗이 청소되어 있었으며 시든 꽃을 올린 곳도 없었다. 영주 모리 씨는 야마구치로 옮겨오자마자 초슈 정벌을 겪고 형제 간 싸움에 져서 폐번이 되었다. 1876년에는 내란과 함께 온갖 고난을 겪은 하기 지역이 오늘날 명맥을 유지하고 많은 신사와 불각으로 옛 모습을 지킬 수 있는 것은 신앙심 때문이 아니라 전적으로 여름밀감 덕분이라고 확신한다. 한 개에 5전이나 10전 할 때는 사는 사람이 없어서 많이 재배하지 않았지만 1전 이하로 떨어져 사는 사람이 늘어나자 많이 재배하게 되었다. 대량으로 재배해서 대량으로 팔지 않으면 물산이 되지 않는다. 물산이 되지 않으면 많은 수익이 창출되지 않는다. 가격이 높을 때는 지역의 수요만 충당하다보니 동업자끼리 경쟁하게 되지만 가격이

싸지면 멀리까지 판매해 돈을 벌 수 있기 때문에 지역에도 이롭다. 나는 하기 지역 여름밀감 사업이 지금에 이르게 된 경과를 기억하는데 이러한 발전 양상은 대구에서 장래를 계획하는 데 큰 교훈을 주었다. 이러한 이유로 참고 삼아 적은 것이다.

❀ 포도

포도 재배는 일본에서 가장 어려운 일이어서 예전부터 포도로 유명한 고슈甲州지역을 제외하면 에치고越後의 가와카미 젠베川上善兵衛 씨와 군마群馬의 오자와 젠베小沢善兵衛 씨 정도가 재배한다. 이 밖에도 각지에서 재배하는 사람들이 많이 나타나고 있지만 어떤 이유 때문인지 아직 이름이 널리 알려진 사람은 없다. 일본에서 포도재배가 쉽지 않다는 것은 경험한 사람들이 증언하는 바이다. 이에 반해 조선, 특히 대구 지역이 포도 재배에 용이하다는 것은 의외였다. 심고 비료만 주면 어떤 종류라도 반드시 결실을 맺는다. 복숭아 잎에는 진딧물이 끼지만 포도는 어떤 병충해도 없고 진판델Zinfandel 종만 익을 무렵에 봉지가 필요할 뿐이다. 진판델 종은 큰 송이가 5~600돈匁이나 나가고 과육이 많고 껍질이 얇아 벌이 달라붙을 염려가 있다. 진판델은 재배하기 어렵다는 주장도 있지만 벌 이외에 다른 어려움은 없다. 벌이 달라붙는 것은 익었을 때 단맛을 보기 위한 것으로 2주 정도의 단기간에 지나지 않는다. 초록색일 때부터 주의할 필요는 없다. 게다가 이것도 뜰 안과 같이 공기 흐름이 안좋은 곳에서 재배했을 때 이야기이다. 밭이나 산에 있는 과수원에서는 배 잎에 풍뎅이가 끼는 것 이외에 복숭아, 사과 모두 아무 피해를 입지 않는다. 포도에 벌레 피해가 없으면 나머지 일은 가지 정리와 속아내기 뿐이다. 대구 동쪽으로 4*km*가량 떨어진 곳에 동촌이라는 곳이 있다. 한 일본인이 1907년 봄에 포도 백 그루 정도를 그곳에 심었다. 그런데 작년 1909년 8월에 포도가 다 익을 무렵 큰 홍수가 나서 거의 하루 종일 침수되었다. 나는 포도 피해가 아니라 사과 피해를 시찰하기 위해 갔다. 사과와 복숭아는 피해를 입지 않았지만 포도는 진흙에 더럽혀져 그 모습이 처참했다. 그런데 진흙이 묻은 채로 대구에 가지고 가서 다른 곳보다 20% 싸게 한 관貫 80전에 판매했더니 모두 팔렸다고 한다. 나는 품종 이름은 모르고 단지 에치고의 가와카미 젠베 씨한테서 모종을 받았다는 사실만 안다. 진흙물에 하루 종일 잠기고도 썩지 않았다는 사실은 오히려 동촌 포도를 대구에 알리는 계기가 되었다. 포도가 물에 잠겼기 때문에 피해가 없었던 것인지, 아니면 기후가 적합해 과실이 단단해지면서 침수에 견딘 것인지 아직 그 이유는 모른다. 단 안전하게 포도를 재배할 수 있다는 것만은 확실하다. 대구에서 북쪽으로 16㎞ 떨어진 곳에 팔공산이라는 큰 봉우리가 있다. 그 배면에 포도가 무성한 곳이 있다고 한다. 대구 임업사무소 기수 이토 구마사부로伊藤熊三郎 씨가 발견했다고 들었다. 대구 서북쪽으로 120㎞ 떨어진 문경군에는 조령산이라는 높은 봉우리가 있는데 야생 포도가 많아 인부들이 가져온 것을 한 짐負에 50전 정도에 팔았다. 이처럼 여러 곳에 야생종이 있다는 것은 포도에 적합한 땅이라는 사실을 말해준다. 조선의 야생포도 한 송이는 5~60돈에 달하고 과립은 사루타나Sultana 종을 능가한다. 조선인이 대구 시장에서 판매하는 백포도가 바로 팔공산 야생종이다.

사람들은 조선 남부 지역이 포도 재배에 적합해 너무 많은 생산에 따른 판로 개척을 걱정한다. 그러나 이것은 기우에 지나지 않는다. 고슈甲州와 고후甲府는 150여㎞ 떨어져 있고 중간에 사사코笹子와 고보도케小仏라는 험로가 있어서 인력거로 3일 걸리고 짐말로 4일 걸리지만 그럼에도 불구하고 고슈 포도의 유일한 판로는 도쿄였다. 먼 옛날은 모르겠지만 내가 도쿄에 있을 때는 그랬다. 기차가 없던 시절에 160㎞ 떨어진 도쿄까지 보내도 전혀 상하지 않았다. 대구 포도는 규슈, 추고쿠, 시코쿠 지역 각 도시로 판로를 개척할 수 있고 원가만 싸면 동쪽으로는 오사카, 서쪽으로는 경성까지 몇 백리를 운송하더라도 지장이 없다. 특히 건포도는 가격이 비싸고 포도주 수요는 거의 무한대라고 해도 좋다. 현재 일본은 외국에서 막대한 물량의 포도주, 샴페인, 건포도를 수입하고 있다. 만일 조선에 있는 일본인이 포도를 많이 재배하게 된다면 통감부는 틀림없이 포도주 양조 계획을 세워 해당 사업의 발전을 도울 것이다. 이는 나의 허황된 바람이 아니다. 경성 원예모범소는 사업을 준비하면서 포도 재배에 중점을 두지 않았던가. 포도도 사과와 마찬가지로 많이 재배할수록 판로가 넓어져 물산의 기초를 공고하게 해 줄 것이다.

포도재배법은 시렁 재배법과 울타리 재배법 두 가지가 있는데 아직 실험 기간이 짧아서 어느 쪽이 더 이로운지 결론을 내리기 어렵다. 송이가 큰 진판델 종과 발레스타인 종은 시렁 재배법이 좋을 것이고 송이가 작은 종은 편의상 울타리 재배법이 좋을 것이다. 포도 경작의 적지라는 사실은 실험에 기초한 것이지만 작업에 관해서는 신출내기여서 다른 사람들의 말을 전한다. 독자적인 의견을 내놓는 데에 10년은 걸릴 것이다. 그러나 독자들이 참고할 수 있도록 내가 실제로 계획한 계산에 기초해 조금 서술하려고 한다. 계산에 착오가 있더라도 양해를 바란다.

나는 1평 당 1그루 간격으로 심었다. 1~2년은 수확을 기대하지 않았고 3년째에 한 그루당 1관 꼴로 300평에 300관, 4년째부터는 300평당 5~600관의 수확을 기대했다. 수익은 생식과 양조를 모두 평균해서 1관에 15전, 300평당 75원~90원을 예상했으며 비료와 작업비용은 한 그루당 15전이면 충분하다고 판단해 300평당 45원을 잡았다. 사과보다 수익은 적지만 사과는 5년이 지나야 소량을 수확하는 데에 반해 포도는 3년째부터 수확할 수 있고 만일 1관 30전에라도 팔리면 수익은 배로 증가한다. 작년에 1관이 1원이었던 것을 생각하면 3년 후에 30전을 기대 못할 것도 없다. 아무튼 300평당 30원 이상의 순이익이 생긴다면 전력을 쏟아도 좋을 만큼 유망한 사업이라고 결론 내려도 될 것이다.

✿ 복숭아

복숭아는 예부터 대구 지방에서 많이 생산되던 상품으로 모든 품종이 재배 가능하다. 복숭아와 밤은 포도와 마찬가지로 3년이 지나면 기대를 저버리지 않고 반드시 결실을 맺는다. 현재 일본인이 경영하는 복숭아 농원은 5~6곳 있다. 7월 초순에 수확하는 조생종부터 9월 중순의 늦은 종까지 순서대로 시장에 나온다. 단 한 가지 고려해야 할 점은 원거리 운반이 곤란하고 저장이 불가능하다는 점이다. 복숭아는 따고나서 이틀 이상 지나면 거의 먹을 수 없다. 일본에서 오는 것은 상품 가치를 완전히 잃어버리기 때문에 일본 복숭아는 맛이 없다고 조선인들이 말하는 것은 맞는 말이다.

그러나 복숭아 통조림은 맛이 유지되고 장기간 저장할 수 있기 때문에 향후 통조림 사업이 보급되면 틀림없이 유리한 과일이 될 것이다. 나가노 현 기타사쿠 군의 고무로초小室町와 미츠오카무라三岡村는 복숭아 산지로 유명한데 미츠오카무라에는 도양합자회사挑養合資會社가 있어서 통조림을 활발하게 제조하고 있다. 1909년에는 미츠오카무라에서만 15만개 이상의 복숭아 통조림을 생산했다고 한다. 고무로초와 미츠오카무라에 서양 복숭아를 들여 온 인물은 기독교 목사이자 다구치 우키치田口卯吉 씨의 형인 기무라 구마지木村態二 씨이다. 기무라 선생이 고무로초에 사숙을 연 것은 1897년 봄이었던 것으로 기억한다. 그 사숙생 가운데 고무로초의 호상 고야마 규우에몬小山久右衛門 씨, 미츠오카무라의 재산가 시오카와 고고 씨가 있었다. 기무라 선생은 13년 동안 미국에 체류하면서 과일을 즐겨 먹었는데 고야마 씨와 시오카와 씨에게 복숭아 재배를 권하면서 서양 종 가운데 가장 좋은 것을 두 사람에게 나누어 주었다. 이것이 바로 고무로와 미츠오카가 복숭아 명산지가 된 배경이다. 만일 대구가 고무로와 미츠오카의 선례를 따른다면 복숭아도 전도유망한 상품이 될 것이다.

✿ 배

배도 아주 잘 자란다. 예부터 조선에서는 배가 많이 생산되었다고 하지만 크기가 작고 수분이 적다. 그런데 간혹 크기가 큰 상등품이 있다. 사과와 마찬가지로 토지와 잘 맞는다. 1908년 이래로 왜관이나 삼랑진에서 눈에 띄는 상품들이 나오고 있다. 그런데 배를 재배할 때 위험한 시기가 있다. 7월 상순에 밤마다 풍뎅이나 야도충夜盜虫이라고 불리는 벌레가 와서 잎을 갉아먹는다. 저녁에 전등을 켤 때 나타나서 다음날 새벽에는 어디론가 사라진다. '야도夜盜'라는 이름이 딱 들어맞는다. 벌레들이 출몰하는 기간은 10~15일 정도인데 이때가 가장 힘들다. 과수재배를 할 때 묘목 구입은 특히 주의해야 한다. 나는 재작년 1908년에 도쿄 나이토 신주쿠内藤新宿에 있는 일본종묘주식회사日本種苗株式會社에 묘목을 주문했다가 큰 손해를 입었고 게다가 가짜 묘목을 보내와 어려움을 겪고 있다. 올해는 경성에 있는 대한권농주식회사大韓汗勸農株式會社에 주문했다가 또 속았다. 과수는 다른 종자와 달라서 2~3년이 지난 후에야 속았다는 사실을 알 수 있기 때문에 적은 숫자의 묘목이라도 묘목상인에 대해 잘 확인하고 주문하지 않으면 나처럼 실패한다. 앞사람의 실패는 뒷사람에게 좋은 교훈이 된다. 내가 종묘회사와 권농회사에 속았던 부끄러운 경험을 털어놓는 것은 독자들에게 주의를 촉구하기 위한 것이다.

상업의 전도

일본의 상업가들은 장기적인 손실을 고려하지 않은 채 상대가 개화되지 않은 조선인이라는 생각에 상습적으로 조잡한 상품을 보내 일시적으로 작은 이익만을 추구한다. 조선이 아무리 일본의 보호국이 되었다고 해도 조잡한 상품을 사야 하는 의무까지 짊어지는 것은 아니다.

조선인들은 조악한 물건을 '왜물'이라고 부른다. 왜물은 '倭物', 즉 일본 물건을 가리킨다. 조선인뿐만 아니라 일본인들도 '화제和製'라고 부르면서 일본 제품이 수입품에 뒤떨어지는 것을 인정할 정도이니 조선인들이 일본상품을 신뢰하게 만드는 것은 쉽지 않다. 그러나 확실한 상품은 조금씩 신용을 쌓아가므로 일본 상업가들의 혁신을 바랄 따름이다.

조선인은 모든 일에 서툴지만 일상용품은 가장 견고한 것을 선택한다. 아무리 살펴보아도 조선인은 평균적으로 가난하다. 그런데 그렇게 가난한 사람들, 특히 일용직으로 생활하는 하층민들조차 놋쇠 그릇으로 밥을 먹는다. 놋쇠로 만든 숟가락으로 밥을 뜨고 놋쇠로 된 젓가락으로 반찬을 집는다. 가죽신은 진흙탕에 빠져도 망가질 염려가 없고, 짚신도 한 켤레로 일본 짚신 3~4켤레 정도 기간을 신는다. 가마솥도 싼 것이 4~5원이고 비싼 것은 10원까지 한다. 그릇과 접시는 대부분 놋그릇이라서 떨어지면 깨지는 약한 물건들이 아니다. 물건 자체는 모두 단순하지만 견고함만은 아마도 세계 제일일 것이다. 모든 것에 견고함을 추구하는 조선인에게 일본인이 조잡하고 견고하지 않은 물건을 팔려고 한다면 실패할 수밖에 없다. 나는 일본 상업가들이 좀 더 조선인의 마음을 연구하기를 바란다.

이제는 교육의 기회가 열려 조선 청년은 기꺼이 배우고자 한다. 예로부터 공맹의 가르침을 받았기 때문에 가난해도 학문을 하고자 한다. 신교육을 받은 조선 청년은 머리끝에서 발끝까지 모든 것을 개조하기를 원한다. 청년 풍속의 변화는 곧 조선 풍속의 개량이 되었다. 앞으로 이러한 부분을 면밀히 조사해 기선을 제압할 필요가 있다. 조선인은 가난하기 때문에 비싼 물건은 안 살 것이라고 단정하는 것은 큰 잘못이다. 가난하기 때문에 오히려 튼튼하고 오래 쓸 수 있는 물건을 선호한다고 판단하는 것이 맞다. 부자는 매해 같은 옷을 입지 않기 때문에 다소 견고하지 않아도 외형의 아름다움에 신경을 쓴다. 그러나 가난한 사람은 옷 한 벌을 5년 내지 7년 동안 입어야 하기 때문에 겉모양이 아름답지 않더라도 견고해야만 한다. 이것은 당연한 요구이지 않은가. 중국 상인들의 물건은 아무것도 신기한 것이 없고 제품 가짓수가 적지만 일본 상인보다 조선인의 신용을 더 얻고 있다. 중국 상인들은 무시할 수 없는 잠재력을 가지고 있다. 조선이 영구히 독립국의 지위를 유지하건 일본의 영토가 되건 상업 전쟁은 또 다른 세계이다. 일본인은 일본에 있을 때조차 수입품을 상용하지 않는가. 상품은 수요자의 희망을 파악해 인기를 얻어야만 한다. 조선의 사발은 상등품 한 개가 1원 2~30전 내지 2원 정도이고 하등품이 6~70전이다. 국그릇은 상등품이 1원 4~50전, 하등품이 5~60전. 숟가락은 하나에 20~30전, 젓가락은 한 짝이 14~5전에서 30전. 이것을 모두 합치면 제일 싼 것으로 갖추어도 1원 50전이 들고 두 사람 분은 3원이 된다. 이것은 단지 밥 먹는 도구에 드는 비용일 뿐이다. 조선인 인부가 하루 30전인 임금을 열흘치 모아야 부부의 밥그릇을 살 수 있는 것이다. 중류층 이상은 겨울에는 놋그릇을 쓰지만 여름에는 도기를 사용한다. 이것은 여름에 녹 냄새가 많이 나기 때문일 것이다. 그러나 중류층 이하 가정에서는 4계절 내내 놋그릇만 쓴다. 일용직 인부가 도기를 쓰지 않고 값비싼 놋그릇을 사용하는 것은 결코 사치가 아니라 이른바 '적극적 검약주의'인 셈이다. 오히려 상류층 사람들이 싼 도기를 사용하는 것이야말로 사치인 것이다. 이른바 '싼 것을 사서 체면을 구긴다'라는 말은 일본인들이 하는 것으로 조선에서는 상황이 다르다. 하층민 가정에서는 가족이 5명이라도 세 사람 분 식기만 있는 경우가 많다. 부모는 반드시 따로 상을 차리지만 부부는 한 그릇에 먹는 사람들이 많다. 상업가의 능력은 이와 같은 사정을 파악하고 조선인들의 마음을 살펴서 인기를 얻는 데 있다. 아무리 사회가 진보하고 발달한다고 해도 견고한 물건을 혐오하고 조악한 물건을 반기는 일은 벌어지지 않을 것이다. 조선인이 문명의 은덕을 입게 되면 점점 일본 제품의 조악함을 배척하게 될 것이다. 조악한 물건에 대한 거부가 일어난다고 해서 보호국 내지 주권국의 힘으로 억압하는 것은 불가능하다.

경상북도는 조선의 보고와 같은 지역이다. 납세액은 전국에서 수위를 차지하고 있고, 귀족 즉 양반은 경기도 다음으로 많다. 경기도는 경성이 있기 때문에 1위 자리에 있는 것일 뿐이다. 그리고 경상북도 양반과 경기도 양반은 그 성격이 다르다. 즉 경기도 양반은 정치적 양반으로 관리가 되어 양민의 고혈을 빨아먹는 것이 선조 대대로 이어온 본업이다. 정치적 변화로 생활의 방도가 사라지자 경성에 있으면서 지방의 양민을 선동해 폭도의 수령이 된 것도 경기도 양반들이다. 양반 구제 운운하는 문제는 경기도 양반들이 제기했다. 이에 반해 경상북도 양반은 완전히 그 성격을 달리한다. 제2장에서 설명한 바와 같이 악덕 관리의 주구에서 벗어나기 위해서는 그에 대항할만한 관직을 확보하는 수밖에 없다. 돈으로 관직을 살 수 있는 것은 조선의 독특한 규칙이다. 잠시 여담을 하자면 1904년 1월에 어떤 일본인이 나에게 임관 임명장辭令書이라는 것을 20장 정도 가지고 왔다. 나의 통역사 류 모와 이런저런 이야기를 나누는데 조선통 일본인인 그의 말을 나는 도무지 이해할 수 없었다. 일본어로 말하는 것을 들어보니 그 임관 임명장은 경성에서 사왔다는 것이다. 내부內部였는지 궁내宮內였는지 정확히 기억나지 않지만 큰 도장이 찍혀 있었다. 관명은 주사와 참봉이었다. 가격은 주사가 25관문貫文이고, 참봉이 15관문이라고 했다. 당시 시세로 1관문은 1원 54~5전이었다. 그 일본인은 내 통역사에게 매각 알선을 부탁하기 위해 온 것이었다. 내 통역사도 5~6장은 주선했던 것으로 기억한다. 경성 정부의 재정이 곤란해졌기 때문인지 아니면 상관이 사리사욕을 채우기 위해서였는지 그 이유는 알 수 없지만 임관 임명장을 도매금으로 판 것은 확실하다. 참봉이 가장 하급이고 그 위가 주사이다. 경성에서 직접 받은 임명장이나 지역에 있으면서 매수한 임명장이나 일반 백성들에게

뽐내는 데는 차이가 없지만 그들 사이에서는 다소 차이가 있다. 이른바 직접 구매直買와 간접 구매又買 가운데 아무래도 직접 구매 쪽이 더 위세가 당당했다. 조선은 일본과 달라서 지방장관인 관찰사를 통하지 않고 곧바로 관리가 될 수 있었다. 참봉과 주사가 관위인지 관리인지를 그 사람조차도 설명하지 못했다.

사정이 이렇다보니 재산가가 경성에 가서 고위 고관을 돈으로 사는 것을 당연시하고 누구 하나 이상하게 여기지 않았다. 독자들도 확인삼아 대구 시내를 비롯해 좋아보이는 조선인 집의 문표를 들여다보라. 십중팔구 정3품 또는 정2품이라는 직위가 적혀 있다. 이것이 모두 돈으로 산 관위인 것이다. 양반 가운데는 가난한 사람도 있지만 대구 인근 양반은 가난한 사람이 거의 없다. 가난한 사람이 없을 뿐만 아니라 경상도에서 양반은 부자의 또 다른 이름이다. 이에 경성 양반은 대구 양반을 가리켜 진정한 양반이 아니라고 멸시한다. 즉 상인 출신 내지는 농민 출신이 관위를 돈으로 산 것이라고 혹평하는 것이다. 조선에서 진정한 양반은 선조 대대로 관리가 되어 양민을 괴롭히고 민중의 피를 빨아먹어온 종족이다. 다행히 경상북도에는 이러한 양반은 없고 부자 양반만 있다. 장래의 상업을 생각할 때 특히 주의해야 하는 대목이다. 경상북도에는 일본의 니이가타 현新潟県처럼 대지주가 매우 많다. 대구 인근에는 서상용이라는 부자 양반이 있다. 경상남도 김해군 방면에서 양산군 및 진주 방면에 걸쳐 많은 논을 가지고 있다. 작년에 나의 지인인 야마이山井 씨가 부탁을 받고 측량작업을 시작했는데 3개월이 지났지만 아직 절반도 하지 못했다고 한다. 대구의 서상돈 씨, 인동 장 씨, 경주 최 씨는 모두 재산이 서상용 씨보다 많다. 경주 최 씨와 인동 장 씨가 가장 큰 부자이다. 경상북도의 부호는 경남, 전북, 충북 지역에 걸쳐 많은 토지를 소유하고 있기 때문에 다른 지역에서 흡수하는 재산이 적지 않다. 이것은 일본인 상업가들이 가장 주의를 기울여야 하는 대목이다.

몇 해 전에 인동 장 씨가 관찰사가 되었을 때 나에게 "재작년 소 전염병이 유행해서 소를 1,300백 마리 정도 처분해 지금은 2,600백 마리밖에 없다"라는 이야기를 했다. 조선의 부호는 모두 소작인에게 소를 한두 마리씩을 주기 때문에 소 마리수로 재산의 대략을 파악할 수 있다. 300~500마리의 소를 가지고 있는 부호가 결코 적지 않다. 그 소들은 모두 소유 전답이 있는 경상남도, 전라도, 충청도, 강원도에 있다. 이와 반대로 다른 도의 부호는 경상북도에 토지가 없다. 이를 통해 예로부터 부의 중심이 대구에 있었다는 것을 알 수 있다. 야마가타 현山形県 사카타 항酒田港 지역의 부자인 혼마 가문本間家은 사타케 영지佐竹領, 쓰루오카 영지鶴岡領, 무라카미 영지村上領에 토지가 있다. 이러한 이유로 사카타 항 지역에 많은 이익을 가져다주는 것처럼 경상북도 부호들이 다른 도에 많은 땅을 가지고 있는 것이 경상북도와 그 수도에 해당하는 대구에 이익이 된다는 것은 이론의 여지가 없다.

금광을 탐색하는 사람은 짚신을 신은 채 험한 산과 깊은 계곡을 다니면서 빛이 안나는 돌을 집어서 금의 유무를 조사한다. 반짝이는 돌에는 금 성분이 없다. 일본의 실업가와 정치가가 조선 시찰을 와도 경상북도에서 2천 마리 이상의 소를 가지고 토지를 경작하는 사람들과 만난 적이 없다. 이러한 대지주는 경성의 관공서에서는 파악할 수 없다. 대구의 관공서에서도 자세히 모른다. 소작농의 이름으로 납세하는 조선의 풍습 때문에 관리의 장부에는 지주 이름이 없다. 가까운 장래에 토지조사를 하면 비로소 대지주가 드러날 것이다. 대구의 초가지붕을 보고 경상북도는 중요한 상대가 아니라고 지나쳐 버리는 시찰의원의 보고서로는 경상북도의 본 모습을 파악할 수 없다.

만일 일한병합이 이루어져 조선 13도에서 11월 3일 천장절을 대축제일로 삼는 날이 온다면 경성에 있는 국가 기관은 대폭 축소되겠지만 대구는 아무런 영향을 받지 않을 것이다. 오히려 500년 동안 잠복해 있던 부자들은 안전하게 재산을 보호받게 되면서 동쪽을 향해 절을 할 것이다. 국가의 기초는 아직 다져지지 않았고 폭도가 봉기해 부호들을 괴롭히고 있다. 부자들이 아직 일본의 실력을 모르는 것은 당연하다. 그들 부호들은 선조 대대로 전해오는 활동 수완을 가지고 있다. 그들의 부는 경성 양반들이 혹평하는 것처럼 상업과 농업에 기초한 것이다. 조잡한 일본 상품은 중류 이하 사람들만 싫어하는 것이 아니라 그들 부자 양반들이 가장 혐오하기 때문에 조선에 수출하는 상품을 개선하는 것은 실로 급선무이다. 도로 개수는 군사상으로나 국가경제 차원에서나 하루 빨리 서둘러야 하는 문제이다. 도로 개수가 이루어지면 경상, 전라, 충청, 강원 지역에서 대구 이외에 큰 시장이 될 만한 곳은 없다.

장래의 종교

미국과 프랑스 선교사가 일본 배척 사상을 고취한다는 것은 일본인들의 일반적인 생각이며 기독교를 믿는 나도 완전히 부정할 수 없는 사실이다. 나도 기독교 교리에 비추어 논할 경우 일본인들의 비난을 받을 수 있다고 생각한다. 기독교는 세계의 죄악과 싸우는 것을 본령으로 하기 때문에 구세주 그리스도는 "나는 평화를 내어놓기 위해 온 것이 아니라 검을 내어놓기 위해 왔다"고 선언했다. 악마가 물러가고 죄악의 씨가 없어질 때까지 영적 전쟁을 계속한다는 것이 기독교 교리이다. 따라서 위인인 부스 선생William Booth은 스스로 대장이 되어 구세군을 조직하고 군율로 전세계 신도들을 통솔했다. 부스 선생이 종교가로서 쌓은 위업은 동서고금에 그 예가 없다. 그 위업은 선생의 위대한 성품과 불보다 뜨거운 신앙에 기초한 것이라고 하지만 구세주 그리스도의 취지를 조금도 꾸밈없이 군대 조직처럼 실행한 것이야말로 부스 선생의 위업을 빛나게 만들었다. 기독교는 불교와 달리 매춘부나 패륜아도 모두 동일한 신도로 대하는 것을 용납하지 않는다. 기독교는 죽은 사람을 인도하지는 않는다. 살아 있는 동안 회개할 것을 요구한다. 이러한 종교의 선교사가 조선에 있는 일본인들의 행동을 비난하는 것은 당연한 직무이다. 그러나 직무를 악용한 일이 있다면 관대하게 용서할 일이 아닐 뿐만 아니라 그리스도라는 성명을 참칭해 사회를 기만한 악마로서 배척해야 한다. 나는 신중하게 선교사들의 생각을 살필 필요가 있다고 본다. 신식민지에서 보이는 풍기문란은 일본 민족만 그런 것이 아니다. 영국인은 인도에서 품행이 방정했는가. 홍콩과 싱가폴의 영국인은 품행이 방정한가. 메이지시대 초기에 요코하마에 왔던 외국인들의 품행은 어떠했는가. 요코하마와 고베에 있는 외국인 여성이 매춘을 한 적이 없었는가. 가마쿠라鎌倉와 소슈相州 각 지역에서 신평민新平民의 딸들이 요코하마로 나와 서양인의 첩이 되었다. 이들 신평민, 즉 과거에 천민이었던 이들의 딸과 잠깐 혹은 오랫동안 부부처럼 생활한 사람들은 외국인이 아니었던가. 중국인을 멸망의 길로 유혹한 아편을 팔아먹는 상인들을 보호하기 위해 청나라와 전쟁을 벌인 것은 어느 나라인가. 스페인과 전쟁을 해서 엘레디야玖馬島와 필리핀을 빼앗은 것은 미국이 아니었던가. 아무 잘못이 없는 묘령의 여왕을 추방하고 하와이를 가로챈 것은 미국이 아니었던가. 트란스발Transvaal과 오렌지Orange 공화국이라는 두 작은 나라를 멸망시키고 남아프리카의 보물창고를 빼앗은 나라는 어디인가. 문명국의 죄악이 표면에 드러나지 않고 그 국민들의 불량함이 세계에 알려지지 않는 것은 통치자와 종교가의 관계에서 비롯된 것이다. 인도 전도는 영국인들이 했다. 하와이 전도는 미국인들이 했다. 정부와 정부 사이에는 비밀을 교환한다. 국민과 국민 사이에는 인정과 의리 관계가 있다. 그래서 러시아 정치가라도 조선과 중국에 있는 일본인을 욕하지 않는다. 일본 정부도 횡령주의에 간섭하지 않는다. 미국 선교사가 어떤 보고를 하더라도 아무런 문제가 되지 않지만 선교사가 조선인을 상대로 일본인을 욕하는 것은 큰 문제가 된다. 일본인의 죄악을 씻어내는 것이라면 종교적 입장에서 오히려 칭찬할 일이지만 조선인들로 하여금 일본을 배척하게 만들기 때문에 신도 가운데 폭도에 가담하는 이들이 나온다. 선교사의 말 가운데 만일 배일적인 것이 있다면 양민을 폭도로 만들어 일본군대가 이들을 토벌하는 결과를 낳을 것이다. 그 결과를 놓고 보면 선교사는 일본군대를 이용해서 조선인민을 살육한 대악마라고 비판하지 않을 수 없다. 이것을 선교사 입장에서 살펴보면 모든 것은 정반대의 결론을 낳을 것이다. (여기까지는 6월 상순에 탈고했고, 이어지는 부분은 9월 10일에 원고를 다듬었다)

일본의 신영토인 조선의 종교는 조야의 안식 있는 사람들에게 문제가 되었다. 정부도 이 문제를 도외시할 수 없었던 것으로 보인다. 불교는 이조 500년 동안 박해를 받아 기반을 잃었다. 최근 일본의 불교세력이 조선의 불교 사찰을 거느리고 불교 재흥을 계획한다고 들었다. 조선 사찰의 재산 횡령주의라면 몰라도 지금의 승니들을 이용하는 계획이라면 불교 재흥은 불가능할 것이다. 현재 각 사찰에 모여 있는 승려들은 승려라고 할 수 없다. 고려, 신라, 백제 시대에 사원은 많은 영지를 받았다. 조선 시대에 불교를 배척했지만 사찰을 부수어 헐어내지 않았고 사찰 영지를 빼앗지 않았기 때문에 지금도 여전히 재산이 많다. 그러다보니 개미들이 달콤한 것에 모이는 것처럼 먹고 살기 힘든 이들이 삭발을 하고 사원에 모여 기계적으로 경문을 읽으면서 지내고 있을 뿐이다. 그 중에 기력이 있는 사람은 사찰을 나와 농민이나 상인으로 돌아간다. 자타 불문하고 이것을 출세라고 한다. 모두 승려를 최하급 종족으로 간주하고 자신들도 그것을 인정한다. 자타 공히 최하급이라고 인정하는 이들을 이용해 불교 재흥을 기획하는 것은 산에서 물고기를 잡으려는 것이다. 그렇다면 장래 조선의 종교는 어떤 종교가 좋을 것인가.

개인적인 신념을 말하자면 일본인이 기독교를 조선의 종교로 선포해야 한다고 생각한다. 그러나 국가 또는 사회를 생각할 때는 한 종교에 국한시켜서는 안된다. 조선의 민심과 사회 상황을 감안해야 한다. 조선 전 국토에 3~40만 명의 기독교 신도가 있다고 하지만 성심을 다해 교리를 믿는 사람은 과연 얼마나 될까. 이에 반해 대천교 및 천도교 신도 6~70만 명은 확실한 신도들이다. 국난이 닥쳤을 때 그들이 임시로 자신들의 종교 깃발을 접고 일진회 깃발을 내걸며 조선은 일본과 합병하는 것 이외에 국시가 없다고 주장한 것은 시종일관된 정강이다. 친일주의에 입각해 활동한 8년 동안 처자식은 적에게 맞아죽고 가산은 도적들에게 불탔음에도 불구하고 결코 사상을 바꾸지 않았다. 폭도들이 사방에서 봉기해 일진회에 극도의 위험이 닥쳤을 때「일한병합 의견서」를 전 조선에 배포했다. 그들은 1904~5년에 모두 단발을 하고 항간의 비방과 사회의 공격도 마이동풍처럼 여기면서 활동했다. 지금은 일진회의 정강이 모두 실현되어 1,500만 민중은 일본 통치 하에 합쳐져 영구히 그리고 확실히 생명과 재산을 보호받게 되었다. 일진회는 공을 세우고 이름을 알린 다음에는 물러나야 한다는 교훈에 따라 최근 해산하고 원래의 대천교와 천도교 세계로 돌아갔다. 80만 신도를 거느리고 민중 구제를 위해 8년간 정계에서 활동하면서 조금도 흐트러짐이 없었던 대천교와 천도교는 분명 연구할 가치가 있다. 장차 종교계에서 활동하려는 사람은 우선 대천교와 천도교 교의를 살펴보고 그 신도들과 제휴해 활동할 필요가 있다. 대천교와 천도교 두 교파는 절대적인 친일파로서 일한병합의 주창자였다는 사실을 잊어서는 안된다.

기존에 일본 불교는 시신을 독경 인도하는 것, 죽은 사람의 명찰인 위패를 향해 염주를 돌리는 것, 할아버지와 할머니들을 상대로 사후 극락정토를 설명하는 데 힘썼다. 일본은 불교 국가로서 1,500년 동안 이러한 것을 습관처럼 해왔기 때문에 죽은 사람을 독경-인도하는 기이한 풍습을 이상하게 여기는 사람이 없고, 나무 위패에 공물을 바치고 예배하는 것도 아무렇지 않게 여긴다. 그러나 진지하게 생각해 보면 살아 있는 사람도 이해 못하는 경문과 인도 문구를 혼백이 사라진 시신이 이해할 리가 없고 극락정토에서 왕생해야 할 사람의 영혼이 위패에 머물며 공양과 예배를 받을 이유가 없다. 교리에서 4대 원소가 공허하다고 설명하면서 육도 윤회의 인과를 가르치는 것은 모순된 행동이다. 나의 신앙은 현세에 있다. 현세에서 상천의 뜻을 받들기 때문에 사후에 반드시 구원받는다고 믿는다. 나는 현세에서 상천에 거스르면서 미래에 구원받는다는 것을 인정할 수 없다. 기독교가 현세에 무게를 두는 것은 바로 이 때문이다. 일본의 불교도는 신도 가운데 병자가 있어도 개의치 않고 부부 싸움이 있어도 특별히 상관하지 않는다. 일본의 불교도들은 일가에서 패륜적인 죄악이 벌어져도, 법률상의 범죄자가 나와도, 남편의 나쁜 품행에 부인이 울며 슬퍼해도, 이혼 이야기를 들어도 결코 상관하지 않는다. 이렇게 무정하고 냉혹한 종교가가 조선이라는 신영토에서 포교하는 것은 절대로 불가능하다고 본다. 불교, 신도, 기독교를 막론하고 언행일치 측면에서 다른 외국 선교사보다 훌륭한 박애주의와 헌신적인 신앙심이 없으면 조선의 전도자가 될 자격이 없다고 단언한다.

신영토 조선은 일본 종교가의 실험 장소이다. 조선반도가 좁다고 하지만 약 13,780 방리方里에 달해 일본 본토보다 조금 작은 정도이다. 인구가 적다고 하지만 조사해 보면 1,500백만 명을 넘는다. 조선반도 종교계에서 승리하는 종교는 틀림없이 향후 일본 본토 종교계에서 세력을 점할 것이다. 총독부는 종교가들을 특별히 보호하면서 나라 안팎의 종교가들이 신국민 개발에 힘써 주기를 바란다고 한다. 최소한 일본 제국의 종교가가 목숨을 걸고 신영토 개발에 공헌하지 않아서야 되겠는가. 자본의 유무를 운위하는 것은 신념이 없다는 것을 은폐하는 것에 지나지 않는다. 대천교 사람들은 처자식이 모두 살해되고 가산이 모두 불타버린 경우가 적지 않았지만 의연히 일진회 깃발을 거두지 않았다.

조선의 80만 대천교 교도들조차 이러한 결심이 있다. 동양 제일의 강국 국민임을 자인하는 일본 제국의 종교가가 대천교도보다 못해서야 되겠는가. 일본 제국의 종교가들이여 분기하라, 불교 각 종파 10만 신도들이여 게으른 잠에서 깨어나라.

1908년도 통감부조사 교파별 현황 및 비교표 (단위 : 명)

교파	선교사	신도	교회	학교	교파	선교사	신도	교회	학교
미국 장로교회	101	148,780	1,022	1,193	천주교회	59	61,290	47	73
미국 감독교회	78	28,017	323	430	호주 장로파	12	792	10	8
영국 종고교회 宗古教會	22	4,435	41	16	영국 성공회	3	미상	-	-
캐나다 장로교회	14	5,830	46	18	정교회	4	1	미상	-
구세군	6	5,000	5	-	기타	11	미상	-	-

광 고

합자회사 상큐상회

- 합자회사 상큐상회三九商會
  담당사원 우치다 로쿠로內田六郎
  조선 대구부 서시장, 전화 32번
- 생가죽, 생우, 해초, 약초, 석유, 성냥, 식염 판매 도매상
- 순백 floating soap, ○마크 세탁비누, ◇마크 세탁비누
  위 각종 비누 제조판매
- 자혜의원, 제 관아 지정 납품.
  순수하고 품질 좋은 우유 판매

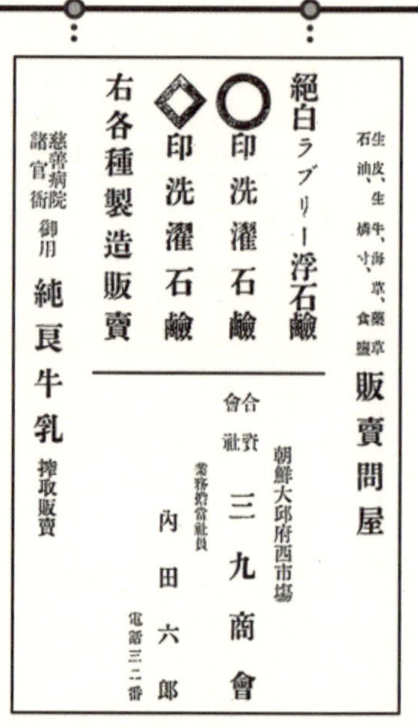

상큐 상회는 우치다 로쿠로 씨가 경영하는 곳이다. 우치다 씨는 부슈武州 혼죠마치本庄町 사람으로 일찍부터 원정遠征에 뜻이 있어서 고향에 거의 없었다. 도쿄, 오사카, 고베에 머물며 상업에 종사했고 1902~3년에는 상하이와 남청지역 내지를 돌아보면서 크게 깨달은 바가 있었다. 1904년에 러일전쟁이 발발하자 조선 시찰에 나서 부산, 경성, 인천을 거쳐 그 해 4월에 대구에 왔다. 그는 지세를 살펴본 후 대구의 장래에 희망을 걸고 같은 해 9월에 생가죽 매입을 하다가 생우를 매수해 우유 사업을 시작했다. 이것이 대구 우유 사업의 효시이다. 그가 우유를 짜기 시작한 것은 원래 영리목적이 아니라 일종의 실험이었다. 손실을 각

오한 사업이라 규모가 크지 않았지만 우유 질이 좋아 수요가 많았다. 이에 몇 가지 일본 및 서양 품종 젖소를 매입해 사업을 하기에 이르렀다. 우치다 씨는 예전에 일본거류민회 의원이었다. 공원기성회 간사로서 공공사업에 진력했고 1908년 12월에 민단의원으로 선출되었으며 현재 회계 및 감사위원을 맡고 있다. 또한 석유조합 상무로서 공적을 세웠다. 상무 재임 중에 부산조합의 관할에서 벗어나 스탠다드 석유회사Standard Oil Company의 직거래 조합으로 만들어 석유조합의 이익을 꾀하는 동시에 일반 수요자들도 이롭게 했다.

우치다 로쿠로 씨는 세탁비누 제조도 개시해 호평을 얻고 있다. '순백 러블리 물에 뜨는 비누'를 발명했는데 품질이 좋고 가격이 저렴하다는 것이 일반적인 평가이다. 그는 이처럼 사업에 열성적인 동시에 사교 범위도 넓어 대구 실업계의 명사로서 두터운 신망을 얻었다.

사카이 일진당

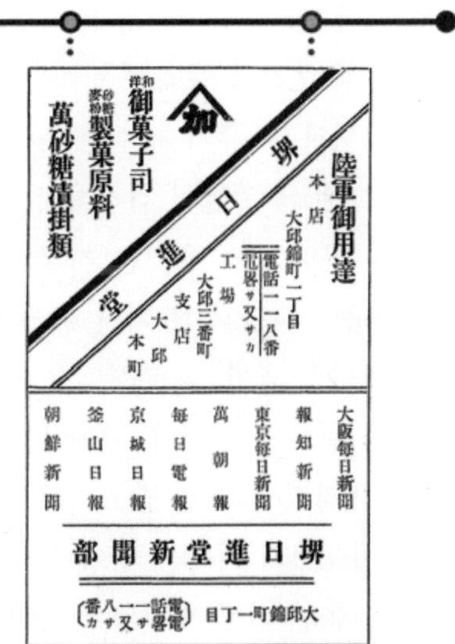

- 사카이 일진당堺日進堂
  일본과자, 서양과자 납품, 설탕 밀가루 제과원료, 각종 설탕 조림류
- 육군 어용
  본점: 대구 니시키초 1정목. 전화 118번, 전신 약호 サ 그리고 サカ.
  공장: 대구 산반초三番町,
  지점: 대구 혼마치本町
- 사카이 일진당 신문부:
  『오사카 마이니치 신문大阪每日新聞』『호치 신문報知新聞』『도쿄 마이니치

신문東京大阪每日新聞』『요로즈 조보萬朝報』『마이니치 전보每日電報』『경성일보』『부산일보』『조선신문』 취급
대구 니시키초錦町 1정목, 전화 118번, 전신 약호 サ 그리고 サカ

사카이 만지로堺萬次郎 씨는 오사카에서 태어났고 원래 성은 후지이藤井이다. 1907년에 백부에 해당하는 사카이 가문을 상속했다. 어렸을 때 부모를 따라 이세伊勢의 잇신덴一身田으로 이사해 그 곳에서 성장했기 때문에 미에 현三重県 사람을 자처한다.

1903년에 부산에 왔고 1904년 6월에 대구를 시찰한 후 곧바로 과자 제조와 제과원료 도매를 시작했다. 그런데 그는 가게 앞에 앉아서 느긋하게 손님 오기를 기다리는 인물이 아니었다. 가게는 가족과 고용인에게 맡기고 김천, 영동, 선산, 상주 등지를 돌면서 부지런히 거래 범위를 확대했다. 당시 철도공사 때문에 전답을 빼앗기고 분묘가 옮겨져 민심이 흉흉했으나 사카이 씨는 전혀 개의치 않았다.

1905년 12월에 상주에서 돌아오는 길에 선산 부근의 조선인 숙소에서 한밤중에 초적의 습격을 받아 몇 군데 중상을 입었지만 굴하지 않고 도적을 격퇴한 후 흉기 세 개를 탈취해 두려워하는 인부를 질타하며 어두운 밤 길 20㎞를 걸어 김천까지 와서 대구에서 불러온 의사의 치료를 받았다. 이러한 그의 용기는 지금도 여전하다. 1906년 12월에 초대 민단의원에 선출되었고 1908년 12월에 재선되어 지금에 이르고 있다. 또한 상업회의소 의원 및 부회장을 맡았다. 공원기성회 간사로서 시종일관 공공을 위해 노력했다. 1908년 7월에 오사카 마이니치 신문사로부터 신문 대리점 의뢰를 받고 어쩔 수 없이 신문 대리점을 시작했는데 이후 각 신문사의 위탁을 받아 신문부를 두기에 이르렀다. 이것이 아무 준비 없이 돌연 대구 제일의 신문가게가 된 배경이다. 그는 단도직입적이라 비교적 적이 많지만 그 마음은 아주 결백하다.

- 사토 총포점佐藤銃砲占
  국내외 총포, 화약상, 전화 211번
- 엽총, 사냥도구, 광산화약, 다이너마이트, 도화선 전관

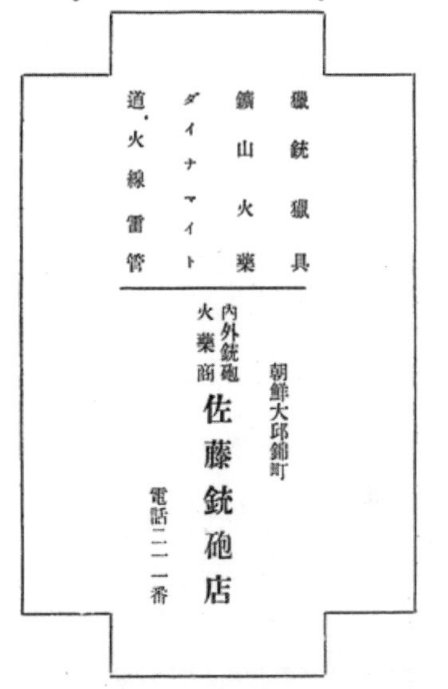

사토 슈조佐藤周藏 씨는 돗토리 현鳥取県 구라요시초倉吉町 사람으로 1904년 5월에 대구에 왔다. 그의 본업은 총포 화약상이지만 당시 대구는 해당 사업을 시작하기에는 이른 상황이어서 실험적으로 두 세 사업에 착수하며 때를 기다렸다. 1906년에 총포 화약점을 열었는데 나날이 신용이 쌓여 전 한국 내부 토목국 출장소, 대구 재무감독국, 황간 경편철도輕便鐵道 및 상주와 낙동강 부근에 있는 광산업자들은 모두 사토 상점에서 매입한다. 일본에서는 인바쿠 철도因伯鐵道의 독점 납품을 따내는 등 거래 범위가 매우 넓고 오래된 점포이다.

사토 슈조 씨는 총포점 뿐만 아니라 농업 경영도 시작했는데 특히 과수를 많이 재배한다. 대구 정차장에서 동북쪽 작은 언덕에 보이는 흰색 창고는 사토 씨의 화약고이고 그 남쪽 기슭에 있는 일본가옥은 그의 농장이며 그 앞뒤는 과수원이다.

사토 슈조 씨는 대구의 일본인들 사이에서 강직한 사람이라는 평가와 함께 신용이 높아 1906년 2월에 일본거류민회 의원으로 뽑혔다. 학교 건축과 그 밖의 자치기관에 참여해 많은 공헌을 하면서 강직하다는 평은 더욱 널리 알려졌다. 1909년 3월에 상업회의소 의원에 선출되었고 지금도 재임 중이다. 그는 민단의원 선거가 있을 때마다 후보자로 추대되었지만 고사했다. 그러나 동지들을 위해서는 밤낮으로 뛰어다니며 필승을 기약했다.

그의 천성은 세상의 평가대로 강직하다. 마음 속으로 생각한 것을 말하고 말한 것은 반드시 실천하기 때문에 타인의 무책임은 엄하게 꾸짖는다. 공공에 대한 관심이 많고 지인들 사이에서 신뢰도 두텁다.

기무라 지점

- 기무라 지점木村支店

  활판인쇄. 대구 모토마치元町 1정목.

  전화 59번
- 가옥 임대, 대금업, 전당포

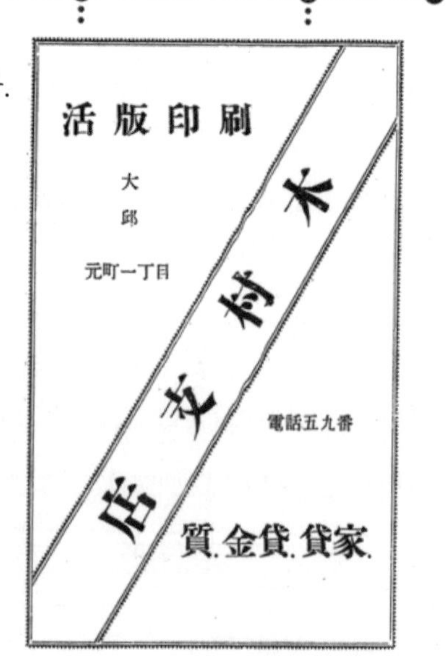

기무라 다케타로木村竹太郎 씨는 오카야마 현岡山県 쓰쿠보 군都窪郡 하야시마早島 사람으로 1906년 1월에 대구에 왔다. 그의 사업은 모두 소박하고 화려하지 않다. 기무라 씨 본인의 성격 상 만사에 초조해 하지 않고 재정 기반이 견고해 눈 앞의 기회만 보면서 활동하지 않고 때가 오기를 기다릴 줄 안다. 따라서 장래를 확실히 예견해 유망한 방면에만 투자하기 때문에 다른 사람들과 경쟁하면서 눈앞의 이익을 쫓는 소심한 일은 하지 않는다.

1907년 3월에 상업회의소 초대 의원으로 선출되었는데 1908년 3월에 퇴임한 후로는 다시 나서지 않았다. 1908년 12월에 민단의원 후보자로 추천 받았지만 고사했다. 1909년 10월의 보결선거 때 지인과 유지들이 간절히 권유해 할 수 없이 입후보해서 최고점으로 당선되었다.

기무라 다케타로 씨는 가게 앞에서 몸을 낮추고 머리를 굽히며 손님의 비위를 맞추는 소상인이 아니다. 천성이 강직해서 스스로 믿는 것을 말하고 스스로 원하는 것을 한다. 다수의 압박 내지는 인기 때문에 언행을 바꾸는 행동은 절대 하지 않는다.

기무라 다케타로 씨는 과묵하게 실천하는 사람이라서 애교스럽지 않고 술을 마시지 않기 때문에 교우 관계가 넓지 않아 거만하다는 오해를 받기도 하지만 실제는 이와 정반대이다. 단지 교제에 서툰 것일 뿐이다. 그는 주로 실업계 사람들과 교우를 맺고 있다. 정이 깊어 오래 만나면 타고난 좋은 품성이 자연스럽게 나타나 격의 없이 지내게 된다. 공공사업에는 특별히 주의를 기울이며 돕지만 명예를 목적으로 돈을 내놓지는 않는다. 사업 자체의 내용을 알아보고 금액을 정한다. 그는 결코 사업내용 이외의 것을 염두에 두지 않는다. 이것으로 그의 전체적인 상을 추측할 수 있다.

미나카이 포목점三中井呉服店

✿ 본점 : 대구 모토마치, 전화 12번

✿ 지점 : 진주성 밖

미나카이三中井 주인인 나카에 도미주로中江富十郎 씨는 시가 현滋賀県 간자키 군神崎郡 고카쇼五ヶ庄 사람으로 일찍부터 원정에 대한 의지가 강했다. 특히 조선은 다카세高瀨 씨와 관계가 깊었기 때문에 어린 시절부터 조선 경영에 뜻을 품고 있었다. 1904년 11월에 동지 나카에 고료헤中江五良平 씨가 도항할 때 함께 건너와 각 방면을 조사하기 시작했다. 한편 두 명의 나카에 씨와 나카무라 헤시로中村平四郎 씨가 공동으로 조선인을 상대로 한 '미나카이 잡화점'을 열고 나카에 고료헤 씨가 연장자로서 대표자가 되었다.

세 사람의 목적은 세 가지였는데 조사 방향은 각자 달랐다. 그러나 미나카이 상점의 사업은 하나하나 확장되었다. 상점의 규칙이 정연해서 조금의 흐트러짐도 없었다. 대구에서 조선인을 상대로 한 유력한 잡화점으로 자리잡았다. 그런데 누가 이렇게 신용 있는 상점의 해체를 예상했겠는가. 1909년 3월에 미나카이 상점을 닫고 각자 별도의 사업을 시작했다. 이는 세 사람이 애초부터 예정했던 것으로 단지 다른 사람들이 몰랐을 뿐이다.

나카에 도미주로 씨는 몇 해 동안 경험을 쌓은 포목점을 열기로 결심하고 1909년 6월에 미나카이 상호를 계승해 신축사옥에서 성대한 개점식을 열었다. 나카에 도미주로 씨는 방직업의 본고장인 고슈江州 사람으로 교토와 오사카는 오래전부터 거래하던 곳이다. 신용이 높았고 자본이 충실했으며 풍부한 물량과 저렴한 가격은 그가 자신하는 부분이었다.

성품이 온화하고 착실한 사람으로 특히 타고난 사교성은 고객을 끄는 힘이 되었다. 고객을 대하는 친절함은 장사 습관이 아니라 본심에서 우러나오는 것이기 때문에 상대와 때에 따라 바뀌는 일이 없었다. 나카에 도미주로 씨가 대구에 있었던 6년 동안 한 번도 공공사업에 관여하지 않은 것은 나카에 고료헤 씨가 미나카이의 대표자였기 때문이다.

주지도 의원

- 주지도 의원十字堂醫院
  동성정 1정목, 전화 229번
- 원장 소다 고하치相田小八
- 내과, 외과, 산부인과, 이비인후과
  수시 입원
- 진찰은 오전 및 밤 9시까지
  왕진은 오후

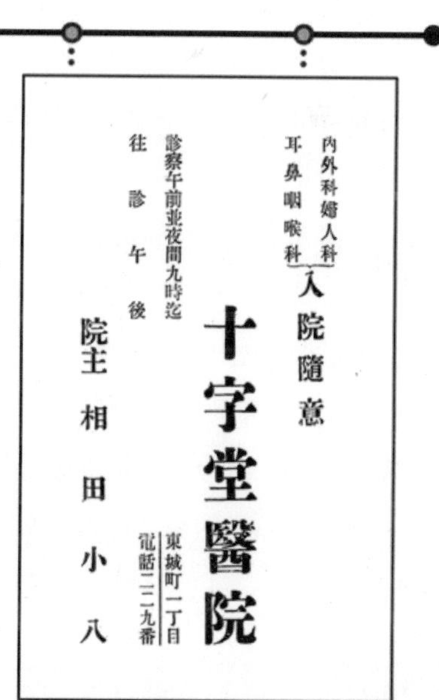

주지도 의원의 소다 고하치 씨는 나가사키 현長崎県 오무라초大村町 사람으로 일찍이 오카야마 의학전문학교岡山医学専門学校에서 의술을 배웠고 졸업 후에는 오카야마 병원岡山病院에 들어가 현장 수련을 쌓다가 히메지姫路로 초빙되면서 명성이 높아졌다. 작년 가을에 고향 오무라의 인사가 귀향해서 개업할 것을 권했다. 소다 씨도 권유에 응해 귀향을 결심했다. 그런데 오카야마 재학 시절의 가까운 벗과 현재 대구에 있는 몇 사람들은 소다 씨가 고향에서 개업한다는 소식을 듣고 한 발 더 내디뎌 대구에 올 것을 권유했다. 소다 씨도 우정에 이끌려 전도유망한 대구에서 개업하기로 했다. 소다 씨는 대구에 와서 지세를 관찰한 후 결심을 굳히고 준비에 착수했다. 토지를 구입해 의원과 병실을 신축했다. 그는 다른 집을 빌리는 임시방편적인 방법을 취하지 않았다. 처음부터 영주할 의사를 밝히면서 올해 1910년 3월 1일에 개업했다. 이것은 소다 씨가 자신의 능력을 믿었기 때문에 가능한 일이다. 개업을 하면서 아무 광고도 하지 않고 자연스럽게 사람들이 오기를 기다렸다. 그는 그야말로 대인배 같은 태도로 신천지 대구를 대했다.

개업 당시 주지도 의원 문 앞은 쓸쓸했지만 하루하루 환자가 늘고 그 환자는 실제 경험한 것을 다른 사람들에게 소개했다. 개업한 지 얼마 되지 않았지만 지금은 신용과 환자 수에서 결코 고참들에게 뒤처지지 않는다.

소다 고하치 씨는 천성이 온후해 군자 같고 말이 많지 않다. 환자를 친절하게 대하면서도 교언영색하지 않고 과묵하게 필요한 말만 하지만 자연스럽게 사람을 끄는 덕성이 있다. 환자를 대할 때 귀천과 빈부를 따지지 않고 진료를 본다. 증상의 경중에 상관없이 신중하다. 어떤 사람은 소다 씨를 의사 같지 않은 사람이라고 평한다.

시로타 약국

✿ 시로타 약국白田藥局
대구 혼마치本町 1정목.
전화 105번.

시로타 신스케白田新助 씨는 후쿠시마 현福島県 유일의 온천지인 이자카飯坂 사람으로 원래 성은 사이토斎藤이다. 부친의 친구 가운데 시로타 모 씨가 있었는데 자식 없이 요절했다. 부친은 친구의 집 제사가 끊기는 것을 두고 보지 못하고 차남인 신스케 씨에게 그 집을 상속하게 하면서 했다. 그러나 신스케 씨는 부친의 의리를 좇아 시로타 가문을 상속하기로 한 이상 친가의 도움을 반기지 않았다. 그러던 중에 도쿄로 나왔다가 러일전쟁 때에 조선으로 건너왔다. 낙동강이 얼어서 사람과 말이 걸어 다닐 수 있을 정도의 엄동설한이었던 1904년 2월에 험한 길을 혼자 걸어서 대구에 왔다. 친가에서 몸소 경험한 약재업으로 생계를 꾸리기로 결심하고 조선인 집 한 구석을 빌려 개업했다. 일본인과 조선인한테서 얻은 높은 신용은 시로타 씨가 혼자 힘으로 다진 기초이다.

시로타 신스케 씨는 1904년 8월에 일본거류민회가 조직되었을 때

조직의 존재조차 모른 채 의원으로 선출되었고 1905년 8월에 사임했다가 1906년 4월에 다시 의원이 되었다. 1906년 8월의 의원 총사직 이후 단연코 공직에 나서지 않다가 올해 3월에 마치다町田 씨와 함께 상업회의소 의원으로 추천되었다. 동지들이 간절히 권유해 어쩔 수 없이 취임했다.

시로타 신스케 씨는 평화를 선호하는 원만한 성격이지만 자신의 뜻을 굽혀서 다수를 좇는 해파리 같은 인물이 아니다. 그러나 친구를 위해서는 전력을 다해 돕고 자신에게 불리해도 친구를 버리지 않는다. 자신을 속이는 친구와도 결코 절교하지 않고 개선책을 강구한다. 나이가 겨우 33살이라 전도유망하며 시민들 전체의 신망을 얻고 있다.

시모야마 세이치로 법률사무소

- 시모야마 세이치로下山淸一郎 법률사무소 변호사
- 히가시 혼마치東本町 1정목 법률 사무를 확실하게 취급

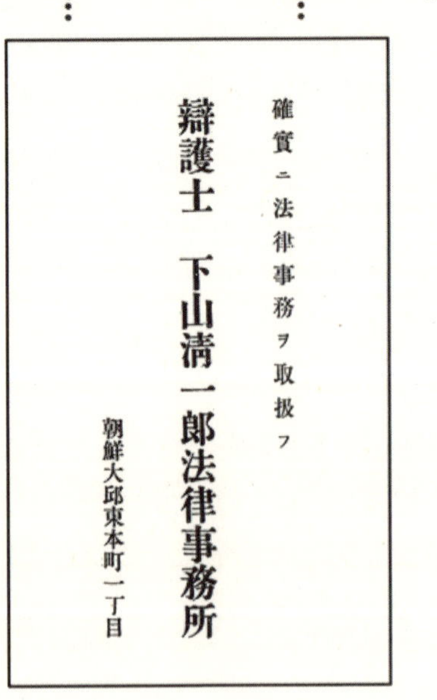

변호사 시모야마 세이치로 씨는 미에 현三重県 우에노겐바마치上野玄蕃町 사람이다. 즉 아라키 마타우에몬荒木又右衛門의 무용으로 유명한 이가伊賀 우에노 사람이다. 1908년 6월에 처음 대구에 왔다. 전도유망한 도시임을 알아보고 법률사무소를 열었다. 1908년 8월에 대구공소원 및 지방재판소 등이 생기면서 대구공소원이 경상남북도와 전라남북도 네 개 도를 관할하게 되었는데, 각지에서 변호사들이 몇 명 왔지만 시모야마 씨에 대한 일본인과 조선인의 신뢰는 날로 높아졌다. 법률사무소는 매일매일 사건 의뢰자로 가득해 세 명의 사무원은 일요일에도 쉬지 못할 정도이다. 시모야마 씨는 온화하고 독실해서 군자 같은 인물이다. 법정 밖에서 논쟁하는 것을 특히 싫어했고 법정에서 절대로 억지를 부리지 않았다. 의뢰받은 사건은 면밀히 연구해 재판 결과를 예측하는 한편 일시적으로 의뢰인을 위로하는 말은 하지 않았다. 법정에서도 마찬가지였다. 시모야마 씨는 자신 없는 이상한 주장을 펼쳐 관계자의 환심을 사는 것을 배척했다.

시모야마 세이치로 씨는 법정에서 정정당당하게 변론했다. 법리에 호소할 여지가 없는 피고인 경우에는 처음부터 정상 참작을 호소해 재판관의 동정을 끌어낸다. 달리 손을 쓸 수 없는 피고에게는 결과를 예고해 각오하게 만들어 선고 내용에 낙담하는 일이 없도록 한다. 그리고 동정할 만한 사건은 스스로 나서서 무료변호를 하고 사실을 은폐해 법망을 피하려는 사람에게는 비열한 태도를 훈계하면서 특별히 충고한다. 그 마음이 고결해서 재판관을 감동시키는 경우가 적지 않다. 피고들은 결과를 막론하고 모두 그의 변론에 만족한다.

히사노 의원

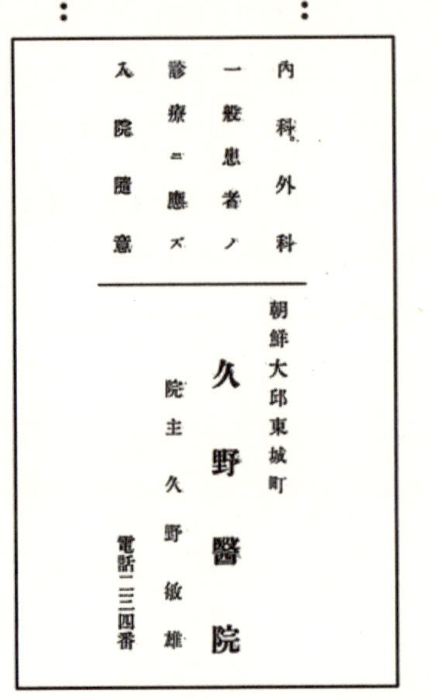

- 히사노 의원久野医院
  조선 대구 동성정, 전화 234번
- 원장 히사노 도시오久野敏雄
- 내과, 외과, 일반 환자 진료. 수시 입원

히사노 도시오久野敏雄 씨는 후쿠오카 현福岡県 다자이후마치大宰府町 사람으로 1907년 10월에 대구에 와서 개업했다. 처음에는 혼마치에 있다가 히가시 혼마치로 옮겼고 올해 1910년 8월에 동성정에 병원을 신축해 옮겼다.

새로운 사업을 할 때 아무 연고가 없는 지역에서 자립하는 것이 가장 어렵다. 특히 신용 하나에만 기대는 의사, 변호사, 산파 등은 강매할 수도 없고 행상도 할 수 없다. 그리고 새롭게 알게 된 사람 입장에서도 조그마한 실수라도 생명에 관계되니 함부로 소개할 수 없다. 그저 믿고 오기를 기다릴 뿐이다.

히사노 도시오 씨는 그야말로 한 명도 아는 사람이 없는 상태에서 개업했다. 환자도 감기나 설사 정도의 환자만 왔다. 그러나 그는 1년을 잘 견뎠다. 동북부 지역에서 환자가 늘고 많은 사람들이 실력을 인정하게 되면서 마침내 동부로 옮겼다. 그는 환자에게 친절을 베풀기보다는 병의 원인을 열심히 연구하는 사람이다. 히사노 씨는 미숙한 의사가 흔히 하듯이 애매한 병명을 붙여서 적당히 처방하는 일을 절대 하지 않는다. 모르면 모른다고 인정하고 선배를 입회시켜 약을 조제한다. 이러한 점이 청년 의사들 가운데 그가 두각을 나타내는 이유일 것이다. 환자가 가난하면 "몸만 건강하면 돈은 언제든지 벌 수 있다. 약값 등을 걱정하지 말고 얼마든지 복용하라. 병이 나으면 일을 해서 지불하면 된다"라고 미리 말해둔다. 그는 아무리 가난한 사람이라도 가난한 사람으로 대하지 않고 또 가난한 사람에게 약을 '베푼다'고 말하지 않는다. 만일 자신의 환자 가운데 전염병자가 나오면 때때로 격리병원을 찾아가 위로하고 가난한 사람에게는 직접 투약해서 희망을 잃지 않게 한다.

서화, 골동, 미술품상

- 모리나가 소이치守永宗一
- 대서 : 측량, 토지매매, 등기수속, 호적 및 기타

代書

測量
土地賣買
登記手續
戸籍其他

書畫骨董美術品商

大邱府
守永宗一

守永宗一氏は山口縣萩町の人にして三輪家の出なり。大邱に來りしは明治三十七年一月なりき。其年八月日本居留民會の組織成るや議員に選擧せられ、三十九年四月民會に入りて書記となり、民會長の補佐役として功勞多し、民團法實施後は影山民長の信頼甚だ深く、其職に留りて民長並に戸籍助役を佐け、自治機關の活動に關しては氏の參與せざるもの皆無と謂て可なり。明治四十二年六月職を辭して商界に入る。代書は氏の好まざる所なりしも、氏が能筆にして諸規則に精通せるより氏の知人皆代書業者たらんことを希望して勧誘切なりしより氏の心遂に動き兼業として始めたりしに今は代書事務甚だ多く事務室は書類を以て山を為す。

모리나가 소이치 씨는 야마구치 현山口県 하기萩町 사람으로 미와 가문三輪家 출신이다. 대구에는 1904년 1월에 왔다. 그 해 8월에 일본거류민회가 조직되자 의원으로 선출되었고 1906년 4월에 민회에 들어가 서기가 되었다. 민회장 보좌로서 공로가 컸다. 민단법 실시 이후에는 가게야마 민단장이 깊이 신뢰해 계속 보좌하면서 민단장 및 도쿠라 주로쿠 조역助役을 도왔다. 그가 참여하지 않은 자치기관 활동은 없다고 해도 좋다.

1909년 6월에 사직한 후 상업을 시작했다. 대서는 그가 좋아하지 않는 일이지만 글씨를 잘 쓰고 모든 규칙에 정통해 지인들이 모두 대서업을 간곡히 권했다. 이에 모리나가 씨의 마음이 움직여 겸업으로 시작했는데 지금은 대서업무가 너무 많아 사무실에는 서류가 산더미처럼 쌓여 있다.

다마무라 서점

- 다마무라 서점玉村書店
  대구부 모토마치町元 1정목
- 영업종목 : 서적, 잡지, 도쿄 붓, 나라 고바이엔古梅園 먹, 조선 풍속-풍경 엽서, 조선 명산 학다리 젓가락鶴の箸 기타 각종 학뼈 세공품
- 일본 판매용 토산품 판매

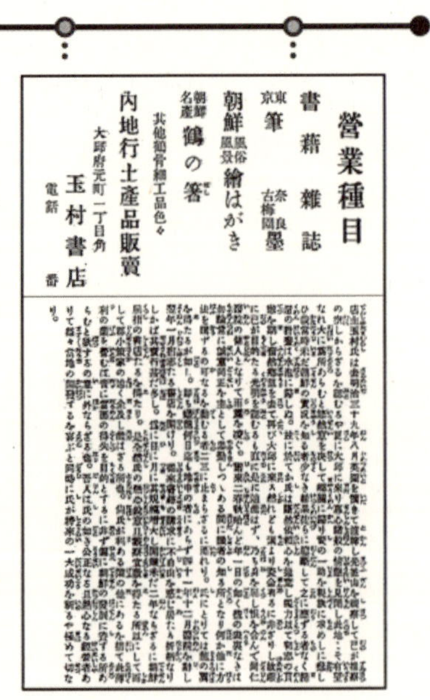

점주 다마무라 요네지로玉村米次郎 씨는 1906년 8월에 큰 계획을 품고 조선에 와서 부산을 먼저 시찰한 후 헛되지 않다고 생각해 대구까지 시찰했다. 여러 제반 사정을 살핀 후 대구의 장래가 유망하다고 판단해 결심을 굳히고 고향으로 돌아가 친족에게 도움을 부탁했다. 그런데 안타깝게도 당시에는 조선 상황을 아는 사람이 적어 선불리 이에 응하는 사람이 없어서 대구로 귀환하는 계획은 수포로 돌아갔다. 이에 다마무라 씨는 남에게 기대려는 마음을 버리고 혼자 힘으로 애초의 뜻을 관철시키기로 결심하고 결연히 고향을 떠나 대구로 돌아왔다. 그러나 자본이 없었기 때문에 목표한 한 바를 곧바로 실행에 옮길 수 없었다. 허리를 굽히고 서러움을 참으면서 동인의원의 고용인이 되어 비바람을 피했다. 2년 동안 표리부동하지 않은 태도로 바르고 성실하게 일하는 동안 많은 주위 사람들이 무언가 다른 길을 찾아보는 것이 좋다고 권유했다. 다마무라 씨 입장에서는 용의 날개를 얻은 것 같았다. 1908년 12월에 동인의원을 그만두고 다음 해 1월에 숙원이던 서점을 열었다. 기존에 서적을 구입하는 것이 불편한 상황이었기 때문에 많이 팔렸다. 나날이 판매규모가 늘어나 개업한 지 2년이 되지 않았지만 조선 굴지의 서점이 되었다. 이것은 전적으로 굳은 의지로 열심히 일하면서 상황을 잘 관찰했기 때문으로 군소 책략가들이 미치지 못하는 부분이다. 이익이 더 많은 다른 일도 있지만 이익이 적은 일을 하는 것은 다마무라 씨가 당장의 득실을 따지지 않고 조선의 발전에 보탬이 되려고 생각하기 때문이다. 나는 다마무라 씨처럼 공정하면서도 열심히 일하는 경영자가 대구를 개발하는 것이 기쁘다. 그가 장래에 일대 성공을 이루기를 간절히 기원하는 바이다.

제7장

대구의 기후

1903년부터 대구에 상주하고 있기 때문에 대구의 기후를 충분히 설명할 수 있어야겠지만 천성이 게을러서 낮잠은 자면서도 일지를 기록하지 않아 기억에 의지할 뿐 구체적으로 제시하는 것은 불가능하다. 그래서 궁여지책 끝에 대구측후소에 애원해서 후쿠다 가쿠헤福田覚平 소장의 특별한 호의로 자세한 표를 제공 받았다. 측후소는 모두 섭씨 온도계로 측정하는데 보통 사람들에게는 익숙하지 않다고 하면서 일부러 하나하나 화씨 온도로 환산해주기까지 했다.

지역의 상황을 알고자 할 때 물과 기후를 파악하는 것이 가장 필요하다. 어떤 작물을 재배할 수 있다고 해도 기후와 정식으로 대조해 보지 않으면 일시적으로 풍작이 된 것인지 기후가 맞아 지속적으로 풍작이 가능한 것인지 알 수 없다. 홋카이도는 대구보다 춥고 눈과 비도 많다. 아오모리, 아키타, 이와테도 모두 마찬가지이다. 게다가 대구는 매우 건조하다. 그런데 이럼에도 불구하고 홋카이도와 도호쿠 지역의 명물인 사과가 대구의 명물이 될 수 있는 것은 어떤 이유 때문인가. 그리고 기후는 도호쿠 지역과 비슷한데 규슈와 주고쿠 지역과 동일한 작물이 재배 가능하다. 이것은 어떻게 가능할까. 이와 같은 의문은 헤아릴 수 없을 정도로 많은데 밑에 제시한 표가 그 이유를 설명해 줄 것이다. 여러분들이 있는 일본의 각 지역 기후와 대조하면서 내가 앞 장에서 소개한 사업 부분 내용을 떠올리길 바란다.

과거 3년간 월별 평균 온 (단위 : 화씨. 괄호 속 섭씨)

월별 / 연도별	1907년	1908년	1909년
1월	36.1(2.2)	32.0(0)	32.5(0.2)
2월	31.5(-0.2)	30.7(-0.7)	32.0(0)
3월	43.0(6.1)	42.3(5.7)	40.1(4.5)
4월	54.5(12.5)	53.4(11.8)	55.2(12.8)
5월	64.2(17.8)	63.5(17.5)	64.4(18)
6월	70.5(21.3)	72.3(22.3)	72.9(22.7)
7월	75.7(24.2)	74.7(23.7)	79.0(26.1)
8월	81.0(32.7)	79.5(26.3)	78.6(25.8)
9월	69.3(20.7)	69.4(20.7)	71.4(21.8)
10월	60.3(15.7)	59.4(15.2)	57.7(14.2)
11월	45.9(7.7)	42.8(6.0)	45.3(7.3)
12월	31.8(-0.1)	34.9(1.6)	31.8(-0.1)
연평균	55.3(12.9)	54.6(12.5)	55.1(12.8)

과거 3년간 월별 최고 · 최저 온도 (단위 : 화씨, 괄호 속 섭씨)

월별 / 연도별	1907년		1908년		1909년	
	최고	최저	최고	최저	최고	최저
1월	62.6(17)	14.0(-10)	61.3(16.2)	12.9(-10.6)	49.6(9.7)	17.6(-8)
2월	59.9(15.5)	11.7(-11.2)	55.4(13)	12.9(-10.6)	53.4(11.8)	12.4(10.8)
3월	77.9(25.5)	16.9(-8.3)	70.3(21.2)	24.4(-4.2)	64.4(18)	19.4(-7)
4월	80.6(27)	30.9(-0.6)	81.3(27.3)	37.8(3.2)	80.4(26.8)	32.4(0.2)
5월	92.1(33.3)	45.1(9.2)	85.1(29.5)	44.2(6.7)	94.4(34.6)	41.7(5.3)
6월	95.9(35.5)	52.0(11.1)	92.7(33.7)	55.6(13.1)	93.0(33.8)	53.6(12)
7월	95.9(35.5)	61.5(16.3)	95.0(35)	58.1(14.5)	98.1(36.7)	58.5(14.7)
8월	98.6(37)	59.4(15.2)	100.0(37.7)	64.9(15.2)	95.2(35.1)	67.8(19.8)
9월	87.8(31)	53.4(11.8)	86.5(30.2)	46.2(7.8)	90.3(32.3)	56.5(13.6)
10월	80.6(27)	41.2(5.1)	79.5(26.5)	37.9(3.2)	82.2(27.8)	33.4(0.7)
11월	74.5(23.6)	22.6(-5.2)	70.9(21.6)	20.5(-6.3)	71.6(22)	25.3(-3.7)
12월	57.2(14)	13.3(-10.3)	61.9(16.6)	14.4(-9.7)	52.7(11.5)	13.1(-10.5)
연중 최고·최저 온도	98.6(37)	11.7(-11.2)	100.0(37.7)	12.9(-10.6)	98.1(36.7)	12.2(-11)
연중 최고·최저 월일	8월17일	2월2일	8월5일	1월5/7일	7월21일	2월7일

과거 3년간 월별 강우일 및 강우 시간

월별/연도별	1907년		1908년		1909년	
	강우일	6시간이상 강우일	강우일	6시간이상 강우일	강우일	6시간이상 강우일
1월	4	1	6	2	6	3
2월	2	0	3	2	1	1
3월	7	5	10	2	6	3
4월	11	7	11	9	8	6
5월	12	3	12	6	6	1
6월	13	4	14	7	12	5
7월	14	4	14	6	11	3
8월	12	3	16	6	14	7
9월	5	4	7	1	11	5
10월	7	3	7	5	4	3
11월	10	3	2	0	8	3
12월	2	1	3	1	6	1
계	99	38	105	47	93	41

과거 3년간 첫 서리와 마지막 서리 일자

연도별/구별	마지막 서리	연도별/구별	첫서리
1907년	4월 7일	1907년	11월 5일
1908년	4월 14일	1908년	10월 30일
1909년	4월 16일	1909년	10월 24일
예년 4월 서리 회수	1907년 3회	1908년 1회	1909년 2회

✿ 풍속 10m/s 이상 폭풍 시기 및 횟수

1907년도 : 3월 2회 / 5월 1회 / 11월 1회 / 12월 1회

1908년도 : 5월 1회 / 8월 1회 / 11월 3회 / 12월 1회

1909년도 : 2월 3회 / 3월 3회 / 4월 2회 / 11월 1회

대구의 기상

최근 3년간 대구의 기상은 다음과 같다.

✿ 기온

연평균 기온은 화씨 55도/섭씨 12.8도이다. 온도가 가장 높은 달은 8월로 화씨 79도/섭씨 26.5도이며, 온도가 가장 낮은 달은 2월로 화씨 31.4도/섭씨 -4도이다. 그리고 기온이 가장 높았던 때는 1908년 8월 5일로 화씨 100도/화씨 100도/섭씨37도 섭씨 37도를 기록했다. 대구는 조선에서 혹서 지역의 하나로 꼽힌다. 최근 기온이 가장 낮았던 때는 1910년 1월 31일과 2월 2일로 화씨 5.9도/섭씨 영하 14.5도를 기록했는데, 경인 지역과 비교하면 훨씬 따뜻하고 부산과 비교해도 한파가 조금 강한 정도였다. 그러나 일본과 비교하면 한서 기간이 매우 길고 봄가을이 짧은 느낌이다. 밤낮의 기온 차는 비교적 커서 간간이 화씨 36도/ 섭씨 26도 이상인 때가 있다.

✿ 바람

연평균 풍속은 2.3m/s에 불과하다. 강한 바람이 부는 날도 일년에 7일 밖에 되지 않아 조선에서 바람이 약한 지역에 속한다. 그리고 바람의 방향은 대부분 동남풍이지만 겨울에는 북서풍이 두드러진다.

✿ 습도

연평균 습도는 69%이며 우기인 8~9월이 되면 습도가 조금 높아져 월 평균 80% 정도를 기록하기도 하지만 일본에 비하면 공기가 매우 건조하다.

✿ **강우량 및 증발량**

연간 총 강우량은 744㎜로 조선에서 비가 적은 지역에 속하며 일본과 비교해도 거의 절반 내지 1/3 정도이다. 봄과 여름에는 비가 많고, 가을과 겨울에는 다른지역과 마찬가지로 비가 적다. 연간 총 증발량은 1,195㎜로 매우 많다.

이 밖에 비가 내리는 날은 연평균 99일로 3~4일마다 비가 조금씩 내리는 셈이다. 눈이 내리는 날은 연간 14일이지만 적설량이 3㎝를 넘는 경우는 드물다. 바람이 강한 날은 연평균 7일이고, 천둥 번개가 치는 날은 13일, 우박이 내리는 날은 겨우 이틀이다. 짙은 안개가 끼는 날은 거의 없다. 서리가 내리는 날은 연간 67일이다. 하루 평균기온이 영하로 내려가는 날은 연간 42일이고, 하루 최고기온이 화씨 95도/섭씨 35도 를 넘는 날은 10일 전후이다.

요컨대 대구는 여름에 더위가 매우 심하지만 추위는 비교적 약하고 기온 차이는 다소 크다. 바람이 대체로 약하고 공기가 건조하며 강우량과 비 내리는 날은 모두 적다.

한편 조선 전체 기상의 특징을 소개하겠다. 모든 지역이 아시아 대륙의 영향을 받아 더위와 추위가 조금 심해서 대구처럼 여름철 기온이 화씨 100도/섭씨 37.7 가까이 올라가는 곳이 있다. 이에 반해 서북 지역은 겨울철 최저 기온이 화씨 영하 15도/섭씨 영하 26도 이하로 떨어지는 곳이 있다. 겨울철에는 보통 만주 지역의 기압이 상승하면서 기온이 많이 떨어져 추워지고 북서풍이 이를 부추기지만 기압이 내려가면(많은 경우 조선 반도가 저기압에 놓이는 경우 등) 기온이 상승해 추위는 수그러든다. 마치 며칠마다 추운 날과 푸근한 날이 교대로 이어지는 느낌이다. 조선에서 '삼한사온'이라고 하는 이유는 이 때문이다. 겨울에 북서풍이 두드러지는데 이것은 만주대륙의 기압이 상승하기 때문이다.

강우일 수는 일본에 비해 매우 적어 10일 이상 맑은 날이 이어지는 경우도 적지 않다. 그리고 일본과 같은 장마는 없다. 8~9월에 우기 같은 시기가 있지만 장마처럼 습하지 않고 오히려 천둥을 동반하는 경우가 많다. 조선에서는 몸으로 느껴지는 지진은 거의 일어나지 않는다. 일본의 특정 지역의 경우 수 백 회, 적은 경우라도 수 십 회에 달하는 것과 비교하면 특이하다. 일본과 달리 화산이 적은 것이 그 이유일 것이다.

초보자 기후론

전문가인 후쿠다 가쿠헤 측후소 소장의 기상론을 앞에 제시한 후 본인의 기후론을 서술하는 것은 사족이라기보다 비단 위에 꽃 대신 쓰레기를 뿌리는 격이지만 조선 이주에 소극적인 독자들에게 다소나마 참고가 될 것이다. 부디 일독해 주시길 바란다.

하루 사이의 온도가 화씨 35~6도/섭씨 1.6도나 차이가 난다면 놀라는 사람도 있겠지만 군마 지역과 같은 곳은 입춘에서 88일이 지난 5월 초에 화씨 7~80도 하던 기온이 급락해 화씨 30도/섭씨 −1.1도 전후로 떨어져 서리 피해를 크게 입는 일이 종종 있다. 하루 밤낮의 온도차가 화씨 35~6도 인 것은 딱히 이상 기후라고 할 수 없다. 그리고 삼한사온은 '사한삼온'으로 바뀌는 경우도 있고 '오한십온'이 되는 일도 있다. 추울 때는 실수하는 일이 없지만 잠깐 따뜻해져서 1, 2월의 혹한 중에 화씨 60도/섭씨 15도 이상으로 기온이 오를 때가 있다. 이럴 때 갑자기 얇은 옷을 입으면 감기에 걸릴 우려가 있다. 초겨울부터 주의를 기울여 가능한 너무 두툼한 옷을 입지 않도록 하는 것이 필요하지만 한 번 두툼한 옷을 입는 습관을 붙이면 중간에 얇은 옷을 입는 것은 불가능하다. 나는 원래 바지 안에 입는 내복이나 목도리와 셔츠를 싫어한다. 그러나 특히 추웠던 1903년 겨울에 조선에서 생활을 처음 시작하면서 셔츠 입는 습관을 버리지 못했다. 겨우 재작년인 1908년부터 셔츠를 안입기 시작해 한겨울에 기온이 화씨 12도/섭씨-9도까지 떨어져도 짧은 속옷에 홑옷, 솜옷, 하오리만 입는다. 외출 할 때에도 목도리는 절대 하지 않는다. 12월초부터 3월말까지 기온에 상관없이 더 입지도 덜 입지도 않은 채 지냈지만 2년 동안 감기 한 번 걸리지 않고 지냈다.

대구에 사는 일본인 6천명 가운데 70%는 따뜻한 지역인 시코쿠, 주고쿠, 규슈 지역 출신인데 특별히 힘들다는 사람은 없다. 야채 장수도 있고 두부 장수도 있다. 우동, 단팥죽, 메밀국수 장수들은 찬바람이 몰아치는 날에 밤 1~2시까지 돌아다니지만 별 탈이 없다. 부지런한 사람에게도 가난이 따라붙는 경우가 있지만 일하는 몸에는 병이 없다. 시코쿠, 주고쿠, 규슈 지역 사람들이 노인과 아이들을 데리고 와서 아무 탈 없이 지내고 있으니 홋쿠리쿠北陸, 도산東山, 간토関東 지역 사람들에게는 일본 본토보다 기후가 좋고 영주하기에 적합한 지역이라고 생각한다. 이상의 기후론은 나의 실제 경험담이다.

제8장

새로운 이주자에게 건네는 충고

문에 들어서는 자는 우선 현판을 보고, 고향에 오는 자는 연장자를 따르라. 오랜 경험은 탁상공론을 능가하고 늙은 농부의 이야기는 학사도 귀 기울여 경청한다. 일본에서 조선으로 오는 사람들 가운데는 주머니에 겨우 5~600원을 지닌 채 금테 안경에 예복 정장차림으로 고참을 찾아와서는 안경도 벗지 않고 거만하게 머리만 옆으로 살짝 숙이며 "나로 말할 것 같으면 어느 현의 중학교를 졸업하고 1년간 자원해 병역을 마친 후 국가를 위해 조선을 경영하러 왔다. 당신들은 고참으로서 편의를 봐주길 바란다"라는 식의 태도를 취하는 사람이 있다. 이쪽이 조금이라도 겸손하게 대하면 더욱 예의 없이 굴면서 고참의 유약함을 욕하고 조선인의 어리석음을 비웃으며 주객이 전도된 것처럼 고참 이야기는 듣지 않는다. 이런 사람들은 선도해 주는 사람이 없고 주위에 모이는 새로운 지인들은 모두 무언가를 노리고 들러붙는 사람뿐이다. 새로 오는 사람들을 노리는 빈털터리 재산가가 있는가 하면 중학교에 들어간 적도 없는 중학교 졸업생이 있다. 막 건너온 고참이 있는가 하면 땅한 뼘도 없는 농업 경영자가 있다. 교언영색으로 장식한 설명 앞에서는 백 년 동안 실제로 실험한 사람도 피해갈 것이다. 신이주자가 백 만의 우군을 얻은 기분으로 그 이야기에 반응하면 보기 좋게 계략에 빠져 가진 돈은 모두 빼앗기고 숙소 주인한테 방값 독촉을 받는 신세가 된다. 그러다보면 금테 안경도 싸게 팔아버리게 되고 예복 정장도 전당포에 들어가며 자신도 어느새 가짜 고참이나 가짜 농업 경영자로 둔갑해 신이주자를 기다리는 무리에 가담하게 되는 경우가 적지 않다. 고향을 떠났으면 뜻을 이루기 전에는 살아서 돌아가지 않는다는 말이 있어서 "전답과 집을 팔아 조선까지 건너와서 악한들 무리에 들어갔다"라고 알릴 수도 없는 노릇이다. 지금은 다른 사람 손에 넘어가버린 고향 집에는 노부모가 계시고 아내는 남편의 성공을 빌면서 아이를 키우는데, 일 년이 지나도 반가운 소식이 없고 이 년이 지나도 돈은 오지 않는다. 이렇게 되면 여생이 얼마 남지 않은 양친과 독수공방하는 젊은 아내는 생활고와 걱정으로 괴로워하다가 가재도구를 판돈으로 여비를 마련해 조선까지 건너오는데 와서 보면 위와 같은 상황이다. 되돌릴 수 없는 상황에서 이른바 동료에게 상의해 집은 빌렸지만 길이 막막하니 막 손에 익힌 서툰 공갈과 사기를 꾀하다가 곧바로 경관에게 잡혀 영어의 몸이 된다. 늙은 부모와 여윈 아내는 눈뜨고 볼 수 없는 참담한 상황에 빠진다. 이것은 내가 공상의 이야기를 펼치면서 경고하는 것이 아니라 얼마든지 실제 사례를 들 수 있다. 도쿄의 악질 서생이 청국 학생과 동맹해서 새로 건너오는 유학생을 괴롭힌다고 하는데 조선에도 일한 동맹의 불량 조직이 많다. 본서 독자들은 조선에 이주하기를 희망하는 사람들에게 반드시 충고해 주기를 바란다. 신문 보도를 보면 조선의 각 도회지에 무직자들이 총 3~4만 명 있다고 하는데 무직자와 부랑자들은 대부분 중등교육을 받은 사람들이다. 이는 경계해야할 일이 아니겠는가.

소학교를 나와 중학교에 들어가 부형이 보내주는 학비로 리더Reader 교과서를 4~5권까지 읽은 사람들이 보기에 5~6년 조선에 있으면서 세계의 대세도 모르는 우리가 목관을 쓴 원숭이처럼 보일 것이다. 지난 19세기의 찌꺼기로도 여겨질 것이다. 사실 어떤 면에서는 그렇기도 하다. 그러나 일본인 동포가 많지 않고 배일 관헌의 권세가 등등하던 때에 일신의 위험을 무릅 쓰고 건너와 천신만고의 실패를 거듭한 후에 겨우 지금에 이르렀다. 이제는 잘못된 계산으로 생활의 곤란을 각오하며 활동할 용기는 잃었다. 앞 차의 전복을 경계하는 것이 아니라 스스로 초래한 실패를 3~4번 반복할 용기가 없어진 것이다. 새로 건너온 사람들이 조선인을 보면 우매하고 게을러 보일 것이다. 그러나 이 또한 500년 동안 악정에 시달리면서 연초에는 일 년 동안 무사하기를 빌고 아침에는 하루가 무사하기를 빌면서 어떻게든 관헌의 주구에서 벗어나고자 하는 것일 뿐이다. 달리 다른 계획을 세울 만한 여유가 없다. 오히려 여러분들이 500년 동안 감옥 밖 수인처럼 지낸 조선인을 동정하기를 바란다.

진실로 조선을 경영할 뜻이 있고 다소간 자본을 가지고 건너오는 사람은 우선 고참을 찾아가 지역의 상황을 상세하게 조사해야 한다. 한두 달 하숙비를 절대로 아까워하지 말라. 경거망동하다가 실패하면 회복하기 어렵다. 여기저기서 들은 것을 모두 믿으면서 마음을 흩뜨려서는 안된다. 고참이 성심성의껏 지도하는 것을 믿고 차근차근 경영해야 한다. 그리고 고참을 선택할 때 특히 주의해야 한다. 오래 지낸 사람이 모두 선량하다고 할 수 없다. 새로온 사람을 속이는 고참들도 각지에 산재해 신참자의 짐을 노리고 있다. 그렇다면 성실한 고참은 어떻게 찾아야 할까. 이사관을 찾아가라. 이사관은 행정 수반이면서 기존 거류민을 보호하고 동시에 새로운 이주자를 지도할 책임이 있다. 이주를 목적으로 건너온 사람은 절대 하오리와 하카마 같은 예복을 준비하지 않아도 된다. 이사관은 직무상 새로운 이주자를 교도해야 하고 지도자를 소개해야 한다. 만일 이사관이 부재중일 때는 관찰도 혹은 은행에 가서 물어보는 것이 좋다. 은행은 여러 이유로 새 이주자의 편의를 봐주고 있다. 이사관 등이 소개한 고참에게 절대 거만한 태도를 취하지 말라. 이사관이라고 해도 고참에게 부탁하면서 소개하는 것이지 결코 명령하는 것이 아니다. 거만한 사람을 성실히 지도해 줄만큼 어진 사람은 조선에 없다.

토지매매 순서

토지매수는 식민정책상 가장 긴요한 사안이다. 농업 경영을 희망하는 사람은 반드시 토지를 매입해야 한다. 땅을 빌리는 것은 무익해서 일본보다도 불리하다. 다른 사람의 전답을 빌려서 농사를 지을 생각이라면 절대 오지 말라는 말은 앞선 제6장에 적었다. 토지 가격은 일본과 마찬가지로 시가지와 떨어진 거리에 따라 차이가 난다. 대구 부근에서 장래 시가지가 될 땅은 한 평에 7~80전에서 1~2원이고, 대구에서 2㎞ 남짓 떨어진 곳은 20~40전이며, 4㎞ 정도 떨어진 곳은 15전 이하이다. 대구 시가지 토지 가격은 제5장에 있다.

조선인한테서 토지를 매수할 때는 중개인이 반드시 필요하다. 조선인은 예부터 토지와 가옥을 파는 것을 매우 부끄럽게 여겼기 때문에 직접 담판하면 아무리 팔고 싶어도 판다고 말하지 않는다. 만일 땅주인이 중류 계층 이상인 경우는 중개인도 직접 담판하지 못하고 밑에 있는 사람에게 이야기해서 주인과 상담하기 때문에 2~3일 정도로는 계약이 이루어지지 않는다. 팔기로 결정한 후에도 주인은 절대 입회하지 않고 하인이나 지배인에게 안내시킨다. 1903~4년 무렵에는 중류 계층 이상인 땅 주인은 이름을 밝히지 않고 하인 이름으로 팔았다. 예를 들어 김씨 가문의 땅이면 '김노金奴 아무개'라고 쓴다. '김씨 가문의 하인 아무개'라는 뜻이다. 지금은 소유주의 이름이 없으면 동장이 확인 도장을 찍어주지 않기 때문에 본인이 서명한다. 조선은 원래 은행이 없고 현금을 저축할 다른 방법도 없었기 때문에 재산은 모두 전답으로 바꾸었다. 피치 못 할 경우에 전답을 팔아 돈을 마련하는 모습이 마치 일본에서 노베가네延金 : 필요에 따라 잘라서 사용한 금은 를 사용하는 것과 같다. 지금도 그 풍습이 남아 중류 계층 이상 사람이 토지를 팔기 위해 내놓는 경우가 있다. 매물은 중개인에게 물어보면 대개 알 수 있다. 앞서 이야기한 불량조직 사람들은 중개인 수수료가 비싸다며 자기가 직접 주선하겠다는 말로 꾀어 오히려 비싼 토지를 사게 한다든가 가짜 물건을 건넨다. 가짜 물건이란 지명을 알려주지 않는 것을 이용해 모양이 비슷한 상등지를 보여준 다음 실제로는 다른 곳의 안좋은 땅을 파는 것이다. 땅주인이 안내하지 않고 관아에는 토지대장이 없기 때문에 모두 사는 사람

손해가 된다. 안내자에게 책임이 있지만 처음부터 속일 생각이었기 때문에 집이나 가족이 있는 사람을 안내자로 내세우지 않는다. 하루벌이로 살아가면서 집도 없는 사람에게 거짓 안내를 부탁하는 것이다. 어떤 소개자가 선량하다고 여기에 적을 수는 없다. 이 또한 이사관이나 은행에 부탁하면 확실한 사람을 소개해 줄 것이다. 토지매매 계약이 성립하면 쌍방이 연서한 후 군수에게 사증 신청서를 제출한다. 군수의 사증은 며칠이 걸린다고 확답할 수 없는데 군수의 수속이 끝날 때까지 절대 대금을 주어서는 안된다. 군수가 증명해주면 이사청에 사증을 신청하는데 이 때 신청서에 매도인의 날인을 받고 그 자리에서 대금을 지불해야 한다. 군수가 증명하고 매도인과 매수인 쌍방의 날인이 있으면 이사청에서는 틀림없이 사증하기 때문에 대금을 지불해도 낭패를 볼 염려가 없다. 또한 돈을 지불해야 하는 서류는 관청이 매수인에게 건네기 때문에 매도인은 더 이상 관계할 것이 없다.

1000평 정도의 토지라면 한 번에 매수할 수 있지만 3000평 이상이 되면 생각하는 땅의 주요 부분을 먼저 산 후 부근 땅은 반년이나 일 년을 들여 산다는 마음으로 매수해야 한다. 한 번에 모두 사려고 하면 터무니없이 비싼 값을 내야 한다. 시가지에서 4~8㎞ 떨어진 곳에는 1만 평이나 1만 5천 평 규모의 매물도 있다. 이 경우 주변 상황을 잘 조사해야 한다. 목적하는 사업과 토지의 관계를 특히 주의 깊게 살펴야 한다. 1~2년으로는 절대 수해나 가뭄 피해 양상을 파악할 수 없다. 이것은 중개인도 알 수 없기 때문에 역시 고참에게 물어 볼 필요가 있다. 대구 부근에는 밭보다 싼 논이 많다. 이러한 곳은 4~5년에 한 번 모내기를 할 수 있는 논이다. 또한 지대가 높아보여도 2~3년마다 한번씩 침수되는 땅이 있다. 지형과 토질만 조사하는 것은 매우 위험하다.

실패담 고백

1903년 9월에 부산을 출발해 구포에서 나룻배를 타고 삼랑진으로 상륙한 후 말을 타고 밀양, 온곡, 청도를 거쳐 3일 만에 대구에 도착했다. 도중에 보니 삼랑진 강가에 넓은 땅이 있고 밀양 부근에 경작하지 않는 땅이 많음에도 불구하고 많은 농민들은 아직 익지도 않은 벼 이삭을 따고 초근을 캐고 있었다. 대구에 와서 철도 재료 관계로 사문을 종종 오가면서 시골 농민들의 궁핍한 상황을 잘 알게 되었다. 이에 나는 조선 농민을 구제하기 위해서는 고구마를 재배할 필요가 있다고 판단했다. 일본에서 고구마를 많이 재배하는 지역에는 기아에 허덕이는 민중이 없기 때문이다. 이것은 나의 탁상공론이 아니다. 고구마를 재배하지 않는 홋쿠리쿠北陸 및 도호쿠東北 지역은 종종 기아 피해를 입지만 고구마를 평소에 즐겨 먹는 시코쿠, 주고쿠, 규슈 지역과 논이 적은 바닷가 지역에서는 기아 피해가 거의 없다. 특히 이즈모 다이슈出雲大守였던 아무개 공은 사츠마薩摩 지역에서 고구마 씨를 가져와 지역에 보급해 빈번했던 기근을 구제했다고 해서 '고구마 다이묘'라는 별명을 얻었고 지역 곳곳에서 신으로 받들었다는 이야기를 어릴 적에 들었다. 게다가 조선인은 고구마를 남녀노소 모두 좋아하고 값도 정말 싸다. 이렇게 좋아하는 고구마를 황무지처럼 버려진 땅에서 재배하면 단지 조선인의 기아를 해결하는 데 그치지 않고 미곡 수출량을 늘려 쌀 구매력을 촉진시킬 것이다. 그 결과 일본 잡화의 판로도 확장시킬 수 있다는 것이 내 주장이다. 많은 사람들에게 내 생각에 대한 의견을 물어보니 모두들 명안이라고 찬성하면서 실행하라고 했다. 그래서 1904년 봄에 1원 40전의 운임을 지불하고 고구마 한 관과 토란 한 관을 주문해 시험재배를 했는데 결과가 좋았다. 그 해 가을에 대구에서 서쪽으로 12㎞ 정도 떨어진 낙동강 주요 나루터 사문진에 토질이 좋은 밭이 매물로 나왔다. 한 평당 약 4전 5리 가격이었고, 특히 당시 경편철도를 부설하던 중이라 경부철도회사에 물어보아도 영구 보전하라는 의견이어서 싼 값으로 땅을 사 고구마를 재배하면 틀림없이 이익이 남는 사업이 되리라고 확신했다. 그래서 요코하마에 있는 은인 가키아게 준시로書上順四郎 씨에게 의견을 물었더니 3만평 정도를 사라고 돈을 보냈다. 철로를 중심으로 가장 좋은 땅 3만평을 매입하고 이듬해 1905년 봄에 오이타 현大分県 사가 세키마치佐賀関町에서 온 고무마 재배 교사에게 부탁해 3만평 전부 고구마를 심었다. 그런데 불행하게도 그 해 7월 19일부터 9월 2일 사이에 5일을 빼고 계속 비가 내리는 날씨가 이어졌다. 볏모가 거의 썩어 평균 삼분작三分作이라고 했던 해이다. 마침내 9월 1일에는 참담한 대홍수가 일어나 낙동강 수심이 78m가 되었다. 고구마 재배지는 수평면에서 63m나 되는 고지대였음에도 불구하고 15m나 침수되고 침수가 50시간 이어져 여름철 경작물 전부가 썩어버리는 피해를 입었다. 물이 빠진 후에는 날씨가 좋아서 첫 서리가 내린 10월 30일까지 정리를 하고 11월 1일부터 고구마를 캐기 시작했는데, 총 수확량은 약 3천 5백관貫이었고 그 중 상등품은 약 2천 5백관이었다. 큰 것 한 개에 5~60목目인 것을 보고 평년대로였다면 틀림없이 풍년이었을 것이라고 확신했다. 고무마 재배 교사도 그렇게 이야기해서 상등품 전부를 이듬 해 종자로 쓰기 위해 저장했는데 한 달도 안돼서 모두 썩어버렸다. 토지대금, 가옥비, 고구마 종자대금, 교사 급료를 모두 합친 3천 2백 여 원은 가키아게 준시로 씨와 요코하마 유지 3~4인의 손실로 돌아갔다. 나 뿐만 아니라 같은 구역에 있던 가야모리栢森 씨의 땅 30만평을 비롯해 일본인 6~7명이 소유한 50만평 이상의 땅이 같은 운명을 겪었다. 그리고 사문진 뿐만 아니라 밀양과 삼랑진을 비롯해 마산선에 면해 있던 무라이村井 씨의 대농장과 군산 지역 일본인들이 경작하던 논 3백만 평도 같은 참변을 당했다. 스다 산페이須田三平 씨는 내가 경작하던 곳 옆에서 4~5백평 되는 땅에 뽕나무를 심었다. 이 뽕나무만은 최고의 결과를 얻어 지금까지 남아 있다.

이상은 내가 실제로 경험한 실패담으로 당시 대구 사람들은 모두 알았다. 나는 가키아게 준시로 씨를 비롯한 사람들에게 변명할 여지도 없이 거의 사기꾼과 같은 처지에 놓였다. 나는 1903년부터 대구에 있으면서 예복 정장을 입고 거짓 행세를 한 적 없이 일개 가난한 백성으로서 소박한 식사와 의복으로 생활하면서 일본인과 조선인에게 조금의 손해도 입힌 적이 없었다. 이익과 관련된 문제에서는 나를 원망할 사람이 한 사람도 없다는 점을 스스로 자랑으로 여겼고 다른 사람들에게도 그렇게 말했다. 그러나 사문진의 실패는 부모보다도 은혜를 많이 입은 가키아게 준시로 씨와 이시이 겐지石井研二 씨 등의 지인들에게 대손실을 입혀 한마디 변명도 할 수 없는 곤경에 빠졌다. 나는 최소한의 속죄로 이상의 사실을 고백하면서 새로운 이주자들에게 충고하는 것이다. 잘 경청하기를 바란다.

말과 행동을 조심하라

나는 홋카이도의 아이누 인에게 크게 배운 바가 있다. 아이누 인은 중요한 논의를 할 때는 상대방이 어떤 중상모략과 욕을 해도 가만히 경청하는데 중간에 반박하거나 완력을 쓰는 일이 없다. 상대방 이야기가 끝나면 차근차근 반박하는데 이 때 상대방도 끝까지 경청한다고 한다. 방청객이 아무리 많아도 누구 하나 방해하는 사람이 없고, 더 이상 반박하지 못하는 사람이 사죄를 하거나 방청객이 중재한다고 한다. 1890년에 처음 국회가 열렸을 때 틀림없이 아이누 인 이상으로 예의를 갖춘 논쟁을 들을 수 있다고 기대했던 결과가 어떠했는지는 독자 여러분도 잘 알고 있을 것이다. 나는 1883년 여름에 아이누 인의 담판법에 감동을 받은 이래로 다른 사람들과 논쟁할 때는 아이누 인의 방식을 따른다. 내 논쟁 방식은 아이누 인이 가르쳐 준 것이다. 까마귀에게도 효심이 있고 비둘기에게도 예의가 있다. 사자는 사랑하는 새끼를 천길 높이에서 떨어뜨려 맹수의 기질을 키운다. 고인들은 새와 짐승들한테서 배우면서 사람의 도리와 예절을 만들었다. 천만 년 전부터 인류에게 정해진 예의 규칙이 있었던 것이 아니다. 민족에 따라 국토에 따라 예법이 다른 것은 이 때문이다. 상대에 관계없이 상대의 장점을 취해 이쪽의 단점을 메운다는 마음가짐이 있어야 비로소 인간다운 가치가 있는 것이다.

조선에 있는 일본인 가운데 야만의 극치를 보여주는 이들이 결코 적지 않다. 야만의 극치란 1) 훈도시 하나만 걸친 채 공중 앞에서 아무렇지 않게 나체를 드러내거나 심한 경우 음부까지 드러내는 것. 2) 여성 가운데 속옷 한 장만 입고 아무렇지 않게 있는 것. 바람이 강하게 불 때는 차마 볼 수가 없다. 3) 선 채로 노상 방뇨하는 여성이 많다. 나는 항상 길을 피하는데 부인들은 전혀 개의치 않는다. 4) 지극히 외설스럽고 추잡한 말을 공개석상에서 아무렇지 않게 내뱉으면서 신사인 척 하는 사람들이 많다.

이 밖에도 자세히 꼽자면 스무 가지는 금방 꼽을 수 있다. 위 사실들은 일본인 부락을 한 바퀴 돌면서 주의 깊게 살펴보면 반드시 목격할 정도로 일상적이다. 나는 이러한 것이 문명국에도 있는 관습이라면 아무 말을 하지 않겠다. 그러나 이것은 서양인이 싫어하는 야만적인 풍습으로 이로 인해 일본인의 예법 또한 야만적인 풍습으로 배척받는다. 중국인은 예부터 예의범절의 나라로 칭송 받았던 만큼 위와 같은 것을 극도로 혐오한다. 조선인도 몹시 싫어한다. 중류 계층 이상의 사람은 위에 열거한 추태를 목격하면 반드시 길을 피하는데 그 모습이 마치 독사를 피하는 것과 같다.

남자다운 기질을 보이기 위해 나체에 문신을 하는 것은 도쿠가와 시대에 에도에서 시작되었다고 한다. 그러나 문신을 한 남성은 국정에 참여할 권리도 없었고 국가의 간성으로서 전쟁에 나갈 의무도 없었다. 세금 납부액이 적었기 때문에 국회의원 선거에 나설 권리는 없었지만 중의원 의원 후보자로서 선거에 나설 권리는 있었다. 예전에 역참에서 일하던 뜨내기 인부 같은 남자들은 무례한 언행 때문에 무사가 목을 베어도 호소할 곳이 없는 불쌍한 처지에 있었다. 옛 일본은 문명과 야만이라는 두 계급으로 이루어져 무사가 아니면 인간으로서 존중받지 못했다. 우리 같은 농민과 문신을 한 남자들은 사람 모양을 한 동물과 같은 존재로서 이름만 있을 뿐 성이 없는 사람들이었다. 유서 깊은 명가라도 망하면 성을 입에 올릴 수 없었다. 이에 반해 무사에게는 성이 있고, 이름이 있고, 관례한 뒤 통칭 이외에 붙이던 실명이 있었다. 따라서 호리겐자에몬 후지와라 도라오堀源左衛門 藤原虎雄라고 성명을 말했다. 농민의 경우는 후쿠이 마을 백성 다로즈치福井村百姓太郎槌라고만 말한다. 그래서 "꽃은 벚꽃이 최고, 사람은 무사가 최고"라는 말이 생겼다. 낙제한 무사가 초닌이나 농민이 되지 않고 낭인이 된 것도 이와 같은 이유 때문이었다. 그러나 오늘날 일본인은 도쿠가와 시대에 소나 말 취급을 받던 농민이나 초닌이 아니다. 가신의 가신의 가신인 삼품 무사에게조차 머리를 조아렸던 우리들 농민은 오늘날 황송하게도 천황 폐하 직속의 국민이 되었다. 폐하의 조칙 또는 칙어에 있는 "그대들 신민"이라는 말은 우리 모두를 가리키는 것으로 특별히 화족만 가리키는 것도 사족만 지칭하는 것도 아니다. 따라서 삼품 무사한테조차 머리를 조아리면서 나체에 문신을 했던 남성과 농민들은 옛날과 달리 폐하의 직속 국민으로서 소나 말 취급을 받던 시대의 풍습을 행할 수 없게 되었다. 자유란 난폭과 방종을 의미하지 않는다. 이기주의를 허락하는 것으로 권리를 이해해서는 안된다. 일본인은 국가의 체면을 유지할 의무가 있다는 것을 잊어서는 안된다. 하물며 일본 제국의 신민이 조선인한테서조차 모욕 받는 행동을 한다는 것은 소나 말 취급을 받던 시대로 퇴행한 자라고 해야 할 것이다.

조선인은 예법을 모르는 일본인을 몹시 싫어해 중류 계층 이상의 사람은 절대로 접근하지 않는다. 단지 교제를 하지 않을 뿐만 아니라 최하등 인종으로 멸시한다. 이러한 사람은 일본인들도 배척하기 때문에 유형무형의 손해가 적지 않을 것이다. "여행에는 길동무, 세상살이에는 인정이 중요하다"고 했다. 조선에까지 와서 조선인에게 멸시 받고 일본인에게 배척당해서는 살아 갈 수 없다. 농민, 어부, 공사판 막벌이, 막일 노동자로 시작하는 것은 다소 어려움은 있을 것이다. 그러나 일본에 있는 것과 달리 조선에서는 그야말로 상하 구분이 없다. 증거를 대자면 평범한 농민에서 영락한 나 같은 사람도 조금 일찍 왔다는 공로만으로 한 번은 일본거류민회 의원으로 선출된 적이 있다. 행동거지는 품성을 높여주고 신용을 넓히는 토대가 되므로 새 이주자들은 특히 주의하기 바란다.

제9장

대구 인근 지역 소개

대구는 경상북도 41개 군의 중심이므로 모든 관련 지역을 상세히 설명하는 것이 옳지만 본서와 같은 소책자에 많은 내용을 담을 수가 없어서 가장 관계가 깊고 상업 거래가 빈번한 지역만 소개하겠다. 올해 1910년 3월 17일에 경산, 영천, 경주, 청도, 밀양, 삼랑진, 왜관, 성주, 김천, 상주, 안동의 11개 일본인회 앞으로 다음과 같은 질문지를 보냈다.

1) 지역의 주요 물산 및 대략적인 연간 거래액
2) 일본인의 발전 상황 및 인구
3) 장날의 거래 상황 및 조선인 호수
4) 장래 발전 전망
5) 기타 소개할 필요가 있는 사항

질문지에 대한 답은 삼랑진이 가장 빨랐고 이 밖에 영천, 경산, 왜관 세 곳에서만 왔다. 안동은 도로 개선 사업 상 대구와 밀접한 관계가 있었기 때문에 재차 문의를 했지만 답이 없었다. 워낙에 글재주가 없고 대구에서도 이름이 안 알려진 농민이 무분별하게도 '대구일반'이라는 책을 쓴다고 하니 사기꾼, 투기꾼, 도둑과 같은 사람이라고 여겨 회신하지 않은 것은 당연해서 불평할 일도 아니지만 위 네 곳만 소개하는 것은 개인적으로 유감이다. 독자들에게 책임을 다하지 못해 죄송할 따름이다. 전적으로 내가 신용이 없기 때문이므로 부디 독자들이 용서하시길 바란다.

경산군 경산

경산역은 대구에서 동쪽으로 12㎞ 떨어진 곳에 있고 경부철도 대구역의 동쪽 인접역이다. 『대구읍지』에 "고려시대 현종 왕 때에 다시 경산부 관하에 두면서 현령을 보내어 통치했다"라고 적혀 있는 것을 보면 경산은 600년 전에 부府로서 대구보다 높은 위치에 있었고 요충지였다는 것을 알 수 있다. 자인, 하양, 영천 등의 쌀 생산지가 가까이 있고 쌀과 콩 생산량이 많아 경부선에서는 왜관 다음 가는 곡물 수출역이다.

제일은행원 고타카 지로小高二郎 씨 등이 창립한 한국척식주식회사韓国拓殖株式会社는 처음에 대구에서 사무를 보았지만 농업 경영에 중점을 두는 회사 성격 상 경산에 근거를 두기로 결정하고 1907년 봄에 정식 사무소, 창고, 사택 등을 신축해 이전했다. 이것은 경산 최고의 건축물로 기차역 북쪽에 있었다. 기차역에서 약 1.5㎞ 떨어진 곳으로 일본인은 거의 모두 역 북쪽에 거주했다. 읍내에 거주하는 일본인은 조선인을 상대하는 소상인뿐이었다.

일본인회 회장이었던 호리이에 도라조堀家虎造 씨는 한국척식회사 지배인이었고 이전에 가가와 현香川県에서 국회의원을 지냈다. 성품이 온화하고 지덕을 겸비한 신사로서 경산의 중진이었다. 시골 작은 도시에서 회사 사무에 능력을 묻어두는 것이 개인적인 측면에서나 경제적인 측면에서나 아깝다는 생각이 들었다. 호리이에 도라조 씨는 아직 젊다. 장래에 조선은 호리이에 도라조 씨와 같은 신사들이 활동하는 무대가 될 것이다. 자중하면서 때가 오기를 기다리면 된다. 경산역의 곡물 수출량은 많은 해에는 14~5만 가마니에 이르고 적은 해에도 10만 가마니를 넘는다. 작년 1909년에는 곡물 거래가 부진했음에도 불구하고 다음과 같은 실적을 올렸다.

1) 쌀 : 57,326 가마니. 4,842톤
2) 대두 : 56,226 가마니. 4,369톤
3) 잡곡 : 1,642 가마니. 132톤

1909년 3월말 현재 일본인 인구는 219명이고 호수는 66호이다. 가가와 현香川県과 도쿠시마 현徳島県 출신자들이 많다. 경산군 전체 조선인 인구는 21,039명이고 호수는 5,337호이다.

칠곡군 왜관역

대구에서 서쪽으로 24㎞ 떨어진 낙동강 동쪽에 있다. 경상북도에서 대구 다음 가는 물류 집산지이다. 왜관이란 '일본인 집'이라는 뜻인데 실제 왜관은 역에서 서쪽으로 2.5㎞ 정도 떨어진 낙동강 서쪽에 있다. 처음에 기차역을 왜관에 둘 예정이었으나 철도 속성공사 상황 때문에 지금 위치로 변경해 역명으로만 남겼다. 현재 역은 칠곡군 미면 회동에 있고 본 왜관은 인동군 약목면에 있다. 도요토미 히데요시가 조선 정벌에 나섰을 때 고니시 유키나가小西行長가 성주 성과 대진하기 위해 성곽을 쌓은 곳으로 성터는 지금도 남아 있다. 일본인 인구는 겨우 200명 정도이고 호수는 50여 호에 지나지 않지만 왜관이라는 이름은 널리 알려져 있다. 이 책에서 소개하는 곳은 역이 있는 곳 즉 신왜관이다. 1907년 이전에 왜관에는 일본인이 거의 없었다. 역무원, 우편소 소장 사토佐藤 씨 일가, 모리 고이치森耕一 씨, 야마우치 세사부로山内清三郎 씨, 그리고 본왜관에 야마구치 마츠에山口松衛 씨가 있었을 뿐이다. 모리 고이치 씨와 야마우치 세사부로 씨는 철도공사가 시작되지 않았던 1904년 4월에 왜관에 왔다. 모리 씨는 신왜관에서 상업을 하고 있다. 야마구치 씨는 본왜관에 거주하면서 농사와 더불어 조선인 교육을 위한 관호학교觀湖學校를 설립해 직접 가르치고 있다. 3년 동안 무보수로 조선인 청년을 교육했는데 학생들은 성주, 인동, 칠곡 방면에서 왔다. 쌀이나 보리를 가지고 와 함께 자취하면서 학문을 쌓았다. 야마구치 마츠에 씨는 본인도 직접 가르쳤지만 조선인 선생을 특별히 고용해 한적을 가르쳤다. 조선에서 조선인 교육에 종사하는 일본인이 많다고 하지만 농업으로 생활을 꾸려가면서 교육에 종사하는 사람은 드물다. 야마구치 씨는 현재 신왜관으로 옮겨 와 왜관곡물구매조합 사무주임을 맡고 있고 본 왜관에 있는 집은 무상으로 조선인 교육시설로 사용하고 있다.

1907년 9월에 각지에서 폭도들이 들고 일어나자 왜관에 중대본부가 놓이면서 갑자기 소상인들이 몰려오고 곡물구매상이 모여들어 예전의 적막함을 깨고 견고한 새 부락이 출현했다. 오늘날 왜관의 유력자로 소개할만한 사람은 모리 고이치 씨의 아들인 모리 겐기치 씨, 마츠바라 요네키치松原米吉 씨, 야마우치 세사부로 씨, 구라카즈 히코사부로倉員彦三郎 씨, 오쿠무라 지스케奧村治助 씨 다섯 명을 꼽을 수 있다. 왜관에 있는 인사들의 일치된 행동은 특별히 소개할 만하다. 온화하고 성실한 선배인 모리 고이치 씨와 같은 사람이 있어 잘 보살피고 도운 결과라고 할 수 있다. 5명이 꾸린 단체가 아무 문제없이 거의 한 가족처럼 지내는 것은 다른 지역에서는 거의 찾아볼 수 없는 아름다운 모습이다. 1909년까지는 각자 자유롭게 곡물을 매입했지만 지금껏 경쟁하지 않고 발송처에서 온 전보로 그 날의 가격을 정하면 다섯 개 상점 모두 정해진 가격을 바꾸지 않았다. 만일 적게 매입한 사람이 있으면 많이 매입한 사람이 건네주었는데 그 과정에서 수수료를 주고받는 일도 없었다. 모르는 사람이 보면 아주 친밀한 형제라고 생각했을 것이다.

신왜관은 처음에 한적한 마을이라기보다 허허벌판에 지나지 않았기 때문에 곡물을 매입하기 위해서는 10㎞는 기본이고 멀리 있는 선산, 낙동, 상주, 안동까지 출장을 갔다. 그러한 불편함을 없애기 위해 새롭게 시장을 열려고 했으나 실패하고 마침내 1908년부터 모험적인 방법을 시도했다. 인근 2~30㎞ 이내에 있는 조선인 상인들에게 미리 돈을 건네 매입하게 하고 신왜관에 가져오기만 하면 아무 때라도 매수하겠다고 선전한 것이다. 매입한 곡물을 가지고 온 사람에게는 무리한 값을 제시하지 않고 오로지 곡물매수에만 진력한 결과 1909년에 이르러 매일 500~1000 가마니를 출하하게 되었다. 그리고 종래의 엽전은 5리 이하의 자투리 금액에만 사용했다. 철저하게 신화폐로만 매수했다. 이는 모리, 마츠바라, 야마우치, 구라가즈, 오쿠무라 씨 다섯 명이 일치 협력한 결과이다. 얼마나 대단한 일인가.

이처럼 일본인이 적은 신왜관에는 기차역에서 낙동강 강변까지 1㎞ 남짓 경편 궤도가 있다. 3백여 원을 투자해 만든 새로운 길이다. 학생이 7명밖에 없었지만 2천 원을 투자해 심상소학교를 신축했다. 그리고 5명의 곡물상은 올해부터 조합 조직을 개편해 10㎞ 이내 지역에서는 개별적으로 매입하지 않는다는 규칙을 정하고 '왜관곡물구매판매조합'이라는 이름을 붙였다. 주임인 야마구치 마츠에 씨는 업무와 관련된 경험과 신용 모두를 갖춘 인물로 이런 사람이 조합에 있다는 것은 축하할 일이다.

조합은 당일 매입량을 저녁에 경성, 인천, 대구, 부산 및 기타 거래지역에 전보로 알려 다음날 공개입찰에 붙인다. 5명의 조합원들도 이 공개입찰을 통해서만 거래할 수 있다. 경성, 인천, 대구, 부산에서는 대부분 전보로 입찰한다. 이것은 깊은 신용을 얻고 있다는 것을 말해 준다. 조합의 자본금은 12,500원으로 합자조직이다. 또한 본 조합은 본왜관과 연결하는 가교 건설 계획을 세워 가을에 착공한다고 한다. 공사비 예산은 700원으로 잡았는데 매해 빠져나가는 방식이다. 올해 1910년 3월말 현재 인구는 일본인이 53호 183명이고, 조선인이 131호 450여 명이다. 이것은 신왜관의 상황이다.

신왜관과 본왜관 모두 과수 재배에 아주 적합해 야마우치 세사부로 씨는 1907년부터 사과, 배, 복숭아를 많이 키워 작년부터 대구, 경성, 부산에 내다팔고 있다. 야마우치 씨 이외에도 5~6명이 대대적으로 착수했다. 앞으로 남한의 과수재배지로서 틀림없이 그 이름을 알릴 것이다.

1906년~1909년 사이에 왜관역에서 출하한 곡물은 다음과 같다.

1906년 : 약 3만 가마니 (한 가마니 용량은 5두斗 2승升. 이하 동일)
1907년 : 약 5만 2천 가마니
1908년 : 약 8만 4천 가마니
1909년 : 14만 84 가마니

1909년 출하 내역
쌀 : 83,275 가마니
잡곡 : 56,809 가마니
· 일본 본토로 출하한 양 : 91,255 가마니
· 조선 타지역으로 출하한 양 : 48,829 가마니

1909년 수입 잡화
식염 : 약 800톤. 대금 16,000원
가마니 : 15만장. 대금 17,000원
석유 : 32,000통. 대금 10,500여원
명태 : 4,000마리. 대금 25,000원
기타 잡화 : 대금 약 34,000원

이 밖에 낙동강을 통해 왜관과 부산을 오가는 조선인 나룻배가 약 530척 있다. 곡물 운송과 잡화 유입량이 결코 적지 않지만 조사하는 기관이 아직 없다.

삼랑진

마산선의 분기점으로 널리 알려져 있다. 삼랑진 역에서 남쪽으로 20여*km* 지점에 낙동강이라는 역이 하나 있다. 이 곳이 원래 삼랑진으로 조선인 시가지이다. 이 책에서 소개하는 것은 역 소재지, 즉 신삼랑진이다. 현재 일본인회 회장은 하시즈메 요시미橋詰好 씨이다. 이 지역의 고참이다. 지역 발전의 지도자로서 항상 공공사업에 힘을 쏟고 후배들을 친절하게 이끈다. 특히 삼랑진만의 식산사업에 관심을 기울여 확실한 판로를 개척하면서 농업 경영에만 매진하고 다른 것은 돌아보지 않았다. 하시즈메 씨와 같은 사람은 그야말로 얻기 어려운 수장이다.

나는 8년 전에 삼랑진의 사막을 지나면서 고구마 재배를 떠올리고 그로 인해 사문진에서 돌이킬 수 없는 실패를 겪었다. 삼랑진 이주자는 과수재배에 착안해 사과, 배, 복숭아, 포도를 심어 지금은 많은 상품을 부산과 마산에 출하하고 있다. 삼랑진에서 오랫동안 대규모로 과수를 재배한 사람은 하야시다林田 씨이다. 그는 수확한 과일뿐만 아니라 묘목도 널리 판매했다. 하야시다 씨가 판매한 묘목은 일본 각지의 묘목상이 대대적으로 광고해 주문이 온다. 송금해 온 돈으로 다른 곳에서 묘목을 사 출하하는 투기꾼과는 전혀 다르다. 자신의 과수원에서 키운 과수 가운데 결과가 좋은 종류만 판매하기 때문에 직접 묘목에 대한 설명을 들을 수 있고 판매한 묘목에 대해서는 모두 책임을 진다. 삼랑진 우편소 소장은 오타 가츠사부로太田勝三朗 씨이다. 그는 오이타 현大分県 사가세키 마치佐賀関町의 재산가이다. 사가세키에는 예부터 원정에 뜻을 둔 인물들이 많아 어업을 하는 집 청년들은 남쪽으로는 타이완에서 산호를 채취하거나 북쪽으로는 조선에서 포경선을 탔다. 해군이 운용하는 측량선에는 사가세키의 청년들이 많이 승선했다. 매년 3~4월 무렵에 한 배에 5~7명씩 나누어 타고 류큐를 거쳐 타이완까지 가는 청년들, 조선해를 거쳐 일본해로 가는 청년들이 있었다. 배마다 오색 깃발을 장식하고 친척과 벗들이 송별해 주는 자리에서 곧바로 배를 타고 떠나며 남녀노소를 막론한 모든 마을 사람들은 방파제에서 만세를 외치며 송별한다. 이렇게 축하하는 소리를 들으면서 출발하는 것이다. 모든 배들은 마치 전장에 나서는 것처럼 장관이다. 오타 가츠사부로 씨는 이 지역의 우편국장이었다. 해마다 위와 같이 청년들이 떠나는 것을 축하할 때마다 끓어오르는 웅대한 뜻을 억누를 수 없어 1903년 가을에 고향을 떠나 조선에 왔다. 오타 씨는 과수와 조림사업에 관심이 있었다. 삼랑진에 온 것도 그러한 뜻이 있었기 때문이다. 지금은 아들을 지도해 묘목 재배, 키버들 재배, 그리고 기와 제작을 시키고 있다. 경산에서 10㎞ 떨어진 자인 군에는 오타 씨 소유의 큰 농경지가 있다. 사람들이 찾아가면 실험에 대해 즐겁게 이야기한다. 삼랑진의 상품거래는 조선 전래의 장날에 이루어진다. 음력 1일과 6일에는 신삼랑진에서 열리고 4일과 9일에는 구삼랑진에서 열린다. 주요 거래상품은 쌀, 대두, 보리, 면포, 석유, 명태, 야채, 일용 잡화 등이다. 거래량은 평균 약 2천 원 내외이고 한 달에 2만 원 이상이다. 1909년도에 다른 지역으로 출하한 잡화는 다음과 같다.

1) 묘목 : 4백만 그루. 대금 16,000엔
2) 과일 : 13,300관貫. 대금 6,650엔
3) 쌀, 대두, 보리 : 7,350석石. 대금 22,600원
4) 기와 : 4,400톤. 대금 7,043원
5) 수산물(뱀장어 및 기타) : 7천관. 대금 2,100원
6) 축산 : 6,810톤. 대금 6,810원

이 밖에 거래상품 전체를 1909년말에 조사한 결과는 다음과 같다.

1) 수출 총량 8,096톤. 가격 약 323,897원
2) 수입 총량 1,588톤. 가격 약 41,274원

인구는 1910년 3월말 현재 일본인이 179호 603명이고, 조선인이 1,663호 5,201명이다.

삼랑진은 단지 철도 분기점에 머무르지 않는다. 과수재배로 실리만 얻는 땅도 아니다. 4월 중순부터 백화가 난만해 약 한 달 동안 도회사람들을 경탄하게 만드는데 경상남북도의 대평원과 통하는 통로는 이 삼랑진 밖에 없다. 40㎞에 걸친 탁류가 연출하는 장관은 말로 표현할 수가 없다. 파도가 끊임없이 움직이면서 나룻배를 농락하는 광경은 마치 용왕이 헤엄치는 것을 보는 것 같다. 이런 광경을 볼 수 있는 것은 8월 상순에서 하순 사이이다. 큰 비가 그치고 5~7일이 지난 뒤이므로 아무 위험이 없다. 한 번 보고 호사가의 이야기 거리로 삼을 만하다. 민물 뱀장어의 명산지이며 큰 잉어와 농어가 있다. 가끔씩 연어도 있고 미꾸라지가 있다. 낙동강 물이 맑을 때는 배를 띄우고 낚시를 드리워 강태공 기분을 내는 것도 좋을 것이다.

영천군 영천

대구에서 동북쪽으로 32㎞ 떨어진 곳에 위치해 대구와 경주의 중간에 해당한다. 물산은 쌀, 대두, 삼베이다. 쌀과 대두의 연간 거래량은 약 8천 600석이다. 부산과 대구로 출하한다. 삼베 연간 판매량은 10만 필에 달한다고 한다. 예부터 금광이 유명했지만 아직 대규모 사업이 펼쳐진 적이 없다. 향후 대구와 연일 간 직통도로가 개통되면 영천은 눈에 띄게 발전할 것이다. 현재 대구와 경주의 중계역이기 때문에 우차와 마차가 왕래하는 광경은 일본의 여느 시골에 비할 바가 아니다. 어류는 매일 신선한 것이 연일에서 오기 때문에 전혀 불편하지 않다. 장날은 한 달에 6번이며 음력 2일과 7일이다. 거래 금액은 한 번 시장이 열릴 때마다 5천 원 이상이며 8천 원에 달하는 일도 있다. 인구는 1910년 3월말 현재 일본인이 34호 38명이고, 조선인이 전군에 걸쳐 11,133호 47,505명이다.

신라의 고도 경주

일명 '동경'이라고 부른다. 대구에서 동쪽으로 64*km* 떨어져 있으며 매일 마차, 우차, 인력거가 다닌다. 자전거로도 자유롭게 다닐 수 있다. 경주에는 천 년 역사를 지닌 유적이 많아 시가 시게타카志賀重昂 선생도 다녀갔고 세키노関野 공학박사도 구경했으며 전 통감 소네曽禰 자작도 둘러보았다. 나는 대구에 8년을 머물렀지만 아직 경주를 모른다. 슬프게도 평범한 농민은 하루하루 벌이를 게을리 하면 처자가 굶는다. 여비를 쓰면서 놀고 구경하는 것은 나에게 어울리지 않는다고 일찍부터 체념하고 있었기 때문에 그다지 아쉽지 않았지만 이 책을 쓰기 위해 연락을 취했는데 아무 답장이 없어서 아쉬웠다. 그런데 대구경찰서 경부 기요미야 센노스케清宮仙之助 씨가 소네 전 통감을 모셨을 때 조사해 둔 것이 있다면서 『동경지東京誌』 일부를 보여 주었다. 최근 경주에 관한 것은 아니지만 재미있는 내용이 있었다. 원문이 어려운 조선식 한문이라 죄송하지만 다음 내용 정도만 소개한다.

시림始林 : 신라의 다른 이름

탈해왕 9년 어느날 밤에 왕이 금성 서쪽에 해당하는 시림 숲에서 닭 우는 소리를 듣고 포공(瓠公)을 보내어 보니 황금색 작은 상자가 나뭇가지에 걸려 있고 하얀 닭이 그 밑에서 울고 있었다. 왕이 황금색 상자를 집어 열어보니 작은 사내아이가 있었다. 왕은 기뻐하며 "이는 하늘이 나에게 아들을 내려 보낸 것이 아니겠는가"라고 말하며 그 아이를 키웠다. 이름을 알지閼智라 부르고 황금 상자에서 나왔기에 성을 '김'으로 했다. 그리고 숲에 빗대어 '계림'이라고 칭해 국호로 삼았다고 한다.

이렇게 보면 계림은 조선 팔도의 다른 이름이 아니라 신라의 다른 이름임을 알 수 있다.

신라의 시조는 성이 박 씨이고, 이름이 혁거세이다. 한나라 선제 오봉 원년 갑자에 즉위해 61년간 재위했다고 한다. 신라는 조선의 동쪽 끝에 수도를 두고 그 동쪽에 있는 일본의 상황을 살폈기 때문에 항상 우리 선조를 괴롭혔던 나라이다. 신라는 일본의 선린이 아니라 강적이었다. 이후 이씨 조선에 의해 멸망하면서 500년 동안 적이 분묘를 유린하는 것을 지켜보았는데 지금은 일본의 보호로 무덤 안에서 안민할 수 있게 되었다. 만일 선조의 영혼이 지하에 있다면 어떻게 생각할까. 첨성대는 신라의 유명한 천문대이다. 당시 문학이 활발하고 기예도 크게 발달했다고 한다. 불교 사찰의 불상 가운데 천년 역사를 전하는 것이 적지 않다. 선덕여왕이 건립한 분황사에는 366,700근이나 되는 약사여래가 있었다고 하니 작은 나라라고 해서 업신여겨서는 안되고 대담한 인물들이 많았음을 알 수 있다.

지금의 경주를 소개할 자료가 없기 때문에 이사청 조사에 기초해 인구만 적어둔다. 일본인 인구는 91호 236명이며, 일본인회 회장은 우메오카 도시오梅岡敏夫 씨이다.

김천

김천은 경상북도 서쪽 끝에 가깝다. 철도가 아직 개통되지 않았을 때는 경상, 충청, 전라 3도에 걸친 거래지로서 상업이 활발했던 곳이다. 따라서 철도가 다니지 않을 때부터 일본인과 상업거래 있었다. 철도가 개통될 무렵에는 대구 이상으로 자산가들이 많았다. 일찍부터 기와지붕을 한 일본가옥도 세워졌다. 철도가 개통되면서 충청, 전라 지역과 거래가 끊겼지만 금산, 개녕, 선산, 낙동, 상주 등 전도가 유망한 지역과 가깝다. 거류민들이 일치 협력하는 마음만 있다면 틀림없이 장래에 발전할 곳이다. 1910년 3월말 현재 일본인이 192호 628명 있다. 경상북도에서 대구 다음 가는 도회지이다.

성주군 성주

신왜관에서 10㎞, 대구에서 28㎞ 떨어져 있다. 물산은 쌀, 대두, 약용 인삼, 모피류이다. 성주는 예전에 고니시 유키나가小西行長와 대진했을 정도로 지세가 약한 지역이 아니다. 동학당의 난이 일어난 이후 자산가가 시가지에 머물지 않고 인근에 산재하면서 일견 한적한 시골로 보이지만 겉모습보다 내실이 좋다. 올해 1910년 3월말 현재 일본인이 29명이고 호수는 불과 12호이다.

상주군 상주

김천역에서 32㎞ 떨어져 있으며 경성-부산 간 국도 상에 있는 작은 도회지이다. 물산은 쌀, 대두, 삼베이다. 특히 오래된 양잠지로서 비단 생산지이다. 장래의 잠업지이며 인접한 함창에 관립 양잠전습소가 있다. 그리고 최근 금광 열풍이 불면서 상주군 여기저기에 좋은 광맥이 있다는 이야기가 있어서 많은 사람들이 시찰하고 있다. 만일 좋은 광맥이 발견된다면 국가와 지역을 위해 크게 축하할 일이다.

상주에는 경찰서, 헌병 분견소, 재무서, 농업은행 출장소가 있고 군대가 주둔하고 있다. 경상북도 굴지의 군으로 올해 1910년 3월말 현재 일본인이 100호 256명 있다.

안동

안동은 한 때 관찰부를 두었을 만큼 경상도의 요충지이다. 조선인 인구는 89,817명이고 호수는 1,921호이다. 올해 1910년 3월말 현재 일본인은 52호 171명이 있다. 쌀과 대두가 주요 물산 품목인데 아직 도로가 개선되지 않았다. 모든 물건을 말로 운반하기 때문에 운송료가 매우 비싸고 낙동강 배편은 여름철에 4~50일 정도만 이용할 수 있다. 이에 지역 농민들은 지역 수요를 충당할 정도만 미곡을 생산하고 특용작물로 목면과 삼베를 재배한다. 대구-안동 간 말 한필 운송료는 3원 50전~4원이고 적재량은 쌀이 7두, 대두가 8두, 옥양목이 24필, 석유가 3통이다. 대구에서 10엔 하는 쌀은 원가가 6원 이하여야 한다. 7원 하는 대두는 원가가 3원 이하여야 한다. 이에 반해 한 통에 1원 80전인 석유는 2원 40전 이상이 된다. 한 통에 4원인 성냥은 5원 가까운 가격이 된다. 대구의 농민이 대두 한 석을 7원에 팔아 석유 한 통을 사면 5엔 20전이 남는 반면 안동의 농민은 3원에 팔아 석유를 사면 겨우 60전이 남는다. 이러한 이유 때문에 그들은 토질에 맞는 대두를 심지 않고 손이 많이 가는 삼베를 재배한다.

안동은 여전히 산간벽지이지만 도로만 개선되면 경상북도의 일대 부원지가 될 것이다. 교통이 편리해져 우차와 마차가 다니면 운임은 1/4 내지 1/5로 줄어들어 쌀과 대두 한 석당 2원 전후의 차익이 생긴다. 3원 하는 대두는 4원 7~80전이 되고, 2원 40전 하는 석유는 2원 내지 2원 10전으로 살 수 있다. 올해 1910년 2월에 대구상업회의소는 대구-안동 간 도로 시찰단을 조직해 자전거, 말, 도보 세 그룹으로 나뉘어 북서풍과 눈이 몰아치던 2월 16일에 안동을 향해 출발했다. 연도에 있는 각 지역의 조선인과 일본인은 많은 관심을 가지고 이들을 맞이했고 특히 안동 사람들은 녹문綠門을 만들고 불꽃을 쏘아 올리는 등 미증유의 준비로 일행을 환영해 성대한 '일한 합동 대환영회'를 개최했다고 한다.

답사단을 기다리던 대구의 동지들은 위로연을 개최하는 동시에 '대구-안동 간 도로 기성회'를 조직해 각 방면에 걸쳐 활동을 개시했다. 군사령부, 관찰사, 이사관, 재무감독국의 응원을 등에 업은 동지들이 열성적으로 활동한 결과 중앙 정부가 수용해 금년 1910년 예산에 계상했으며 이미 현장 측량을 완료했다. 대구-안동 간 100여km를 잠든 채 마차로 왕복하는 날도 멀지 않았다. 이 도로는 장래 강원도를 관통해 원산에 이르는 도로의 시발점이 될 것이다. 나아가 대구와 원산을 연결시켜 일본해를 보호하는 철도노선의 예비사업이 될 것이다.

대구-안동 간 도로에서 직간접적인 수혜를 누릴 군은 크고 작은 군을 합쳐 17개 군이고, 인구로 계산하면 527,064명이며, 호수로 계산하면 114,348호이다. 이 가운데 일본인은 925명이다. 경상북도 인구가 1,062,991인 것을 감안하면 서북 관통 도로 건설이 얼마나 긴급한지를 한눈에 알 수 있다. 대구-안동 간 도로의 개통은 대구의 일대 부원을 마련하는 것인 동시에 안동 이외 16개 군에 있는 민중을 구제하는 대사업이다. 해당 도로 건설을 위해 많은 노력을 기울인 사람은 이사관 노세 다츠고로 씨를 필두로 관찰사 박중양 씨, 재무감독국 이노우에 쓰네오井上常郎 씨 등이다. 이들의 공로에 깊이 감사해야 할 것이다.

제10장

도 정세 비교표 및 참고표

지역의 성쇠는 교통의 편리함 여부에 달려 있다. 경상북도가 다른 지방에 비해 부유한 것은 천여의 낙동강이 있기 때문이다. 밑에 조선의 큰 강에 대해 개략적으로 적었으니 참고하기 바란다.

✿ 낙동강

낙동강은 상류를 예안강이라고 부른다. 태백산맥에서 원류가 시작해 예안과 안동을 거쳐 낙동진에 이르며 왜관을 지나 대구 서쪽 사문진으로 흐른 후 삼랑진을 거쳐 김해에 이른다. 여기서 삼각주를 만들면서 몇 갈래로 갈라져 다대포 서쪽에서 바다로 이어진다. 강의 길이는 400여㎞이고, 강 하구에서 낙동진에 이르는 260㎞ 구간에는 배편이 있다. 수량이 충분할 때는 안동까지도 배로 거슬러 갈 수 있다. 낙동강은 대구의 평야를 관통해 관개의 편리함을 줄 뿐만 아니라 강 하구가 부산항에 가깝고 그 유역에는 김해, 구포, 삼랑진, 밀양, 영산, 성주, 왜관, 상주, 안동과 같은 큰 시장 지역을 품고 있어 남한 유일의 큰 강으로서 운수의 편리함이 매우 크다.

✿ 한강

한강은 태백산에서 시작하는 남한강과 강원도-함경도의 경계 지점인 철령에서 시작하는 북한강이 경기도 고안高安 부근에서 합쳐져 큰 흐름을 이루면서 용산과 양화진 등을 지나 임진강 및 예강과 함께 황해로 흘러간다. 강 하구에는 강화와 교동이라는 두 개의 큰 섬이 있다. 강의 길이는 520㎞이고 연안 주요 도시로는 낭천狼川, 춘천, 가평, 영월, 영칭, 단양, 청풍, 충주, 용산, 양화진이 있다. 구매력이 가장 풍부한 경성의 북동남 쪽 외곽을 반원처럼 감싸며 흐르기 때문에 화물 운송이 매우 빈번하다.

✿ 대동강

대동강은 낭림산狼林山에서 시작해 평양과 겸이포兼二浦: 송림 를 거쳐 철도鐵島에 이른다. 여기서 재령강載寧江과 합쳐져 하류가 매우 광활해지는데 수천 톤의 기선도 자유롭게 정박할 수 있을 정도이다. 여기서 서쪽으로 흘러 진남포에 이르면 강폭이 점점 넓어지고 그 넓이는 마치 바다의 만을 보는 것과 같다. 어은동에 이르러 한 층 더 넓어지면서 황해로 흘러간다.

✿ 압록강

압록강은 만주와 조선의 경계를 이루는 크고 긴 강이다. 원류는 백두산에서 시작해 첩첩산중을 흘러 의주에 다다른 후 청나라 안동현과 용암포를 지나 바다로 흘러간다. 강폭은 매우 넓지만 수심이 얕고 암초가 많아 격류와 급류가 많다. 그래서 물에 잠기는 깊이가 얕은 기선으로 겨우 안동현까지 거슬러 올라갈 수 있다.

✿ 두만강

두만강은 조선과 청나라 길림성 및 노령리와 조소리의 경계를 이루는 동해안 유일의 큰 강이다. 원류는 압록강과 마찬가지로 백두산에서 시작해 동북쪽으로 흘러 무산, 회령, 온성, 경흥, 경원 등지를 거쳐 일본해로 흘러간다.

✿ 금강

금강은 길이가 280여*km*이며 전라도와 경상도의 경계인 노령에서 시작해 충청남도 남부를 관통한 후 공주, 부여, 강경 등지를 거쳐 비인만으로 흘러간다. 군산은 강의 남쪽 기슭에 있고 강 하구에서 가깝다. 군산과 강경은 40여*km* 떨어져 있어 매일 소형 기선이 왕복한다.

이상이 조선의 6대강인데 이 밖에 영산강이라는 작은 강이 있다. 충청도 추월산에서 시작해 전라북도 평야를 관통해 영산포를 거쳐 목포만으로 흘러간다. 목포와 영산포는 50여*km* 떨어져 있어 매일 소형 기선이 다닌다.

국유지 및 민유지 추정 면적 표 1908.2. 현재. (단위:町=3,000평)

지방	국유지			민유지			합계
	논	밭	계	논	밭	계	
경 기 도	4,987	9,262	14,250	68,780	61,950	130,730	144,980
충청북도	1,227	2,277	3,504	40,472	46,196	86,668	90,172
충청남도	4,077	7,571	11,649	105,583	54,344	159,927	171,576
전라북도	2,459	4,568	7,027	130,495	54,109	184,604	191,631
전라남도	2,442	4,536	6,979	153,738	79,548	233,286	240,265
경상북도	4,255	7,904	12,159	121,624	115,522	237,146	249,300
경상남도	2,568	4,772	7,340	115,956	70,846	186,802	194,142
황 해 도	4,711	8,749	13,464	41,398	107,986	149,366	162,830
평안남도	1,534	2,849	4,383	15,485	107,138	122,623	127,006
평안북도	4,458	8,278	12,736	10,943	52,654	63,597	76,331
강 원 도	679	1,262	1,942	12,479	21,999	34,478	36,420
함경남도	1,812	3,366	5,178	-	72,596	72,596	77,774
함경북도	898	1,669	2,567	-	41,328	41,328	43,895
총 계	36,112	67,066	103,178	816,953	886,198	1,703,151	1,806,324
함경남북도 민유지는 논을 밭에 포함시켰음							

시장 현황 표

1909.1. 조사. (단위:원)

지방	시장수	평균 1개 집산액						시장 당 평균액
		농산물	수산물	직물류	가축류	기타 잡품	합계	
경 기 도	79	124,796	47,018	55,469	59,469	41,908	328,498	4,158
충청북도	51	-	-	-	-	156,600	156,600	3,071
충청남도	74	82,866	25,194	86,810	54,823	17,953	267,646	5,824
경상북도	108	166,655	103,454	93,851	118,592	80,564	563,116	5,214
경상남도	93	60,676	73,376	59,250	32,762	23,511	229,575	2,836
전라북도	68	23,141	23,155	46,656	39,015	33,042	165,009	2,300
전라남도	81	15,252	12,213	42,143	18,830	88,729	177,157	2,271
황 해 도	89	89,525	10,672	74,048	53,491	69,330	297,064	3,338
평안남도	65	69,873	15,838	47,235	21,241	15,460	169,647	2,610
평안북도	36	45,791	12,946	13,393	57,564	29,199	138,893	4,209
함경남도	42	49,609	6,850	90,086	16,908	38,272	201,725	4,920
함경북도	9	2,291	604	9,624	9,974	3,571	26,064	2,896
강 원 도	54	11,672	21,796	67,040	23,685	21,512	145,705	2,698
총 계	849	742,145	353,116	665,443	486,344	619,651	2,866,699	3,690
본 표 집산화물에서 분류하기 어려운 것은 '기타 잡품'에 포함시켰음.								

조선인 인구, 사찰 및 승려수 1909년도 조사

도별	호수	남	녀	계	1방리 평균 인구	사찰	승	비구니	승려, 비구니 합계
경기도	233,295	550,637	483,021	1,033,658	1,382	137	860	139	999
충청북도	127,521	289,340	251,548	540,888	1,065	37	116	27	143
충청남도	181,461	388,669	315,062	703,731	1,280	65	218	112	330
전라북도	202,318	491,161	427,372	918,988	1,514	97	177	25	202
전라남도	306,189	596,752	509,013	1,105,765	1,252	56	529	16	545
경상북도	328,676	812,882	710,948	1,528,830	1,236	148	882	33	915
경상남도	340,580	880,298	771,072	1,651,370	2,098	108	1,317	80	1,397
황해도	250,147	620,776	550,392	1,171,168	1,084	58	81	22	103
강원도	180,666	462,975	384,602	847,576	508	57	520	19	539
평안남도	168,370	423,054	390,156	813,210	750	42	36	5	41
평안북도	208,456	485,202	414,976	900,178	536	84	148	13	161
함경남도	165,198	426,386	340,815	767,201	422	46	223	34	257
함경북도	94,802	277,256	229,802	507,058	447	25	91	38	129
계	2,787,679	6,705,842	5,778,778	12,484,621	평균 906	958	5,198	563	5,761

✿ 사원에는 많은 재산이 있어서 승려들은 사령寺領에 의지해 생활한다. 경상도에 불교 사찰이 융성했다는 사실을 보여준다.

면적, 인구 대조표

1908년말 조사

	혼슈(本州)	시코쿠(四國)	규슈(九州)	홋카이도(北海道)	타이완	사할린	조선	기타
면적(方里)	14,571.12	1,180.67	2,617.54	5,083.87	2,324.11	2,200.00	14,123.00	1,349.15
인구	37,413,141	2,288,290	7,748,402	1,127,410	3,120,181	26,393	12,484,621	

✿ 면적은 조선을 빼면 29,326평방方里이고 조선을 합치면 43,449평방.
✿ 인구는 조선을 빼면 52,733,820명이고 조선을 합치면 65,218,441명.

조선의 면적은 일본 혼슈에 비해 조금 작고 인구는 혼슈의 1/3이다. 넉넉히 천만 명은 더 받아들일 수 있다.

논 300평당 수입과 지출

1909년 6월 조사. (단위 : 원)

지방	평균 구입 가격	지출				수입(벼 및 짚)	대자금 리합
		경작비	종자대금 비료대금	지조	계		
경기 진위	25,000	4,500	2,060	0.280	6,840	10.180	1.34
경북 현풍	42,000	2,800	5,550	1.100	9,450	21,320	2.83
경남 밀양	75,000	4,000	1,500	0.500	6,000	15,000	1.20
충남 공주	66,600	5,806	1,335	0.775	5.910	15.408	1.43
전북 전주	22,300	5,000	1,000	0.650	6,650	15,900	3.97
전남 광주	31,500	6,000	2,350	0.800	9,100	14,000	1.55
황해 황주	56,700	6,000	2,350	0.240	8.590	13,500	0.87

국가별 수출입액

(단위 : 원)

국명		1909년	1908년
일본 수출		12,158,885	10,963,353
일본 수입		21,783,383	24,040,465
청국 수출		3,124,787	2,247,458
청국 수입		4,475,103	4,882,246
러시아령 아시아 수출		786,055	772,772
러시아령 아시아 수입		46,945	45,234
영국 수출		50,126	5,746
영국 수입		6,505,276	6,781,715
북미 수출		68,978	45,106
북미 수입		2,402,352	4,194,529
기타 국가 수출		60,057	78,873
기타 국가 수입		1,435,711	1,081,334
총계	수출	16,248,888	14,113,310
	수입	36,648,770	41,025,525
수입초과		20,399,890	26,912,215

주요 품목 수입액

(단위 : 원)

품명	1909년	1908년	1907년
생 옥양목	1,135,009	1,365,013	1,869,581
시트용 평직 무명	2,428,597	2,975,769	3,088,229
晒金巾	1,492,698	1,574,369	1,281,637
백목면	1,311,417	1,625,684	1,629,724
삼베	1,525,398	1,649,905	995,789
비단	1,244,276	1,472,545	1,371,587
담배	1,168,276	1,178,465	1,241,309
목재	1,287,176	1,897,176	1,828,352
면직물	1,285,014	2,023,629	2,670,829
석탄	882,641	1,370,580	803,587
설탕	838,129	852,113	801,697
청주	759,207	700,470	726,836
석유	934,303	1,441,526	1,068,176
종이류	600,820	577,406	425,436
성냥	339,474	391,724	349,347
철제품	486,533	456,235	446,078

대구-경성 물가 대조표

1909년 평균

품명	단위	대구	경성
현미 상등품	1석石	8,025	9,550
백미 상등품	1석	13,125	14,250
대두 상등품	1석	4,100	5,260
설탕4온스	100근	9,310	9,000
청주 마사무네	한 통挺	20,500	21,000
보리술 삿포로	4병들이 한 상자	9,700	9,900
석유 송표松標	한 깡통	5,600	5,570
성냥	200개들이 한 상자	4,050	4,420
식염	8두斗들이 한 가마	2,560	2,800
밀가루	50개들이 한 봉지	2,530	2,580
석탄	상등품 1톤	15,000	12,550
방적사	25玉들이 한 가마俵	55,400	61,400
수입 옥양목 상등품	50반 反 : 11m 들이 한 가마	281,000	314,750
시멘트 상등품	1통樽	7,580	6,470
소가죽	10근회 100근	31,750	30,220
솜 상등품	1근	0.360	0.570

이상의 비교표 및 참고표는 필자가 평소에 곁에 두고 기억할 필요가 있다고 생각한 것들이다. 독자들 가운데도 나와 같이 건망증이 있는 사람들이 있을 것 같아 책 말미에 실었다.

책을 마무리하기 전에 독자 제군들에게 감사를 표하고자 한다. 나처럼 무학문맹과 같은 사람이 집필해 대구의 실상을 소개한다는 것은 당연히 불가능한 일이다. 그러나 지금까지 아무도 대구를 소개하는 책을 쓰지 않았기 때문에 상황 상 어쩔 수 없이 쓰게 되었을 뿐이다. 독자들은 틀림없이 읽기 힘들었을 것이다. 이에 독자 제군들이 읽어준 것에 감사를 표하면서 대구 지역의 장래를 연구하기를 바란다.

明治四十四年一月廿五日印刷
明治四十四年一月廿八日發行

朝鮮大邱一斑奥付

正價金七拾錢

不許複製

著作者 群馬縣前橋市北曲輪町 當時朝鮮大邱府東本町 三輪如鐵

發行者 大阪市東區北渡邊町八十九番地 杉本要

印刷者 東京市京橋區西紺屋町廿六七番地 石川金太郎

印刷所 東京市京橋區西紺屋町廿六七番地 株式會社秀英舍

發行所 大阪市東區北渡邊町 杉本梁江堂

發賣店 朝鮮大邱府元町 玉村書籍店

역자후기

1911년 1월에 간행된 미와 조테츠三輪如鐵의 『조선 대구일반朝鮮 大邱一斑』은 근대 이후 대구를 본격적으로 소개한 최초의 일본어 자료이다. 일제 강점기 대구 관련 논문에 자주 인용되는 『대구 이야기大邱物語』의 저자 가와이 아사오河井朝雄는 1930년에 집필한 서문에서 "미와 조테츠의 『대구일반』 이후로 대구의 27~8년간의 경과를 정리한 문헌이 없다"는 말로 집필 동기를 밝히는데, 이는 『대구일반』이 대구 관련 일본어 문헌 가운데에서 차지하는 위치를 대변해준다. 『대구일반』은 『대구 이야기』와 더불어 국내외 일제 강점기 대구 관련 연구논문에서 기초문헌으로 꼽히는 자료이다.

미와 조테츠의 『대구일반』에 앞서 대구를 비교적 자세히 소개한 책자는 1910년 10월에 대구신문사에서 간행한 『경북요람』 정도이다. 그러나 『경북요람』은 간략한 항목들로 대구와 경북을 소개한 팸플릿 수준의 출판물로서 『대구일반』과 비교하면 정보의 양과 밀도 면에서 큰 차이를 보인다. 전체 분량은 도입부에 있는 각종 사진들과 마지막에 실린 광고 페이지들까지 합쳐서 40여 페이지에 지나지 않고, 가와이 아사오가 간행사에서 밝혔듯이 1910년 8월 이후 일본의 조선 시찰단이 갑자기 증가하자 이에 맞추어 제작한 안내 책자 성격이 강하다.

『대구일반』 이후에 대구 관련 정보를 상세히 수록한 자료는 대구상업회의소가 1920년에 간행한 『최근 대구요람』인데 간행 주체의 성격

상 내용이 상업 측면에 치중되었다. 1930년대에 접어들어 『대구 이야기』를 시작으로 대구 관련 일본어 문헌이 다양해지고 권당 분량도 늘어나지만 그 이전에는 『대구일반』과 같이 정치, 경제, 사회, 역사, 문화, 풍속에다가 일본인의 이주-정착 과정까지 담아낸 책자는 찾아보기 어렵다. 특히 1905년~1910년 기간에 대구가 일본과 접하면서 겪었던 다양한 상황을 파악하는 데는 미와 조테츠의 『대구일반』에 견줄만한 자료가 없을 것이다. 이러한 가운데 『대구일반』은 '장래의 대구'에 초점을 맞추었다는 데에 가장 큰 특징이 있다. 이는 식민지 지배가 공식화된 1910년 8월 직후라는 역사적 상황에서 당시 일본 제국주의 전략에 부합한 것이지만 개인적으로는 대구의 과거와 현재뿐만 아니라 '장래'를 모색하고 제안하는 저자의 태도에 눈길이 갔다.

* * *

저자 미와 조테츠에 관해서는 아직까지 확인하지 못한 부분들이 많다. 출생연도를 포함해 그가 대구에 온 구체적인 배경을 확인하고 싶었지만 아직까지 궁금증을 해결해 주는 정보를 얻지 못했다. 그래서 부족하나마 『대구일반』에 있는 내용과 가와이 아사오의 『대구이야기』 등 대구 관련 일본어 문헌 및 기타 단편적인 정보들을 정리해서 저자 소개를 대신한다.

『대구일반』에 있는 저자 관련 정보를 모아보면 미와 조테츠는 일본 야마구치 현山口県에서 태어났으며 대구에 오기 전에 16년 동안 양잠업에 종사한 인물이다. 그런데 그가 주로 활동한 곳은 고향 야마구치 현이 아니라 양잠업 및 제사업 중심지의 하나였던 군마 현群馬県, 나가노 현長野県, 요코하마横浜 지역이었던 것으로 보인다. 초판 마지막에 있는 출판 서지 부분을 보면 일본 내 주소가 군마 현 마에바시 시前橋市로 되어 있고, 대구의 사과 과수업과 관련해 야먀구치 현의 여름밀감 재배를 소개하는 대목에서 저자 스스로 고향은 몇 년에 한 번 꼴로 방문했다고 적고 있다. 또한 도호쿠東北 지역 및 홋카이도北海道 지역을 둘러보거나 체류했던 경험도 있다.

저자의 이력 가운데 가장 주목을 끄는 것은 1891년 시점에 조선 정부의 양잠교사로 초빙되었다는 사실이다. 그러나 이때는 관련 관리와 충돌해 양잠교사로 일하지도 못하고 곧바로 일본으로 귀국한다. 이것은 미와 조테츠가 서문 격인 「대구일반 발간 이유」 첫머리에서 직접 밝힌 내용인데 양잠교사로 초빙된 경위와 관리와 충돌한 이유에 대해서는 언급하지 않았다. 이에 관한 자료도 아직 발견하지 못했다. 아무튼 1891년 시점에 조선 정부의 양잠교사로 초빙되었다는 사실은 그가 양잠업 분야에서 실력을 갖춘 인물이었다는 추정을 가능하게 한다.

미와 조테츠가 다시 조선과 인연을 맺는 것은 1903년이다. 7월 13일에 부산에 도착해 약 3개월을 체류한 후 같은 해 9월에 대구에 왔다. 이후 그는 1920년대 후반까지 줄곧 대구에 거주했다. 가와이 아사오가 1930년에 집필한 『대구 이야기』 서문에서 "작년에 세상을 떠난 미와 조테츠 씨"라고 적은 것을 보면 미와 조테츠는 30년 가까이 대구에서 살다가 생을 마감했음을 알 수 있다. 참고로 저자가 대구에 살기 시작한 1903년 9월 시점에 대구의 일본인은 17~8명이었고 '경부철도 속성공사' 소식이 알려지면서 연말에 집중적으로 늘어난 숫자가 76명이었다고 한다. 미와 조테츠는 대구의 일본인 가운데 선구자 격에 해당하는 인물이었던 것이다.

저자가 1903년에 조선에 오게 된 배경은 짧게나마 서문에서 밝히고 있다. 미와 조테츠는 서문에서 '시부사와 상점渋沢商店 지배인 가키아게 준시로書上順四郎의 후원'으로 조선에 왔다고 밝혔는데 '일본 자본주의의 아버지'로 불리는 시부사와 에이치渋沢栄一와 연결된 시부사와 상점, 그리고 시부사와 상점의 지배인으로서 일본 실업계에 이름을 알렸던 가키아게 준시로의 후원으로 조선에 건너왔다는 점은 1891년에 조선 정부의 양잠교사로 초빙되었던 사실과 더불어 주목을 끈다. 어쩌면 미와 조테츠가 조선과 맺었던 두 차례 인연은 모두 시부사와 상점 지배인 가키아게 준시로의 관계망 속에서 이루어졌을 가능성이 높다. 본문에서 저자는 가키아게 준시로를 '은사'로 소개하는데 제8장의 실패담 부분을 읽어보면 대구 서쪽 사문진 지역의 토지 3만평을 구입해 고구마 재배를 실험한 자본금 3,600원은 가키아게 준시로가 보내준 것이었다. 또한 대구의 양잠업을 전망한 부분을 읽어보면 대구와 조선의 양잠업 및 제사업 현황과 관련해 가키아게 준시로와 꾸준히 연락을 주고받았음을 알 수 있다. 가키아게 준시로의 후원이 시부사와 상점 차원에서 이루어진 것인지 혹은 개인적 차원에서 이루어진 것인지는 명확하지 않지만 사료의 수면에 등장하지 않는 『대구일반』의 저자 미와 조테츠는 시부사와 상점의 조선 전략 속에서 움직였던 인물이었을 가능성 또한 배제할 수 없다. 여담으로 영화 '청연'의 모델인 박경원이 1917년 9월 13일에 요코하마로 건너가는 것을 미와 조테츠가 후원했다는 사실은 이러한 맥락에서 이해할 수 있다. 시부사와 상점은 양잠업 관련 생산품을 주요 취급품목으로 삼아 출발했으며 요코하마가 그 근거지였다. 저자는 자신을 '무학문맹의 일개 농민'이라고 소개하지만 『대구일반』에 등장하는 다양한 통계와 사실 정보 등을 감안하면 위와 같은 레토릭 이면에 의외의 면모를 감추고 있다는 인상을 지울 수 없다. 복숭아 재배와 관련해 근대 일본의 대표적 기독교 목사이자 교육가였던 기무라 구마지木村熊二의 일화와 구체적인 인적 네트워크를 소개하고, 한국은행 대구지점장을 지낸 시오카와 고고鹽川孝吾의 개인 신상을 알고 있는 대목은 저자에 대한 궁금증을 더욱 자극한다.

저자와 관련해 또 하나 특기할 사항은 그가 기독교 신자라는 사실이다. 미와 조테츠가 대구와 조선을 바라보는 태도는 다분히 당시 일본의 제국주의 전략과 맞닿아 있는 부분이 많다. 그러나 기독교가 근대 일본 사회에서 걸어왔던 역사를 고려하면 미와 조테츠가 기독교 신자라는 사실은 저자에 대한 또 다른 상상력을 불러일으킨다. 실제로 본문에서 미와 조테츠는 과거의 대구에 대해 서술하면서 조선의 위정자와 관리를 강력히 비판하는 반면 조선 민중에 대해서는 일관되게 동정과 이해의 시선을 던진다. 물론 이와 같은 동정과 이해의 시선 또한 제국주의적 인식의 전형적인 모습이지만, 다른 한 편에서 당시 조선에 있던 외국인 선교사들이 일본의 행태를 비판하는 것을 기독교 윤리에 비추어 보았을 때는 반박하기 어렵다고 서술한 대목을 보면 미와 조테츠가 지닌 인식태도의 또 다른 측면을 생각하게 만든다. 당시 '폭도'로 지칭되었던 의병 활동이나 '화적'으로 지칭된 움직임을 생계 곤란에서 비롯된 것으로 이해하는 태도나 1890년에 최초로 개설된 일본 제국의회의 토론 상황이 저자가 경험한 아이누의 담판법보다도 못했다고 회상하는 대목은 저자에 대한 섣부른 판단을 주저하게 한다. 저자의 이러한 태도는 1870년대 후반부터 일본에서 활발히 전개되었던 자유민권운동 경험과도 연결되어 있는 것 같다.

저자가 기독교 신자라는 사실은 집필 중 어린 장남이 사망한 상황을 서술한 대목에서 스스로 밝힌 내용인데 해당 부분을 읽어보면 미와 조테츠가 매우 어려운 상황에서 『대구일반』을 집필했음을 알 수 있다. 장남이 세상을 떠나기 전부터 두 딸이 아팠고 장남의 사망으로 아내마저 몸져누운 상황에서 저자 또한 40여 일간 심각한 불면증과 정신적 고통을 겪었음에도 불구하고 많은 사실 정보와 통계자료를 담아 낸 것은 저자의 의지와 더불어 사전 준비가 철저했음을 말해준다. 당시의 역사적 상황과 연결된 평가와 별도로 숙연해지는 부분이다.

* * *

미와 조테츠의 『대구일반』은 1911년 1월에 스기모토 료코도杉本梁江堂에서 초판을 발행하고 이듬해인 1912년 10월에 다마무라 서점玉村書店에서 '정정증보판'을 출간했다. 초판과 정정증보판 사이의 내용 상 변화는 저자가 정정증보판 서문에서 밝혔듯이 제5장과 제9장에 집중되어 있다. 1910년 시점의 대구 상황을 소개한 제5장은 정정증보판을 발행하면서 초판에 있던 '대구감옥, 상업조합, 주요 거래상품, 금융기관, 시가지 및 전답 가격, 제반 화물 발착 상황, 일용품 가격, 신문잡지 배포수' 등의 내용을 빼고 대신해서 '도의 잠업장려방침, 제조사업, 소방기관' 항목을 집어넣었다. 그리고 초판에서 대구 인근 주요지역을 소개했던 제9장은 정정증보판에서 '상업 상 관계있는 지역'이라는 하부 항목으로 모으고 새롭게 '조선인 부호, 대구의 인물, 농업계 인물' 항목을 추가하면서 장 제목을 '대구잡관'으로 바꾸었다.

편집 체제 면에서 보면 초판과 정정증보판 모두 전체 10장 체제라는 점에서 변화가 없지만 세부적으로 들여다보면 초판 도입부에 있던 '대구시가약도'를 삭제하고, 초판에서 장 사이에 배치했던 광고를 정정증보판에서는 마지막 부분에 일괄 통합했음을 알 수 있다. 이 과정에서 새로운 광고가 추가된 반면 초판본에서 각 광고와 함께 있던 소개문을 제9장 속 '대구의 인물' 항목으로 축소 편집했다. 광고를 텍스트 마지막에 모은 것은 긍정적으로 평가할 수 있지만 초판에 있던 광고 도안과 사진이 사라지고 활자로만 구성된 광고로 바뀐 점은 아쉬운 대목이다. 그리고 무엇보다도 초판에 있던 '대구시가약도'를 삭제한 것이 가장 안타깝다. 후술하겠지만 해당 지도는 1910년 시점의 대구 시가지 공간구성과 주요시설 위치를 확인하는데 매우 유용한 자료이다.

정정증보판 서문은 초판 관련 정보를 파악하는 데 큰 도움이 된다. 이러한 이유로 해당 서문을 번역해 부록으로 첨부했다. 정정증보판 서문을 보면 『대구일반』 초판은 당초 계획과 달리 총 1,500부를 인쇄했고 그 가운데 약 830부는 기증을 했다. 미와 조테츠는 주요 기증처로 "데라우치 총독, 오쿠마 시게노부 백작, 귀족원 및 중의원 의장, 오사카

-부산-경성 지역 각 신문사, 각 지역 공공단체, 대구 시내 관아와 공공단체, 관민 유지, 오쿠보 대장과 아카시 소장을 비롯해 대구를 찾았던 명사, 고쿠민 신문사国民新聞社가 주최한 시찰단, 저자 주변의 지인들과 고향의 관공서-학교-공공단체" 등을 꼽았다. 기증자 명단에 근대 일본의 주요 정치가이자 와세다 대학 창립자이기도 한 오쿠마 시게노부가 포함된 것은 동인의원이 1907년에 대구에 설립된 것과도 연결된다. 대구 동인의원은 의료를 매개로 아시아에서 활동했던 '동인회'의 지원으로 설립되었는데 동인회 2대 회장이 바로 오쿠마 시게노부였다. 참고로 오쿠마 시게노부는 1904년~1922년 동안 동인회 회장을 역임한다. 미와 조테츠는 『대구일반』 초판을 오사카, 부산, 경성 지역 신문사에도 기증했다고 적었는데 『오사카 마이니치 신문大阪毎日新聞』, 『조선시보朝鮮時報』, 『경성일보京城日報』 세 개 신문이 소개 기사를 게재한 것은 이러한 맥락이다.

서지적인 측면에서 『대구일반』 초판이 흥미로운 점은 발행처가 '스기모토 료코도'라는 사실이다. 스기모토 료코도는 창업자인 스기모토 가나메杉本要가 1903년에 오사카에서 개업한 스기모토 서점에서 출발했는데 근대 이전 일본의 출판 전통에 따라 서적 중개업도 겸했다. 스기모토 서점이 스기모토 료코도로 상호를 변경한 것은 쓰나시마 료센綱島梁川과 기노시타 나오에木下尚江의 저작을 중심으로 출판한 것에서 비롯되었다. 1906년 시점에 쓰나시마 료센의 이름 첫 자와 기노시타 나오에의 이름 두 번째 한자를 합친 '료코梁江'를 상호 전면에 내세웠다. 스기모토 료코도는 가나오 다네지로金尾種次郎가 운영하던 가네오 분엔도金尾文淵堂와 긴밀히 교류하면서 많은 합동출판물을 냈고 메이지 시대 말기에는 도쿄에 진출해 치요다 서방千代田書房이라는 이름으로도 서적을 출간했다. 그런데 1923년에 간토 대지진으로 인해 출판 및 서적 중개업이 부진에 빠지면서 고서점업으로 전환해 지금도 오사카 중심지에서 고서점을 운영하고 있다.

『대구일반』을 스기모토 료코도에서 발행했다는 사실은 해당 서점이 기노시타 나오에라는 작가를 통해 스스로를 이미지화했다는 점에서 흥미롭다. 기노시타 나오에는 메이지 시대 사회주의 문학을 대표하는 작가로서 1901년에 고토쿠 슈스이幸德秋水, 가타야마 센片山潜, 사카이 도시히코堺利彦가 사회민주당을 결성하는 데 함께 참여했으며 러일전쟁 당시에는 비전론을 활발히 전개한 문학자이다. 참고로 고토쿠 슈스이는 메이지 시대 말기 일본 상황을 상징하는 대역사건大逆事件으로 이듬 해 무고하게 사형에 처해지는 메이지 시대의 대표적 사회주의 사상가이다. 스기모토 료코도는 이러한 고토쿠 슈스이와 관계가 깊었던 기노시타 나오에의 이름을 상호 전면에 내세웠던 것인데, 실제로 1905년~1912년 동안에 기노시타 나오에의 저작 가운데 상당수가 스기모토 서점 내지는 가네오 분엔도와의 공동출판 형식으로 출간되었다. 그 가운데는 메이지 시대 사회주의소설의 대표작으로 꼽히는 『불기둥火の柱』(1906)도 당연히 포함된다. 이러한 점에서 미와 조테츠의 『대구일반』이 스기모토 료코도와 연결되었다는 사실은 역자의 관심을 끄는 대목이다. 참고로 스기모토 료코도와 마찬가지로 가네오 분엔도는 메이지 시대의 주요 출판사 가운데 하나이다. 가네오 분엔도는 1903년에 고다마 가가이児玉花外의 『사회주의 시집』을 출간하는데 해당 시집은 출간과 동시에 발매금지 처분을 받아 모두 몰수당한다. 이것은 시집에 대한 첫 번째 발매금지 처분에 해당한다. 가네오 분엔도의 출판물 가운데 최초의 성공 사례는 쓰나시마 료센의 『병간록病間錄』(1905)이다. 『대구일반』을 출간한 스기모토 료코도와 가네오 분엔도는 쓰나시마 료센를 통한 접점도 공유했던 것이다.

물론 위와 같은 정황에만 기대어 『대구일반』의 저자 미와 조테츠라는 인물을 평가하는 것은 섣부르다. 스기모토 료코도는 쓰나시마 료센을 매개로 한 종교서적 출간도 또 하나의 축으로 삼고 있었다. 쓰나시마 료센은 기독교에 기초한 종교사상가인데 앞서 메이지 시대 사회주의문학의 대표 작가로 소개한 기노시타 나오에도 종교가 기독교였다. 이러한 사실은 『대구일반』의 저자 미와 조테츠가 기독교 신자라는 점을 떠올리게 만든다. 『대구일반』 초판 출간을 스기모토 료코도와 연결시켜 준 인물이 누구인지 밝히지 못한 상황에서 아무것도 확정할 수는 없지만 텍스트를 매개로 확산되는 연결망은 매우 흥미롭다.

『대구일반』의 출판과 관련해 또 하나 빼놓을 수 없는 존재는 다마무라 서점玉村書店이다. 미와 조테츠가 정정증보판 서문에서 직접 밝혔듯이 당시 대구에 있던 다마무라 서점은 초판 간행 때는 발매점으로서, 정정증보판 간행 때는 발행처로서 『대구일반』의 발매와 출간에 관여했다. 다마무라 서점의 주인 다마무라 요네지로玉村米次郎는 1906년 8월에 조선에 건너와 약 2년간 동인의원에서 일하다가 1909년 1월에 다마무라 서점을 열었다. 관련 정보는 『대구일반』 초판 제6장 마지막에 실린 다마무라 서점 광고에 첨부된 글에서 확인할 수 있다. 미와 조테츠는 해당 소개문에서 다마무라 서점을 "개업한 지 2년이 채 되지 않았지만 조선 굴지의 서점이 되었다"고 소개하고 있다. 다마무라 서점에 관해서는 『대구일반』에 수록된 내용 이외의 정보는 아직 찾지 못했다. 『대구일반』 정정증보판 이외에 확인한 다마무라 서점의 출판물로는 『조선 숙어해석 증보朝鮮熟語解釋 增補』(1915), 『조선에 보통문관응시제요鮮文 普通文官應試提要』(1916), 『경남 개관 경주지慶南の概觀 慶州誌』(1918), 『신라 구도 경주지新羅舊都 慶州誌』(1920)이다. 이 밖에 대구와 인근 풍경을 담은 그림엽서도 제작-판매했던 것으로 보인다.

미와 조테츠는 정정증보판 서문에서 『대구일반』 출간과 관련해 세키젠칸積善館 및 쇼분칸彰文館 주인인 쓰쿠다 요사부로佃要三郎에게도 감사를 표하고 있는데, 여기에 등장한 세키젠칸 서점은 1887년경에 이시다 추베石田忠兵衛, 야마다 야스사다山田安貞, 하나이 우스케花井卯助 세 사람이 조합 형태로 창립한 출판사이다. 주요 출판물은 교과서와 일기였고 1891년에는 후쿠오카에도 지점을 내지만 교과서 영업에서 밀리면서 후쿠오카 지점은 폐쇄한다. 지금도 교과서와 일기를 중심으로 영업을 계속하고 있다. 세키젠칸 서점은 1910년 시점에 『조선신지지朝鮮新地誌』라는 책을 출간했는데, 아마도 이와 같은 사정이 『대구일반』 출간을 준비하던 미와 조테츠와 연결된 것으로 보인다. '학교와 가정 내 참고서'로 출간한다는 『조선신지지』의 간행 취지를 보면 교과서 출간을 축으로 경영하던 세키젠칸 출판사의 방침이 잘 드러난다. 목차를 보면 지리, 지역, 기후, 간단한 역사 등으로 구성되어 있는데 마지막에 옛날이야기를 수록한 것이 특징이라면 특징이다. 대구는 주요 도시를 소개하는 부분에서 경성, 인천, 부산에 이어서 평양과 같은 항목으로 묶여 있다. 대구 관련 내용은 단 두 페이지이고 그 가운데 대구를 경상북도의 최대 시장으로 소개하고 있다.

『대구일반』 관련 서지사항에서 마지막으로 언급할 부분은 초판과 정정증보판 모두를 인쇄한 스에샤秀英舍이다. 스에샤는 일본의 인쇄업계를 대표하는 대일본인쇄주식회사의 전신으로 사쿠마 데이치佐久間貞一가 1876년에 창립했다. 회사 이름은 "영국보다 뛰어나기를 바란다"는 메시지를 담아 도쿠가와 막부 말기 정치 상황에서 활약했던 가츠 가이슈勝海舟가 붙여주었다고 한다. 창립자 사쿠마 데이치는 스에샤 이외에도 동양이민회사, 국민저축은행 등을 경영했다. 한편 사쿠마 데이치는 노동문제에 대한 이해가 깊어서 도제학교를 개설했으며 일본에서 최초로 8시간 노동제를 실시했다. 또한 스에샤 인쇄공장은 일본 최초의 철골구조 건물로서 일본건축사에서 의미 있는 건축물이다. 1910년 4월에 화재로 사무실 일부를 제외하고 전소하는 피해를 입어 최초의 철골구조 건물 화재를 기록하기도 한다. 1911년 11월에 철골 벽돌 구조로 재건축하지만 1923년에 또 다시 관동대지진의 피해를 입는다. 스에샤 인쇄 공장 화재와 재건축을 둘러싼 상황은 『대구일반』 집필 및 간행 시기와 겹친다. 저자 미와 조테츠의 경우 집필 중에 장남을 잃는 슬픔을 겪고 인쇄회사 스에샤는 건축사에서 기록되는 공장 화재를 겪었던 것이다. 참고로 1897년 이전부터 도쿄와 요코하마 지역 주요 일간지 대부분은 스에샤에서 인쇄했다.

이상의 서지사항을 종합해 보면 미와 조테츠의 『대구일반』 초판은 당시 일본의 주요 출판사 및 인쇄회사를 통해 간행되었음을 알 수 있다. 현재 그다지 어렵지 않게 텍스트를 접할 수 있고 한국의 국립중앙도서관의 대구 지역 고자료와 일본 국립국회도서관의 디지털라이브러리에 수록된 것도 이러한 이유 때문인지도 모른다. 당초 도쿄의 류분칸隆文館에서 출판하려던 계획이 틀어진 이후 앞서 소개한 출판사 및 인쇄소와 어떻게 연결되었는지 현재로서는 확인할 방법이 없지만 『대구일반』 발행을 둘러싼 관계망은 저자가 1891년에 조선 정부 양잠교사로 초빙되었던 사실과 1893년 시점에 시부사와 상점 지배인의 후원으로 대구에 온 사실 등과 더불어 많은 상상을 불러일으킨다.

* * *

미와 조테츠의 『대구일반』은 내용적인 측면에서도 주목할 만한 정보와 내용을 담고 있는데 그 첫 번째로 초판 목차 앞에 있는 '대구시가약도'를 꼽을 수 있다. 해당 지도는 약도이기는 하지만 대구역이 생기고 대구 읍성이 파괴된 이후 대구라는 공간이 어떻게 변모했는지를 보여주는 최초의 지도라는 점에서 역사적 의미가 크다. 1:9,000 축척과 정확한 방위를 적용했기 때문에 1910년 시점의 대구 시가지 상황을 비교적 정확히 전해준다. 도로명과 동명 및 번지수 체계가 모두 일본식인 것으로 보아 1910년 8월 이후에 제작된 지도일 가능성이 높다. 미와 조테츠가 초판 서문에서 『대구일반』 출판에 도움을 준 사람들을 언급

하는 가운데 당시 재무감독국장이었던 가와카미 쓰네오川上常郞를 거론하면서 지도를 기증했다고 소개했는데 대구시가약도가 바로 기증받은 지도일 가능성이 높다. 지도 하단에는 일본의 '이로하イロハ'식 순서로 표기한 주요 관공서, 기업, 병원, 문화시설 이름을 적어두었는데 그 개수는 52개에 이른다. 1910년 시점에 대구 시가지에 있었던 주요시설과 위치를 많은 부분 포함하고 있는 셈이다. 이렇게 의미 있는 지도를 정정증보판에서 삭제한 것은 매우 아쉬운 대목이다. 이로 인해 2000년에 경인문화사에서 영인 재판한 텍스트에서도 해당 지도를 확인할 수 없다. 이는 초판이라는 사실과 더불어 역자가 1911년 1월 판을 번역하기로 결정한 이유 가운데 하나이다.

대구시가약도는 당시 대구라는 공간이 겪었던 급격한 변모 양상을 함축하고 있는 텍스트이다. 옛 읍성 성곽을 기준으로 확연히 구별되는 도로 형태는 1910년 시점에 조선인 거주 지역과 일본인 거주 지역이 어떻게 분포했는지를 시각적으로 명확히 드러내주는 동시에 1904년의 경부철도 속성공사를 계기로 유입된 초기 이주 일본인들의 정착 공간과 과정을 압축적으로 보여준다. 미와 조테츠가 『대구일반』에서 소개한 통계를 참조하면 1910년 8월말 현재 대구의 조선인 인구는 약 28,000명이었고, 일본인 인구는 6,430명이었다. 결코 적지 않은 일본인 비중인데 이와 같은 상황은 옛 읍성 바깥 북서쪽과 동쪽 지역을 중심으로 펼쳐진 일본인 거주 지역 면적과 옛 읍성 내부와 남서쪽에 위치한 조선인 거주 지역 면적의 비율에 잘 드러난다. 그리고 이렇게 형성된 공간 구획과 각 공간의 특징은 이후 해당 구역이 겪었던 역사적 경험과 연동하면서 현재까지도 이어지는 측면이 있다. 이러한 점에서 대구시가약도는 1910년 대구 상황과 더불어 현재 대구 중구 지역의 원형 형성과 그 변모 과정을 이해하고 설명하는 데 유용한 텍스트이다.

보다 세부적으로 들여다보면 대구시가약도는 1909년에 순종황제가 남행 순행 때에 대구 달성공원을 방문한 어가길 경로를 확정해주는 자료이기도 하다. 지도에서 달성공원 앞 하천에 걸린 다리에는 '어행교御幸橋'라는 이름이 붙어 있고 다리를 포함한 길에는 '어행정御幸町'이라는 이름이 적혀 있는데 이것은 순종황제가 달성공원을 방문하면서 통과했던 경로를 기념해 붙인 이름들이다. 어행정이라는 명칭은 1914~5년경에 제작된 대구시가전도에서도 확인할 수 있는데 이 두 지도에 표기된 어행정 위치를 연결하면 순종황제가 경상감영을 빠져나와 어떤 경로로 달성공원에 접근했는지 확정할 수 있다. 참고로 '어행'은 일본에서 황제의 행차, 즉 순행을 지칭하는 용어이다. 어행정은 얼마 지나지 않아 야쿠모초八雲町에 통합되어 이후 제작된 대구 시가지도에서는 사라진다. 『대구일반』 초판에 있는 대구시가약도는 마지막 황제의 순행과 관련해 한시적으로 사용되었던 지명 정보를 담고 있는 특별한 텍스트이기도 한 것이다.

내용적인 측면에서 또 하나 주목할 부분은 제6장이다. 미와 조테츠는 서문에서 제6장이 『대구일반』 집필 목적과 취지를 담고 있다고 밝혔다. 목차 순서와 달리 제5장 '현재의 대구'와 제6장 '장래의 대구'를 가장 마지막에 집필한 것도 이 때문이다. 그리고 제6장에서 미와 조테츠가 장래 전도유망한 농업과 상업 부문을 제시한 것은 양잠업과 사과 중심의 과수재배업이다. 앞서 밝혔듯이 저자는 1891년 시점에 조선 정부의 양잠교사로 초빙될 정도로 양잠업 분야에서 실력과 경험을 갖춘 인물인데 제6장에서는 이러한 자신의 경험에 덧붙여 서리 관련 통계와 대구 및 경북 지역에서 생산되는 고치의 특징을 면밀히 검토한 결과에 기초해 양잠업을 적극적으로 권한다. 그리고 마찬가지로 과수재배업 부분에서도 "일본의 사과 명산지인 아오모리 지역과 위도 상 큰 차이가 나는 대구에서 사과 재배가 가능한 이유"라는 문제를 스스로 설정한 후 과거 자신의 아오모리 및 홋카이도 지역 경험, 아담스 신부가 심은 사과나무의 모습, 기후 관련 통계 등에 입각해 스스로 납득할 수 있는 결론을 내고 그것에 기초해 사과 과수업이 유망하다는 것을 설명한다. 이후 대구가 산업 측면에서 걸었던 길을 떠올려보면 미와 조테츠의 통찰력을 확인할 수 있다. 물론 양잠업과 관련해서는 미와 조테츠의 통찰력이라기보다는 이미 안동, 상주 지역을 중심으로 이어져 온 양잠업 전통에서 비롯된 자연스러운 전망이었다고 할 수 있다.

지역에 대한 이해가 일천한 역자에게는 섬유 산업과 사과가 대구의 대표적 이미지를 형성했던 요소라는 점에서 『대구일반』 제6장 내용이 인상 깊게 다가왔다. 즉 『대구일반』 제6장은 대구가 어떻게 섬유산업과 사과 과수업을 중심으로 한 도시가 되었는지를 설명하고 이해하고자 할 때 참고할 가치가 있는 것이다. 달리 표현하면 대구라는 시공간에 발 딛고 사는 우리 스스로를 이해하고 설명하는 자료로 활용할 수 있는 것이다. 미와 조테츠는 제6장에서 사과와 더불어 포도와 복숭아 재배도 전도유망하다고 제시한다. 해당 부분에서 팔공산 자락과 조령산 일대에 재래 야생포도 군락이 존재한다고 소개한 부분은 포도를 특정 시점의 수입과일로만 여겨왔던 역자에게 신선하게 다가왔다.

대구의 이미지라는 측면에서 당시 일본인들이 가장 주목한 것은 서문시장과 약령시였다. 그리고 이러한 양상은 1945년 이전까지 이어진다. 미와 조테츠도 『대구일반』에서 약령시가 열렸을 때의 광경에 놀라면서 상세히 묘사하는데 식민지 시기 대구 관련 일본어 자료를 훑어보면 대구 관련 항목에서 서문시장과 약령시는 절대 빠지지 않는다. 1930년에 간행된 『일본지리대계 조선편』의 경우는 첫머리에서 조선 전체의 대표적 풍광과 명소를 소개하는 가운데 대구 서문시장을 꼽으면서 사진도 함께 실었다. 이와 같이 대구의 이미지와 관련된 사항들은 현재 시점에서 대구 관련 기획을 할 때 참고할 만하다고 생각한다.

내용적 측면에서 또 하나 주목할 것은 미와 조테츠가 『대구일반』에서 제시한 다양한 통계자료들이다. 예를 들면 당시 금융기관 이율, 시가지 택지 및 인근 지역 전답 가격, 1908~9년 2년간 대구역 발착 화물 품목 및 수량 통계, 주요 일용품 가격 및 각종 임금, 신문 및 잡지 배포 수 등은 당시 대구의 일상을 파악하는데 도움이 될 것이다. 이 밖에도 미와 조테츠는 대구의 기후와 관련해 1907~9년 3년간의 월 평균 기온, 월별 최고·최저 기온, 월별 강우 일수 및 강우 시간, 첫 서리 및 마지막 서리 일자, 풍속 정보 등을 상세히 정리-소개했는데 이 또한 기후 측면에서 당시 대구 상황을 파악하고자 할 때 도움이 될 것이다.

저자는 위와 같은 미시적인 정보들과 더불어 거시적인 정보들도 소개하고 있다. 예를 들어 제5장에서는 1903~1910년 동안의 일본인 인구통계와 1906년~1910년 5년간 일본인 거류민단 세입-세출표를 소개하고 있는데, 이러한 정보는 초기에 이주한 일본인 사회의 현황과 경제규모를 파악하고자 할 때 참고가 될 것이다. 미와 조테츠는 '도 정세 비교표 및 참고표'라고 이름붙인 마지막 제10장에서 전국의 국유지와 민유지 면적표, 전국 시장 현황, 조선인 인구 및 사찰 숫자, 전국 주요 지역 토지 300평 평균 가격 및 수익률 대조표, 수출입품 국가별 가격 비교표, 주요 수출품 가격, 주요 수입품 가격, 대구-경성 물가 대조표 등을 소개하고 있는데 이러한 통계 자료는 다양한 측면에서 당시 대구 및 경북 지역의 상황을 파악하는데 도움이 된다고 본다. 미와 조테츠는 서문에서 스스로를 '무학문맹의 일개 농민'이라고 소개했지만 『대구일반』을 읽어보면 매우 꼼꼼한 기록자이자 조사자였다는 사실을 알 수 있다.

내용적인 측면에서 마지막으로 언급할 사항은 『대구일반』이 근대 시기 대구 관련 다양한 인물 정보를 담고 있다는 점이다. 그 가운데는 일제 강점기 조선-일본 관련 주요 인물정보도 담겨 있다. 예를 들어 최근 문화재 반환과 관련해 쟁점이 되고 있는 오구라 컬렉션의 수집자인 오구라 다케노스케小倉武之助가 대구전기주식회사, 대흥전기주식회사, 대구상공은행 등으로 이어지는 사업의 초기 자본을 축적했던 것으로 여겨지는 '한국제연합자회사韓國製筵合資會社' 관련 상세 정보가 『대구일반』에 담겨 있다. 제2장 마지막에 있는 한국제연합자회사 광고와 제5장 제조업 항목을 보면 오구라 다케노스케가 1903년에 경부철도회사 회계 담당으로 대구에 왔다가 공사가 끝난 후 대구에 정착하면서 조선 왕골에 주목해 요시다케 가시오吉武甲子男와 함께 한국제연합자회사를 설립한 경위, 왕골로 제작한 제품의 특징과 반응 등을 상세히 파악할 수 있다. 그런데 역자의 조사가 서투른 탓인지 모르겠지만 기존에 오구라 다케노스케의 조선 내 활동은 1911년 8월에 설립한 대구전기주식회사 이후에 초점이 맞추어져 있고 한국제연합자회사를 언급한 경우는 찾아보기 힘들었다. 제5장 해당 부분을 읽어보면 1908년 11월에 설립한 한국제연합자회사 제품에 대한 반향은 매우 커서 원재료가 부족해 도저히 수요를 감당할 수 없는 상황이었다는 것을 알 수 있는데 이렇게 축적한 초기 자본은 3년 후 대구전기주식회사 설립에 적지 않게 기여했을 것으로 보인다. 1910년 10월에 대구신문사에서 간행한 『경북요람』을 보면 한국제연합자회사 제품은 경북특산품 항목에서 첫 번째로 소개되어 있고 오구라 다케노스케의 인터뷰도 함께 실려 있다. 참고로 한국제연합자회사 설립에 참여한 요시다케 가시오는 대구전기주식회사에서 오구라 다케노스케 사장 밑에서 전무를 맡는다.

오구라 다케노스케의 경우와 마찬가지로 상업 측면에서 또 하나 주목할 사항은 미나카이 포목점三中井吳服店의 존재이다. 미나카이 포목점은 1945년 이전에 조선, 만주, 중국에 걸쳐 총 18개 지점을 소유하면서 미츠코시三越, 다카시마야高島屋, 히라타야平田屋 등과 경합을 벌이다가 일본의 패전과 함께 그야말로 신기루처럼 사라진 미나카이 백화점의 출발점이 되었던 점포이다. 『대구일반』은 이와 같이 1945년 이전 일본 굴지의 백화점이었던 미나카이의 초창기 정보를 담고 있다는 점에서 주목할 필요가 있다. 제6장 광고 부문에 당시 미나카이 포목점 광고 도안과 함께 실린 소개문은 일본에서 상업으로 유명한 오우미近江 상인의 기질을 이어받은 나카에 도미주로中江富十郎가 잡화점으로 시작했던 미나카이 상점을 1909년 6월에 미나카이 포목점으로 전환시켜 간 경위를 담고 있다. 미나카이 백화점과 관련해서는 하야시 히로시게林廣茂의 『신기루처럼 사라진 미나카이 백화점幻の三中井百貨店』(2004, 晩聲社)이라는 연구서가 있고 국내에도 『미나카이 백화점』(2007, 논형)이라는 제목으로 번역되었는데, 제1장 창업 부분은 『대구일반』에 있는 내용으로 보충할 부분들이 있다. 예를 들어 하야시 히로시게는 상호명의 유래를 확정하지 못했는데 이와 관련해서는 『대구일반』 내 광고에 첨부된 소개문을 보면 명확히 알 수 있고 초기 동업자 관계도 확인할 수 있다.

근대 시기 대구 관련 다양한 인물정보라는 측면에서 『대구일반』 초판 각 장 사이에 실린 다양한 광고와 소개문은 매우 흥미로운 텍스트이다. 초판에 실린 광고는 총 37건인데 업종은 은행, 신문사, 담배회사, 잡화점, 포목점, 식당, 여관, 서점, 골동품점, 총포점 등 다양하다. 광고 도안에는 주소가 기재되어 있어 위치 확정 자료로 활용할 수 있고 은행 광고 등의 경우는 참여한 인물과 직위 및 지점 정보 등도 파악할 수 있다. 미와 조테츠는 이렇게 게재한 광고마다 소개문을 첨부했는데 주된 내용은 관련 주요인물의 일본 내 출신지, 조선에 오기 전 활동, 대구 이주 시기, 해당 회사나 점포 설립 시기, 대구에서의 활동 등을 담고 있어서 당시 대구의 일본인 사회를 파악하는데 큰 도움이 된다. 앞서 소개한 오구라 다케노스케나 미나키아 백화점과 같이 널리 알려진 경우와 달리 일상사 차원의 인물정보를 확보하는 것은 쉽지 않은데 이러한 측면에서 광고와 함께 실린 소개문은 매우 의미 있는 자료라고 생각한다.

* * *

미와 조테츠의 『대구일반』은 지역 공부를 시작하면서 접하게 되었다.

역자는 2008년 3월에 영남대학교 일어일문학과에 부임하기 전까지 대구와는 인연이 전무했다. 그리고 부임한 이후 약 3년 동안은 지역에 전혀 관심을 기울이지 않았다. 그러던 역자가 지역 공부를 시작한 것은 군산대학교 표세만 교수가 일본을 매개로 군산 지역을 이해해 가는 모습에서 영향 받은 바가 크다. 이미 부임하던 시점에 대구 공부를 권유받았지만 듣는 귀가 없고 천성이 게으른 탓에 꽤 많은 시간이 지나서야 겨우 시작한 꼴이다. 더불어 나보다 1년 늦게 부임했음에도 주변에 대해 많은 이야기를 들려주는 동료 김문주 교수의 자극도 컸다. 동심원을 그리듯 주변 공간을 들여다보는 모습은 역자에게 인상 깊었다. 그리고 학생들과 해를 거듭해 만나면서 내가 사는 지역에 대해 무지하다는 생각이 조금씩 쌓여 갔다. 그 즈음 동료 박승희 교수를 통해 대구 중구 도시만들기 지원센터에서 활동하는 권상구 국장과 만난 것은 역자의 지역 공부에 또 다른 촉발제가 되었다. 대구 중구 지역 골목에 담긴 이야기를 엮어내고 시민들이 공유할 수 있도록 구현하는 모습은 막 시작한 지역 공부의 필요성을 확인시켜 주었다. 역자의 지역 공부는 이렇게 소중한 만남들 덕분에 시작할 수 있었고 그 과정에서 『대구일반』의 존재도 알게 된 것이다.

지역 공부는 역자의 또 다른 고민과도 닿아 있다. 역자의 전공 영역은 일본근대문학이고 그 가운데서도 청일전쟁과 러일전쟁을 포함한 10여 년의 기간이 주요 연구 대상인데, 이런 역자에게 지역 공부는 완전히 생소한 영역으로 다가와 주저되는 부분도 컸다. 그러나 주저됨의 다른 한 편에는 유학 이후 줄곧 품어왔던 "일본학은 한국에서 어떤 존재인가"라는 물음이 있었다. 이와 같은 물음은 7년에 걸친 일본 유학 동안에 그 단초들이 있었지만 귀국 이후 내 나름의 답을 찾으려는 생각이 더 커졌던 것 같다. 이러한 고민의 과정에서 대구-경산 지역과 인연을 맺은 것은 큰 계기가 되었다. 하룻밤도 머문 적이 없는 생소한 공간에서 살면서, 그리고 그 동안 익숙했던 서울이라는 공간을 벗어나면서 앞선 물음에는 지역이라는 요소가 더해져 "일본학은 내가 사는 지역에서 어떤 역할이 가능할까"라는 형태로 이어졌다.

위와 같은 물음을 던지면서 그 간 공부해 온 것들이 내가 사는 지역을 설명하고 이해하는 데 보탬이 된다는 확신을 얻은 것은 참 다행스럽다. 이미 같은 고민의 과정을 거친 사람들이 보기에는 자명하고 평범한 답이겠지만 나의 공부가 현재 사는 공간과 겉돌지 않게 되었다는 사실은 역자에게 매우 의미 있게 다가왔다. 착지 지점을 발견한 느낌이었다. 그리고 2010년 가을 무렵에 근대 이후 대구-경산 지역이 일본과 접하면서 어떻게 변모했는지를 공부하기로 마음먹었다. 이렇게 지역 공부는 그 간 해 왔던 공부와 내가 사는 공간을 연결시켜 주는 영역으로 자리 잡았다.

혼자 할 수 있는 일은 적은 것 같다. 함께 하면서 배울 수 있는 것이 더 많고 즐겁다는 표현이 좀 더 정확하겠다. 지역 공부도 마찬가지여서 함께 한 사람들이 없었다면 우선 지속을 장담하지 못했을 것이고 내용적인 확산은 더 더욱 그러했을 것이다. 지역 공부를 처음 시작할 무렵 일본근대문학을 전공한 박승주 선생님, 김충선사야카를 연구하시는 후지와라 다카오 선생님, 영남대학교 문화인류학과 대학원에 진학한 마츠다 다마미 씨, 10년 넘게 지역에서 생활해온 첫 대학원 지도학생 이노우에 사치코 씨가 함께 했고, 1년간 자료 조사 차 영남대학교 문화인류학과 대학원에 머문 야스다 마사시 씨도 함께 했다. 이 멤버들과 약 1년 동안 일본어로 된 대구 관련 기본 문헌을 연구실에서 읽었다. 그러던 중 2011년 가을에 대구 중구 북성로 공구골목에 '카페 삼덕상회'라는 공간이 생겼다. 그 직전에 중구 도시만들기 지원센터의 권상구 국장을 만나 오픈 행사에 초대를 받았는데 적산가옥을 리노베이션한 건물 2층 방은 과거의 증기기관 열차를 탄 것 같은 착각을 불러일으키면서 '시간여행' 느낌을 주었다. 그리고 공부 공간을 삼덕상회 2층으로 옮겼다. 영남대학교는 경산에 자리 잡고 있어서 2주에 한 번 꼴로 대구 시내에 나가는 것이 쉽지는 않았지만 북성로가 식민지 시기에 모토마치元町로 불렸던 일본인 상권의 중심지였다는 사실과 활자 텍스트와 연결된 실제 공간에서 공부하는 것이 좋겠다는 판단이 크게 작용했다. 중앙로에 있는 인문학놀이터와 북성로에 문을 연 공구박물관도 우리의 공부 공간이었다. 이렇게 2주에 한 번 씩 북성로로 나가 공부를 하고 주변을 걸었다. 공간을 옮긴 것은 좋은 결정이어서 새로운 공간에서 만난 사람들이 많고 걸어 다니면서 배운 것도 참 많다. 시간과공간연구소의 김주야 선생님, 경북대학교 대학원에 재학하면서 도시만들기 지원센터에서 활동하는 안진나 연구원, 시간과공간연구소의 정유진 연구원, 경북대학교 인문학술원의 박려옥 선생님을 북성로에서 새롭게 만났고, 경북대학교 지리학과 조현미 교수님도 함께 하셨다. 공부 텍스트도 1945년 이전 대구를 무대로 한 국문소설 『다각애』(이상수, 1925), 퇴임하실 무렵 처음 찾아뵈었던 박현수 교수님께서 추천해주신 소설 『윤전』(이정수, 1975) 등으로 다양해졌다. 2010년에 추천해 주신 책을 2012년이 되어서야 읽었으니 역자의 게으름을 가늠할 수 있는 대목이다. 그리고 일본 세비 대학에 재직하시다가 최근 인천대학교 중국학술원으로 오신 이정희 교수님과의 만남도 특별하다. 대구 화교 사회를 취재하다 경험한 화교 아이의 울부짖음을 『조선화교와 근대동아시아』(교토대학 학술출판회, 2012)라는 연구로 엮어내셨다는 이야기는 연구라는 행위의 의미를 되새기게 만들었다. 미와 조테츠의 『대구일반』은 이런 만남들 속에서 함께 읽었던 텍스트 가운데 하나이다.

대구 시내로 공부 장소를 옮긴 후 역자는 걷기와 멈춤이 공간을 읽는 가장 적절한 속도이자 방법이라는 것을 깨달았다. 지역 공부도 마찬가지인 것 같다. 앞으로도 보행의 속도로 지역 관련 일본어 문헌을 함께 읽어가면서 의미 있다고 여겨지는 자료들은 꾸준히 한국어로 옮길 생각이다. 이와 같은 번역 작업이 일본어가 어려운 해당 시기 지역 연구자에게 도움이 된다면 다행이다. 그리고 학생들이 지역에 관심을 기울이고 흥미를 느낄 수 있도록 자료에 있는 내용들을 녹여내는 것은 역자에게 남은 큰 과제이다. 미와 조테츠의 『대구일반』 번역은 그 첫 발인 셈인데 매끄럽지 않고 부족한 부분이 많다. 이후를 위해 잘못된 부분 등을 지적해주신다면 역자로서는 감사할 따름이다.

마지막으로 하염없이 늦어지는 번역 원고를 인내심 있게 기다려주신 영남대학교 출판부 이종백 선생님께도 감사의 마음을 전한다.

2016년 4월

옮긴이 최범순

저자 소개

미와 조테츠(三輪如鐵)

정확한 생몰 연도를 확인할 수 없다. 저자가 본서에서 밝힌 내용에 따르면 고향은 일본 야마구치현이다. 대구에 오기 전에 16년 동안 양잠업계에서 일했다. 저자는 1891년에 조선 정부의 양잠교사로 초빙되었지만 관련 관리와 충돌해 곧바로 일본으로 귀국했다. 조선에 다시 건너온 때는 1903년이다. 그 해 7월 13일에 부산에 도착해 약 3개월을 체류한 후 같은 해 9월에 대구에 왔다. 대구에 이주한 일본인의 선구자격에 해당한다. 가와이 아사오가(河井朝雄) 1930년에 집필한 『대구 이야기(大邱物語)』 서문에서 "작년에 세상을 떠난 미와 조테츠 씨"라고 적은 것에 따른다면 30년 가까이 대구에서 살다가 생을 마감한 것이 된다. 본서는 대구에 체류한 지 만 8년 되는 해에 집필했다

옮긴이 소개

최범순

고려대학교 일어일문학과 졸업. 동 대학 일어일문학과 대학원 석사과정 수료. 일본 국립 고베대학 일본 언어문화-문화구조 전공 석·박사 과정 졸업. 현재 영남대학교 일어일문학과 재직 중. 청일전쟁과 러일전쟁을 포함하는 1890년대~1900년대 일본문학사 서술방식에 대한 문제의식을 중심으로 메이지 시대 일본문학과 문화에 대한 연구를 진행하고 있다. 한편 2008년 봄에 영남대학교에 부임한 것을 계기로 근대 시기 대구와 일본의 교섭에 대한 공부도 시작했다. 주요 논저와 역서로는 「식민지 조선의 '레미제라블'과 대구 조선부식농원」, 「'문학사'라는 권력장 -메이지 문학과 메이지 문학사의 간극-」, 「번역과 내셔널리즘 -우치다 로안의 번역과 청일·러일전쟁」, 「독부의 신체와 근대 일본의 섹슈얼리티」, 「삽화의 소멸, 문자의 독점」, 『후쿠자와 유키치의 젠더론』(공역), 『근대가족의 성립과 종언』(공역) 등이 있다.